U0662036

保险案件裁判评析

（第1辑）

主　编　任以顺

中国海洋大学出版社
·青岛·

图书在版编目(CIP)数据

保险案件裁判评析. 第 1 辑／任以顺主编 . —青岛：
中国海洋大学出版社，2017.9

　　ISBN 978-7-5670-1593-7

　　Ⅰ . ①保…　　Ⅱ . ①任…　　Ⅲ . ①保险法－案例－中国
Ⅳ . ①D922. 284. 5

　　中国版本图书馆 CIP 数据核字(2017)第 243111 号

出版发行	中国海洋大学出版社		
社　　址	青岛市香港东路 23 号	邮政编码 266071	
出 版 人	杨立敏		
网　　址	http://www.ouc-press.com		
电子信箱	155167920@qq.com		
订购电话	0532-82032573(传真)		
责任编辑	赵　冲	电　　话 0532-85902495	
印　　制	蓬莱利华印刷有限公司		
版　　次	2017 年 12 月第 1 版		
印　　次	2017 年 12 月第 1 次印刷		
成品尺寸	170 mm × 240 mm		
印　　张	16. 5		
字　　数	270 千		
印　　数	1—1200		
定　　价	35. 00 元		

如有质量问题请联系 0535-5651533 调换

2013 年 1 月，山东省法学会保险法学研究会挂靠中国海洋大学成立，成为我国第一个依托高校成立的省级保险法学研究会。历经五年运行，来自省内高校、科研机构、人民法院、仲裁机构、保险监管部门、保险行业协会、保险公司、保险学会等单位相关人士组成的研究会理事会，业已成为全省性跨行业的保险法研究中坚力量，研究会成为全省开展保险法理论与实务研究及学术交流的重要平台，其成立初期明确定位的"广泛吸纳全省保险法理论与实践人才，整合各方力量，形成科研合力，依法独立开展针对性较强的、卓有成效的保险法学研究工作，适应山东保险大省保险业发展需求"，"为推动山东保险法治建设、保障保险市场健康发展、构建和谐保险关系服务"目标，正在逐步实现。

保险法是保险业发展的基石，保险业的健康发展离不开保险法律制度的规范、引导与保障。作为知识技术密集型产业的保险业，不仅需要高素质从业队伍的支撑，更离不开保险法律文化的滋养。山东作为我国的保险大省，保费收入连年在全国排列第三，但保险业界的保险法律意识、保险法治观念却与之并不匹配。近年来，在保险业快速发展的同时，各类保险合同纠纷数量亦随之不断攀升，给保险司法带来巨大裁判压力的同时，也给保险业的健康发展带来极大难题。面对错综复杂的保险合同纠纷案件，保险公司应当在提升员工自身法律素养的基础上，注重自身采取合情合理合法的应对措施，不断防范、化解、缩小矛盾。由于保险案件裁判对保险业的发展不仅具有"指挥棒"式的引导作用，而且直接影响保险司法的社会公信力，甚至影响保险诉讼案件的增减趋势，保险案件裁判者更应当不断提升专业化水平及裁判案件的公平正义度。

实践证明，作为省级保险法学专业研究机构，没有条件也没有必要开展"高大上"的纯保险法学理论研究。地方性研究会的存在价值和生命力，在于其研究的内容必须接地气，必须注重开展针对保险经营管理实践和保险司法实践中存在法律难题的研究。保险法学研究会的成立恰好为大家提供了一个共同研究与交流的平台。正是基于这样的思路和定位，我们将每年学术年会的研究主题永恒地确定为"保险案件裁判的理论与实务"，倡导大家以亲身经历的或媒体公布的、已经裁判的或尚未裁判的案件为题材引出议题，理论密切联系实际，亮明观点，充分说理，畅所欲言，各抒己见，深入展开保险案件裁判方面的研究。事实上，我国的冤假错案并非仅仅存在于刑事案件中，商事案件亦然。近年来，背离保险法基本原理及保险法基本规定的裁判案件并不罕见。要切实防止保险案件裁判中的冤假错案发生，首先应当从提高裁判者的保险法专业素养入手。大家多联系实际，多研究、解决现实工作中的困惑与难题，可以在讨论中明理，在争辩中纠偏。收获真理，摈弃错误，应当成为我们研究会永不言弃的追求。

保险法学研究会成立五年来，在既无办公经费又无办公场所的条件下，坚定信念，不忘初心，阔步前行，社会认知度、参与度、支持度逐年提升，对外影响力不断扩大，说明社会对保险法学理论与实务研究存在客观需求。面对纷繁复杂的保险合同纠纷案件，在会议期间提交的论文以及会议讨论发言中显现出的许多闪光观点，尽管有些还不够成熟，有些表达不甚清晰，但将其汇集、整理、修饰编辑成册，仍然具有一定的社会实用价值。《保险案件裁判评析》（第一辑），是在我个人的主要工作由"院校保险法教学与科研"向"社会保险案件代理与研究"过渡的紧张时期，见缝插针地挤时间编辑出版的，书中收录的论文质量参差不齐，有的论文虽经竭力调整和改动，但因原稿基础不够理想，又不便大幅调整，仍然存在许多不尽如人意之处，殷切期望读者提出宝贵批评意见，以便山东省法学会保险法学研究会主办的《保险案件裁判评析》这株幼苗，在大家的栽培下苗壮成长。

任以顺

2017 年 8 月 28 日于青岛

目录
Contents

"保险消费者"概念质疑

——兼论以"保险相对人"概念取代"保险消费者"的合理性

任以顺

摘要："保险消费者"，是一个我国生效法律文件从未提及，却已被行政性文件确定多年、被社会广泛运用的概念，学界鲜见对其提出反对或质疑。我国《消费者权益保护法》规定的消费者主体范围及消费范围仅限于自然人及生活消费，不包括法人、其他组织及生产消费，"保险消费者"作为"消费者"的种概念，定位亦然。研究发现，我国"保险消费者"概念的确定和使用，缺乏对其内涵与外延的缜密逻辑论证和准确界定，存牵强附会之嫌，有削足适履之感，极易带来理论困惑与司法难题。若用"保险相对人"取代"保险消费者"概念，可以定纷止争，避免棘手难题，不失为一项上策。

关键词：消费者　保险消费者　保险相对人　消费者权益保护法

我国的保险业之所以被誉为 21 世纪的朝阳产业，不仅在于其在改革开放以来取得了保费收入年均 28.3% 的发展速度，保费收入已经在全世界名列第三，还在于保险已经成为"市场经济条件下风险管理的基本手段"，成为"金融体系和社会保障体系的重要组成部分，在社会主义和谐社会建设中

作者简介：任以顺，中国海洋大学保险法研究中心主任暨法政学院法律系教授，北京市京师律师事务所保险部首席律师，北京市京师（青岛）律师事务所保险法务部主任，中国保险法学研究会常务理事，中国保险学会理事，山东省法学会理事，山东省法学会保险法学研究会会长，青岛等多家仲裁委员会仲裁员，青岛市律师协会保险专业委员会主任。主要研究方向：保险法学、合同法学。

具有重要作用"，^① 其"经济助推器"和"社会稳定器"的功能日渐凸显，未来有着十分广阔的发展空间。2014 年"新国十条"^② 进一步指出："保险是现代经济的重要产业和风险管理的基本手段，是社会文明水平、经济发达程度、社会治理能力的重要标志。"与此相对应的是，对投保人、被保险人、受益人以及被保险人的继承人在保险活动中的利益保护，理应受到社会关注。

一、我国"保险消费者"概念起源与发展的回顾

在我国，"保险消费者"的概念，而是产生于 20 世纪末、发展于 21 世纪初的一个土生土长的概念，尽管其与后来人们翻译外文资料得到的同一概念在文字表述上完全相同，但并非舶来品。检索大量文献资料查找论题中包含"保险消费者"的论文之后发现，最早在国内学术刊物论文题目中完整提出"保险消费者"概念者，是《中国保险管理干部学院学报》1994 年第 5 期署名为于冬泉的文章——《市场经济中的保险消费者行为分析》，但该文基本不涉及保险消费者权益保护问题。此后直至 2011 年底，在国内期刊上公开发表的题目中包含有"保险消费者"的论文每年都屈指可数，从"中国知网"检索可见，18 年中总共发表 29 篇，其中有 7 年为 0 篇，有 6 年仅有 1 篇，到 2012 年后该类论文才大量涌现，2012 年发表 27 篇，2013 年发表 29 篇，2014 年发表 17 篇。有关"保险消费者"论文发表数量的剧增，与 2011 年中国保监会成立保险消费者权益保护局^③，保监会下属的各监管局相应成立保险消费者权益保护处的举措紧密相关。

---

① 详见 2006 年国发〔2006〕23 号文：国务院《关于保险业改革发展的若干意见》（简称"国十条"）

② "新国十条"即国发〔2014〕29 号文：国务院《关于加快发展现代保险服务业的若干意见》。

③ 中国保险监督管理委员会成立于 1998 年 1 月 1 日，根据国务院授权履行全国保险行业行政管理职能。2011 年 4 月 18 日，中央编办批复保监会成立保险消费者权益保护局。这是金融监管部门成立的第一个消费者权益保护机构。2011 年 10 月 14 日，保监会印发《关于设立保险消费者权益保护局及对部分内设机构职责、处室设置进行调整的通知》，保险消费者权益保护局正式成立。（引自中国保监会网站，《保险消费者权益保护工作大事记》，2013-09-02. 访问时间：2015-06-01. ）

1994～2015 年国内期刊发表的题目中含有"保险消费者"论文数量

年度	1994	1995	1996	1997	1998	1999	2000	2001	2002	2003	2004	2005	2006	2007	2008	2009	2010	2011	2012	2013	2014	2015
论文数	1	0	0	0	1	0	0	0	0	2	1	1	1	1	3	8	4	6	27	29	17	12

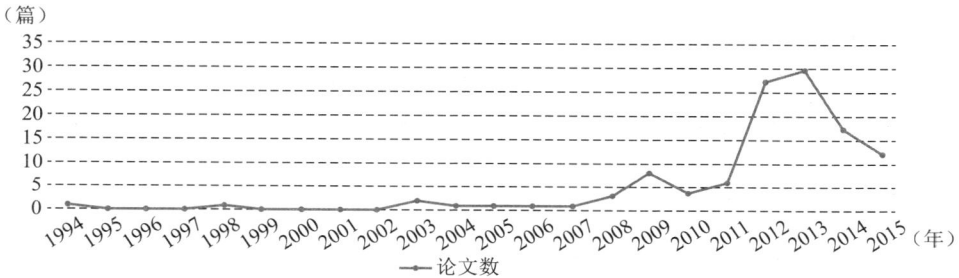

1994～2015 年国内期刊发表的题目中含有"保险消费者"论文数量

在 2008 年爆发全球金融危机的背景下，第十一届全国人大常委会第 7 次会议于 2009 年 2 月 28 日对《保险法》的保险合同部分作了较大幅度修订，其突出特点之一是加大了对被保险人、受益人、投保人利益的保护。此举可谓"一石激起千层浪"。此前多年来一直存在于我国保险业中被社会广为诟病的"销售误导理赔难""条款冗长，晦涩难懂""保险人条款说明义务履行不到位"等侵害投保人、被保险人、受益人权益的问题，受到社会的进一步关注，保护"保险消费者"权益的命题，不断渐进地出现于媒体，而且也成为法学界研究的热门话题。为了维护投保人、被保险人、受益人的权益，2011 年中国保监会成立了保险消费者权益保护局，保监会下属的各监管局相应成立保险消费者权益保护处。2012 年 1 月 17 日，保监会下发《关于做好保险消费者权益保护工作的通知（保监发〔2012〕9 号），对保险消费者权益保护工作提出全面要求。至此，"保险消费者"这一概念在我国得到官方确认，并被越来越广泛地运用于各类官方文件、领导发言、新闻媒体报道之中，学术界有关保险消费者及其权益保护方面的论文乃至各种渠道的课题研究项目也纷至沓来、接踵而至，"保险消费者"概念甚至被列入普通高等教育本科国家级规划教材中 ①。对保险消费者及其权益保护方面的研究俨然成为一种社会时尚和潮流。

　　检索 1994～2015 年 5 月国内期刊发表的题目中含有"保险消费者"的论文后发现，在数以百计的公开发表论文中，对"保险消费者"的提法基本都是持以一边倒式的直接或间接赞许的态度，鲜见有人对"保险消费者"的概念提出反对甚至质疑。在通过"知网"搜集的百余篇论文中，仅发现两篇发表于 2012 年的在校硕士研究生论文对"保险消费者"的概念提出了质疑 ②，其在同一议题的论文中占比不足 2%。2012 年 4 月 26 日，中国保监会保险消费者权益保护局与中国保险学会围绕"保险消费者权益保护理论与实践"主题，共同举办了"保险消费者权益保护有奖征文活动"。2012 年至 2015 年连续五年的全国保险监管工作会议，每年都提及"保险消费者"议题。③2014 年"新国十条"——国务院《关于加快发展现代保险服务业的若干意见》，在第八条"加强和改进保险监管，防范化解风险"中专列一项"加强保险消费者合法权益保护"内容 ④。为贯彻落实"新国十条"，中国保监会在 2014 年 11 月 14 日发布的《中国保监会关于加强保险消费者权益保护工作的意见》中，强调"保险消费者是保险业赖以生存发展的前提和根基。保护消费者合法权益是保险监管机构的核心职能，是保险行业的共同责任。"

---

　　① 北京大学出版社 2017 年 5 月出版的"十二五"普通高等教育本科国家级规划教材 / 北京大学经济学教材系列 / 核心课程系列教材，孙祁祥著《保险学》（第六版）第 98 页将"保险消费者"列为专章，载明"消费者就是使用物质资料以满足其物质和文化生活需要的人。借用这一定义，我们也可以从需求的角度，将与保险有关的人统称为保险消费者，……。"

　　② 此两位作者发文时均为在校硕士研究生。1. 曹琦：《论'保险消费者'概念的不合理性》，载《时代金融》2012 年第 8 期，第 95～96 页。2. 邢楠：《对保险消费者概念的商榷——兼论保险相对人权益保护范式的选择》，载《上海商学院学报》，2012 年第 1 期，第 86～91 页。

　　③ 全国保险监管会议历年对"保险消费者"的提法大致为：2012 年 1 月 7 日"着力解决保险消费者反映的突出问题"，2013 年 1 月 24 日"更加注重保护保险消费者权益"，2014 年 1 月 21 日"着力保护保险消费者权益"，2015 年 1 月 26 日"以保护保险消费者合法权益为出发点和落脚点"。——摘自中国保险监督管理委员会网站。

　　④ 该项内容为"推动完善保险消费者合法权益保护法律法规和规章制度。探索建立保险消费纠纷多元化解决机制，建立健全保险纠纷诉讼、仲裁与调解对接机制。加大保险监管力度，监督保险机构全面履行对保险消费者的各项义务，严肃查处各类损害保险消费者合法权益的行为。"2006 年的"国十条"——国发〔2006〕23 号文：国务院《关于保险业改革发展的若干意见》中尚无"保险消费者"的提法。

在最高人民法院 2013 年和 2015 年发布"关于适用《中华人民共和国保险法》若干问题的解释（二）、（三）"的两次新闻发布会上，发言人均多次使用了"保险消费者"的概念。2015 年 11 月，国务院法制办关于修改《中华人民共和国保险法》的决定（草案送审稿），明确引入"保险消费者"概念，载明"保护投保人、被保险人和受益人等保险消费者的合法权益。"至此，"保险消费者"概念的"法定化"走向已经十分清晰。

由于消费者是法定的必须特别保护的民事法律关系特殊主体，因而对"保险消费者"这一新概念内涵与外延的界定是必不可少的。然而，无论是官方还是学界，至今都并无令人信服的关于"保险消费者"概念内涵与外延的准确定位，"保险消费者"概念仍然是个"剪不断，理还乱"的棘手难题。

二、"保险消费者"概念内涵与外延解析

内涵和外延是概念的两个基本逻辑特征。任何一个真实反映现实的概念都包括有内涵和外延两个方面。概念的内涵是反映在概念中的对象的特有属性和本质属性，就是人们通常所说的概念的含义。概念的外延是概念所反映对象的总和，也就是概念所确指的对象的范围，或者是概念的适用对象。对于"保险消费者"的概念，自然应当在严密分析论证的基础上对其内涵与外延进行准确定位。我国《保险法》第六章"保险业监督管理"部分的第 1 条（即第 134 条）开宗明义地规定："保险监督管理机构依照本法和国务院规定的职责，遵循依法、公开、公正的原则，对保险业实施监督管理，维护保险市场秩序，保护投保人、被保险人和受益人的合法权益。"保险监管机构的法定职责之一是保护投保人、被保险人、受益人的合法权益，提出"保险消费者"这一概念，并建立保险消费者权益保护局，显现了保监会维护保险相对人合法权益的态度与促进保险业健康发展的决心，可谓用心良苦。"新国十条"以及中国保监会关于"加强保险消费者合法权益保护"的动机与出发点毋庸置疑，符合全面建设法治国家时代主旋律的要求，然而，作为反映对象特有属性或本质属性思维形式的概念，是思维形式最基本的组织单位，是构成判断、推理的要素，对于一项重大方针策略的提出与实施，其所使用核心概念的准确性、科学性、合理性十分重要。如果仅仅提出并实施"保护保险消费者权益"，而对"保险消费者"概念的内涵与外延始终不能够作出具有充分说理性的权威性解释，反而必将不利于该方针策略的稳健贯彻实施，并

将带来一系列后遗症，甚至差之毫厘谬以千里。

特别需要注意的是，截至目前，包括《保险法》在内的我国现行所有生效规范性法律文件，不仅没有对"保险消费者"概念作出过定义，甚至也从来未见提及过这一名词。国务院法制办关于修改《中华人民共和国保险法》的决定（草案送审稿），对保险消费者概念的引入①，也未必是建立在对该概念内涵和外延科学论证的基础上的，也未必是对在未来立法上使用该概念可能引发的后果作出过细致的研判。

"保险消费者"的概念当属"消费者"的下位概念，两者属于属种关系，后者是属概念，前者是种概念，因此对"保险消费者"概念的分析与理解，应当先从"消费者"的概念入手。消费者是一个与经营者相对应的概念。现代汉语中的消费是指为了生产或生活需要而消耗物质财富，以此为据可以将消费者直译为消耗物质财富的人。法学意义上的"消费者"外延宽泛，较为复杂。我国《消费者权益保护法》第 2 条规定："消费者为生活消费需要购买、使用商品或者接受服务，其权益受本法保护；……"而现代汉语语义中的生活，又是指人或生物为了生存和发展而进行的各种活动。一般而言，应当将该法条规定理解为：第一，消费者的范围仅限于以生活消费为目的的范围，并不包括以生产需要为目的的消费；第二，消费者仅限于自然人，并不包括法人及其他组织。法条中"为生活消费需要购买、使用商品或者接受服务"之中"生活"一词的使用，等同于在"消费"之中祛除了"生产性消费"的成分，排除了法人以及其他组织作为消费者的主体资格。但是，该法条将消费的范围由购买商品扩大到使用商品和接受服务，这是显而易见的。

王利明先生 2002 年在《政治与法律》第 2 期发表的"消费者的概念及消费者权益保护法的调整范围"署名文章中就指出："消费者是指非以盈利为目的的购买商品或者接受服务的人。……消费者权益保护法中所指的'消费者'原则上仅限于自然人，而不应当包括单位，单位因消费而购买商品或接受服务，应当受合同法调整。不能够以购买的物品是否属于生活消费品作

---

① 2015 年 11 月，国务院法制办关于修改《中华人民共和国保险法》的决定（草案送审稿）43 条，将第 133 条改为第 147 条，修改为："保险监督管理机构依照本法和国务院规定的职责，遵循依法、公开、公正的原则，对保险业实施监督管理，维护保险市场秩序，保护投保人、被保险人和受益人等保险消费者的合法权益。"上述文件"征求意见稿"的说明中将"明确引入保险消费者概念"作为修改《保险法》的主要内容之一。

为判断是否为'生活消费'的标准，判断是否'生活消费'，也不应考虑购买者的目的与动机。"①纵观域外相关法律制度可见，绝大多数国家和地区立法部不承认自然人之外任何组织的消费者主体资格和地位。全国人大常委会2013年对《消费者权益保护法》的修正中，继续保留"消费者为生活消费需要"的字样，足以证明，在我国法律意义上的消费者仅限于自然人是毫不动摇的。这不仅是为了顺应国际立法趋势和潮流，也是为了体现《消费者权益保护法》的弱者保护功能。如此看来，作为"消费者"下位概念的"保险消费者"，无论如何都不应当包括国家机关、企事业单位、人民团体及其他社会组织。支持这一结论的理由还在于：社会组织和单位的"人格"是法律拟制的，它们自身并不能直接消耗物质或精神财富，不存在生活消费，单位虽然可以作为商品买受人或服务合同的订立人，但最终不能成为产品及服务的直接使用、享用人，不应当成为法律意义上的消费者。如此看来，"保险消费者"的概念外延不应当包括任何机关单位，而仅应当限于自然人。

中国保监会保险消费者权益保护局课题组曾经将"保险消费者"定义为："已经或者正在准备与合法的保险经营者建立保险合同关系，购买保险产品、接受保险服务的自然人、法人和其他组织，包括投保人、被保险人和受益人。但能够与保险经营者议定单独的保险合同内容及价格（不包括通过批改或保全等方式变更保险合同条款）的法人和其他组织除外。"②笔者以为，该定义并不准确。首先，将"保险消费者"的概念内涵限定于"与保险经营者建立保险合同关系"，等于将投保人之外的其他主体排除于"保险消费者"的概念外延之外，因为在保险活动中与保险经营者建立保险合同关系者只有投保人。同时这也与该定义表述中对其列举的概念外延"包括投保人、被保险人和受益人"内容自相矛盾；其次，将"能够与保险经营者议定单独的保险合同内容及价格"之外的"法人和其他组织"列入"保险消费者"的概念外延不合理。这是因为：第一，"消费者"是"保险消费者"的属概念，"法人和其他组织"既然不属于消费者，自然也不应当属于"保险消费者"③；

---

① 王利明：《消费者的概念及消费者权益保护法的调整范围》，载《政治与法律》2002年第9期，第3页。

② 中国保监会保险消费者权益保护局课题组：《保险消费者权益问题的思考》，载《保险研究》2012年第9期，第87～88页。

③ 这就如同下面的逻辑推理及分析论证结论：马是白马的属概念（白马是马），所有的马都不是鹿，白马当然也不是鹿。

第二，以"保险责任和责任免除"为主的保险合同内容，基本体现于保险条款中，在现实保险活动中，绝大多数保险合同的订立，均使用保险公司提供的格式化保险条款，通过"与保险经营者议定单独的保险合同内容"方式签订保险合同者较为少见，尤其是自然人通过"与保险经营者议定单独的保险合同内容"方式签订保险合同者更为罕见。依此看来，该概念虽然看起来对"议定单独的保险合同"的特殊情形作出了排除，但还是基本认可了"法人和其他组织也属于消费者"；另外，"包括投保人、被保险人和受益人"的"保险消费者"外延表述不周延。依照我国《保险法》第 42 条规定[1]，在多种情况下的人身保险中，领受保险金者是被保险人的继承人，他们多属应当保护的弱者（有时是未成年人），不应当将"保险金继承人"排除于列举的"保险消费者"外延之外。

毋庸置疑，《消费者权益保护法》是一部弱者特别保护法。作为民事法律关系主体的自然人、法人、其他组织三者中，法人及其他组织可以作为商品的买受人或服务合同的订立者，但其与保险经营者相比，未必都处于一种弱势的地位。在与保险经营者订立保险合同的谈判过程中，他们中的部分主体与保险公司的地位是平等的，另一部分主体的经济地位乃至政治地位、所掌握的交易信息、签约主动权等各方面有时是超越、强势于保险经营者的，没有必要通过消费者权益保护的特别手段对其进行特别保护。比如，企业向银行贷款时应银行之要求，购买借款合同履约保证保险，并以银行作为被保险人及第一受益人，显然不需要将被保险人及受益人的商业银行作为弱者予以特别保护；再如，重大工程项目的发包方或承包方购买工程保险，大都通过面向保险公司招投标、由各家保险公司竞标的方式选择确定保险人签订保险合同的；另外，许多企业大都购买企业财产基本险、综合险、一切险、产品责任保险、雇主责任保险等；各类中央及地方国家机关、企事业单位也都需要对其机动车辆购买保险等等。如果将上述各类保险法律关系主体也都统统按照"保险消费者"的弱者身份予以保护，显然是不妥当、不公平的，同

---

[1] 《保险法》第 42 条规定："被保险人死亡后，有下列情形之一的，保险金作为被保险人的遗产，由保险人依照《中华人民共和国继承法》的规定履行给付保险金的义务：

（一）没有指定受益人，或者受益人指定不明无法确定的；

（二）受益人先于被保险人死亡，没有其他受益人的；

（三）受益人依法丧失受益权或者放弃受益权，没有其他受益人的。……。"

时也违背了我国《消费者权益保护法》立法宗旨，损伤了法治的严肃性。

学术界也曾经有人把投保人、被保险人、受益人统称为"保单持有人"，认为"如果比照《消费者权益保护法》中对消费者的定义，应当是指为生活消费而购买保险产品（服务）的人。由于在实际操作中难以认定，目前多数人主张把保险消费者定义为'个人保单持有人'。……如果这样，保单持有人就被分为两部分：一部分是保险消费者，也就是个人保单持有人；另一部分是一般保单持有人，也就是法人或不具备法人资格的组织、单位、机构等。"① 依照此观点，"保险消费者"即为"个人保单持有人"。该结论的优点在于其将自然人之外的主体排除于"保险消费者"的外延范围，但因保险合同签订之后投保人只能得到一份保单，那么，个人保单持有人只能是一个人，相应地受保护的范围也就只局限于持有保单者，而实际上需要得到法律特别保护的人，并不仅仅是持有保单的人。如此定位，显然矫枉过正，事与愿违，不合逻辑。

综上所述可见，使用"保险消费者"概念带来的逻辑混乱以及思维困惑是显而易见的和难以避免的，对"保险消费者"概念的内涵与外延，若不能尽早准确界定，澄清是非，必然导致司法上的无所适从，进而破坏法治的尊严。

三、"保险消费者"概念引发的司法难题

2012年1月7日全国保险监管工作会议强调："2012年保险监管工作要突出三个重点中的第一个重点是"解决车险理赔难和寿险销售误导问题。"销售误导现象，其实多年来不仅一直存在于寿险业务中，也广泛存在于财险业务领域。保险公司代理人、业务员在销售保险产品时故意夸大保险责任、隐蔽责任免除内容的现象司空见惯，广为社会诟病。最高人民法院关于贯彻执行《中华人民共和国民法通则》若干问题的意见（试行）第68条规定："一方当事人故意告知对方虚假情况，或者故意隐瞒真实情况，诱使对方当事人作出错误意思表示的，可以认定为欺诈行为。"以此看来，保险从业人员在销售保险产品中经常出现的夸大收益、隐瞒风险、只讲保险责任而避谈责任

---

① 魏迎宁：《关于保险消费者权益保护的法理思考》，载《中国保险报》2012年12月11日第8版"专刊·论坛"。

免除等销售误导行为，从根本上说也是一种民事欺诈。

近年来各地不断发生投保人因投保时被保险销售人员误导，后来要求退保解除合同并要求保险公司按照《消费者权益保护法》有关"惩罚性赔偿"规定 ① 承担赔偿责任的案件时有发生。

据黑龙江省有关部门透漏，齐齐哈尔市消费者协会工作人员倪某某，2009 年 3 月 12 日在本市工商银行龙沙营业厅购买了人保寿险齐齐哈尔市中心支公司"人寿金鼎富贵两全保险（分红型）"的保险产品，交付保险费 10 000 元，保险期限 5 年。2014 年 3 月 13 日该保单满期，倪本人到公司柜面办理满期给付业务，在收到保险公司通过其指定的银行账户划入的 11 542.36 元退保金额，当保险合同终止后，倪以保险公司存在不如实告知、利用霸王条款并借助技术手段强制欺诈行为，侵害保险消费者合法权益为由，要求保险公司按照新《消费者权益保护法》第 55 条规定，承担其受到损失的三倍赔偿，同时赔偿其误工费（130 元／日）、电话费、快递费等，倪曾几次投诉于黑龙江保监局。后来保险公司经行业协会与本人并通过其单位领导人几经交涉，最终以保险公司作出让步，另行多付一定资金为条件调解结案。此类案件如果诉到人民法院通过判决处理，恐怕认定案件事实并不难，难的是法官在适用法律时可否依据《消费者权益保护法》第 55 条"退一赔三"的规定和其他规定做出判决。这无疑给保险司法出了一道难题。

在司法实践中，由于"保险消费者"概念界定不清，对于保险公司的销售误导行为，是否适用《中华人民共和国消费者权益保护法》第 55 条规定，各地法院观点不同，判法不一。

2014 年 11 月 20 日上海市第二中级人民法院案号为（2014）沪二中民六（商）终字第 247 号二审判决 ② 显示，沈某某与上海银行股份有限公司杨浦支行、新华人寿保险股份有限公司上海分公司服务合同纠纷一案中，沈某某以上海银行杨浦支行工作人员向其推销保险时欺瞒、夸大收益，误导消费者，

---

① 《消费者权益保护法》在 2013 年 10 月 25 日修改之前，其第 49 条规定为"退一赔一"，修改之后的第 55 条规定为"退一赔三"，即"经营者提供商品或者服务有欺诈行为的，应当按照消费者的要求增加赔偿其受到的损失，增加赔偿的金额为消费者购买商品的价款或者接受服务的费用的三倍"。

② 沈之基与上海银行股份有限公司杨浦支行、中国人寿保险股份有限公司上海市分公司服务合同纠纷二审民事判决书 [DB/OL]. 中国裁判文书网，最后访问时间：2017-04-20.

构成欺诈为由起诉要求被告承担惩罚性赔偿责任。一审法院的判决认为，《中华人民共和国消费者权益保护法》将证券、保险、银行等金融服务的经营者提供的产品或者服务，亦纳入消费者权益保护范畴，沈某某至被告上海银行杨浦支行辖属临青路支行办理个人理财事务，接受上海银行杨浦支行提供的金融服务，受该法调整……但是，沈某某以上海银行杨浦支行提供金融服务存在欺诈为由提起诉讼，但未能举证证明上海银行杨浦支行存在故意提供虚假情况或者故意隐瞒真实情况的行为，沈某某也明知 35 000 元已由新华寿险上海公司收取为保险费，故对其诉讼请求不予支持。一审法院依照《中华人民共和国消费者权益保护法》第 55 条第一款等规定作出判决后，沈某某不服，以与原审相同的诉讼理由提出上诉，二审法院主要以沈某某的上诉理由缺乏事实依据为由，判决驳回上诉，维持原判，但是，并未将《中华人民共和国消费者权益保护法》第 55 条第一款，作为该案判决依据。本案中，如果沈某某在投保时刻意留取了工作人员向其推销保险时隐瞒产品真相、夸大产品收益，误导当事人投保的证据，并于诉讼时提交法院，两级法院的判决在是否可以适用《消费者权益保护法》作出判决的问题上，可能会感觉左右为难，甚至出现较大分歧。司法难题的根源就在于，模糊的"保险消费者"概念目前并没有明确的内涵与外延界定，而立法机关又不可能在《中华人民共和国消费者权益保护法》之外另行制定多部各类消费者权益保护法。

保险经营者及其代理人的销售误导，是我国保险业多年来一直都存在的顽疾。随着公民法治观念的不断增强和证据意识的不断提高，人民法院未来可能会不断遇到此类诉讼案件，如果在自然人、法人、其他组织各类保险相对人有证据证明保险人有"销售误导"行为，提出"解除合同、退一赔三"、保护"保险消费者"合法权益的诉求时，法院是否可以依据《消费者权益保护法》第 55 条规定作出判决？这不仅是一个重大的法学理论难题，而且是一个棘手的司法难题，亟待深入研究，明白事理。

四、"保险相对人"与"保险消费者"甄别及优选使用

"保险相对人"，是笔者在研究生教学中使用多年的一个概念，并于 2008 年在《保险研究》第 5 期上发表"保险近因原则之'近因'概念内涵探析"

一文时将该概念公布于众。^① 由于在保险活动以及保险法律关系中，保险人
一方是恒定不变的，一般情况下，与保险人相对应的另一方则在不同的场景
下变化不定，并不一定都同时出现。比如，在财产保险和人身保险活动中，
投保时与保险人相对的一方自然是投保人；在财产保险索赔理赔环节上与保
险人相对的一方是被保险人；在人身保险合同中，保险人给付保险金时可
能与其相对应的又是受益人，当受益人先于被保险人死亡又没有其他受益人
时，与保险人相对应的领受保险金者又是被保险人的继承人；……为防止保
险活动中使用名词的不严谨、不准确以及逻辑混乱，笔者一直主张使用"保
险相对人"的概念取代投保人、被保险人、受益人、保单所有人^②、被保险
人的继承人等一组概念。如此看来，保险相对人是指保险活动中与保险人形
成相对应关系的，囊括投保人、被保险人、受益人、保单所有人、被保险人
的继承人等各种主体形成的权益共同体。在保险活动的各个不同阶段、不同
场合下，保险相对人具体为哪种人，只需对号入座即可。由此可见，我们可
以将"保险相对人"定义为："在保险活动中与保险人发生保险民商事权利
义务关系的投保人、被保险人、受益人、保险金继承人组成的权益共同体。"
这样一来，"保险相对人"的概念内涵体现为：（1）与"保险相对人"相
对应的一方当事人为恒定的保险人；（2）保险人与"保险相对人"发生的
是保险民商事权利义务关系；（3）该民事权利义务关系发生于保险活动之
中。"保险相对人"的概念外延主要包括：投保人、被保险人、受益人、保
险金继承人。

　　"保险消费者"概念在我国的提出、流行到官方认可并且被选择使用，
未必有人进行过认真的理论分析和缜密的逻辑论证。客观地讲，"保险消费
者"概念的使用，也给既提出大力治理"销售误导"，又使用"保险消费者"
概念、高喊"保护保险消费者权益"的保险业界乃至保险监管部门提出了挑
战，出了一道两难选择题。保险监管部门提出大力治理"销售误导"，本身
已经认可保险活动中该类欺诈现象较为普遍、严重存在的事实；使用"保险

---

　　① "保险近因原则之'近因'概念内涵探析"，载《保险研究》，2008 年第 5 期。
此前尚未见到有人在公开发表的论文以及公开出版的著作中提出过"保险相对人"这一
概念。此后看到一些学术论文中逐渐有人引用"保险相对人"这一概念。
　　② 在保单签发之后，对保单拥有所有权的个人或机构被称为保单所有人。保单所
有人的称谓主要适用于人寿保险合同的场合。——北京大学出版社 2017 年 5 月版，孙祁
祥著《保险学》（第六版）第 48 页。

消费者"概念并强调"保护保险消费者权益",即意味着如果有保险公司在保险产品销售中存在"销售误导"的欺诈事实时,在目前我国立法没有规定不受《消费者权益保护法》约束的特殊消费者的背景下,应当按照《消费者权益保护法》第55条"退一赔三"的惩罚性赔偿规定承担赔偿责任,如此一来,在严格依法办事态势之下,保险业可能面临灭顶之灾,后果将不堪设想。

保险合同属于有其自身特点的射幸性合同。保险产品属于无形产品,保险人向保险相对人提供的是无形的风险转移保障,在投保之时,投保人和保险人都不确定保险期间内是否会发生保险事故,当保险合同期满之后,投保人亦不能以未发生保险事故、没有得到保险赔付为由而要求退保退费。"保险消费者"概念的提出及大量使用,应当建立在对保险活动的特殊性以及其中蕴含的各种法律关系充分研究、厘清的基础上。目前,将保险相对人一律作为消费者看待,并赋予其《消费者权益保护法》上的特殊保护的理论难以自圆其说,存在逻辑悖论;"保险相对人"的概念,与前文所述中国保监会保险消费者权益保护局课题组对"保险消费者"的概念相比,使用起来可能更为确切、准确、方便一些,而且不至于引发较大的理论困惑、司法难题及学术争议。使用"保险相对人"概念替代"保险消费者",反倒并不影响法律对保险相对人中自然人主体的特别保护。

结语

综上所述,目前在我国社会广为流行的"保险消费者"概念,其确定和使用不仅不够科学,而且极易带来逻辑混乱、思想困惑与司法难题,引发不必要的矛盾与争斗,甚至误导司法。我国社会各界目前对"保险消费者"概念之使用,存在浮躁盲从、随波逐流的跟风趋向。"保险消费者"概念的确定和使用,只是在特定历史条件下,相关部门为满足加大保护部分弱势保险相对人权益的权宜之计,存牵强附会之嫌,有削足适履之感。面对"保险消费者"的概念内涵、外延长期无法准确定位,以及司法实践中无法理直气壮地适用《消费者权益保护法》对"销售误导"案件作出"退一赔三"惩罚性赔偿判决的现实,追根寻源,使人不禁深思:近年在我国提出并被保险监管部门、保险业界、保险法学界、保险司法界频繁使用的"保险消费者"概念,是否是个伪命题①？笔者近年研究的结论对其持肯定态度。在如此社会背景下，如果按照 2015 年 11 月国务院法制办关于修改《中华人民共和国保险法》的决定（草案送审稿），断然将投保人、被保险人和受益人等笼统地作为保险消费者，赶时髦式地将"保险消费者"盲目写入法律文件，使其成为一个法定概念，不仅会折射出该立法的严肃性不够、严谨度不高，而且反而还会被人滥用，以至对切实需要特别保护的保险相对人的精准法律保护产生不利影响。若使用"保险相对人"概念取代"保险消费者"的概念，则可能起到定纷止争、避免棘手的理论困惑和司法难题发生的效果，而且，这样做也并不影响对定性为"为生活消费"而购买保险的自然人的消费者合法权益的特别保护。

诚然，目前我国社会支持使用"保险消费者"概念者众多且势大，但真理不是依靠表决诞生的，更不应当依赖公权力的指令和维持。只要人们切实有意坚持实事求是的思想路线，以"保险相对人"概念将"保险消费者"取而代之，不失为一项上策。

（说明：本文曾公开发表于《法学论坛》2015 年第 6 期）

---

① 所谓伪命题，无非是指不真实的命题，即不符合客观事实或不符合一般事理和科学道理的命题。

山东保险合同案件诉讼与仲裁现状及对策

许彦峰　陈福锋　李增亮

摘要：近年来，保险合同纠纷引发的诉讼与仲裁案件数量居高不下，越来越多的保险消费者寻求通过诉讼、仲裁等途径解决保险合同纠纷。在大量保险合同诉讼与仲裁案件中，保险公司胜诉比例较低已日益成为困扰保险公司行业形象和保险公司经营效益的突出问题。分析当前保险合同类诉讼及仲裁案件的现状、特点、存在的主要争议问题，并深究其原因，提出强化公司内控管理、加大保险监管力度，加强保险消费者教育、推进诉调仲调对接机制建设，加强保险案件指导和协调、营造良好的司法环境，规范涉保司法鉴定工作、提升保险案件的处置效率等对策建议，对于促进保险业健康稳定发展的具有重要意义和价值。

关键词：保险合同案件　诉讼与仲裁　现状与对策

近年来，保险合同类诉讼及仲裁案件数量居高不下，日益增多的保险纠纷案件不仅影响了保险公司的正常经营，也给保险业的整体形象造成了负面影响。如何有效减少并妥善化解保险公司与保险消费者的矛盾纠纷，为保险业的发展营造良好的外部环境，成为保险行业发展的一项重大课题。

一、山东保险合同诉讼及仲裁案件现状及特点分析

2015 年度山东保险业（不含青岛数据，下同）共发生保险合同类诉讼

作者简介：许彦峰，中国保监会山东监管局党委委员，高级经济师，上海交通大学硕士。陈福锋，中国保监会山东监管局办公室副主任，郑州大学硕士。李增亮，中国保监会山东监管局法制处科长，山东大学硕士。

及仲裁案件 67 520 件，涉案金额 73.56 亿元；年度已决案件 59 694 件，结案金额 46.19 亿元。具体呈现以下特点。

（一）财产险公司合同类诉讼及仲裁案件占比大

2015 年度山东财产险公司共发生保险合同类诉讼及仲裁案件 66 683 件，占全行业比重为 98.76%，涉案金额 72.68 亿元，占比为 98.80%；2015 年度山东财产险公司已决案件 59 010 件，占全行业比重为 98.85%，结案金额 45.77 亿元，占比为 99.13%。

从涉案险种分布来看，车险案件 65 580 件（其中道路交通事故人身损害赔偿纠纷案件 53042 件）、其他财产险案件 902 件、短期健康险案件 1 件、短期意外险案件 200 件，分别占财产险公司案件数量的 98.35%、1.34%、0.01% 和 0.30%。从涉案金额来看，车险案件 70.19 亿元（其中道路交通事故人身损害赔偿纠纷案件 54.84 亿元）、其他财产险案件 2.21 亿元、短期健康险案件 4 万元、短期意外险案件 0.28 亿元，分别占财产险公司案件涉案金额的 96.57%、3.03%、0.01% 和 0.39%（详见表 1）。

表 1　2015 年度山东财产险公司合同类诉讼及仲裁案件情况

险　种	数量情况		涉案金额情况	
	数量（单位：件）	占比/%	金额（单位：亿元）	占比/%
车　险	65 580	98.35	70.19	96.57
其他财产险	902	1.34	2.21	3.03
短期健康险	1	0.01	0.000 4	0.01
短期意外险	200	0.30	0.28	0.39
合　计	66 683	100.00	72.680 4	100.00

（二）保险合同纠纷司法救济途径以诉讼为主、仲裁为辅

从 2015 年度山东保险合同类诉讼及仲裁案件结案方式来看，向法院诉讼是解决保险合同类纠纷的最主要手段。2015 年度已决案件中，通过法院判决结案 34 635 件，占比为 58.02%，涉案金额 30.62 亿元，占比为 66.29%；通过仲裁裁决结案 524 件，占比仅为 0.88%，涉案金额 0.49 亿元，占比仅为 1.06%（详见表 2）。

表2 2015年度山东保险公司合同类诉讼及仲裁案件结案情况

结案方式		数量情况		涉案金额情况	
		数量（单位：件）	占比 / %	金额（单位：亿元）	占比 / %
诉 讼	一 审	30 926	51. 81	27	58. 45
	二 审	3 709	6. 21	3. 62	7. 84
	小 计	34 635	58. 02	30. 62	66. 29
仲 裁		524	0. 88	0. 49	1. 06
调解、和解		24 535	41. 10	15. 08	32. 65
合 计		59 694	100. 00	46. 19	100. 00

　　分析救济途径集中于诉讼的原因，一是较之仲裁机构，法院的社会认知度和熟识度更高，且法院层级设置完善，尤其基层法院数量较多，保险消费者提起诉讼较为便捷。二是申请仲裁要求双方必须达成书面仲裁协议，虽然保险合同中一般会给予保险消费者选择权，但在对仲裁流程不熟悉的情况下，保险消费者一般会放弃选择仲裁方式。三是仲裁程序采用一裁终决制，保险公司和保险消费者往往认为选择诉讼更有利于明辨是非，并且有上诉和申诉的机会。因此，保险公司和保险消费者多倾向于选择诉讼方式解决保险合同纠纷。

　　（三）保险合同类诉讼案件保险公司胜诉率低

　　由于各保险公司和各地区对保险合同类诉讼案件"胜诉"的定义和统计口径不同，难以从整体上对山东保险合同类诉讼案件胜诉情况进行定量分析，在此仅以山东部分地市保险业为例进行分析。据初步统计，2015年度烟台市保险业发生保险合同类诉讼案件3 290件，其中诉讼调解1 251件，诉讼判决2 039件，保险公司胜诉354件，胜诉率为17.37%；潍坊市保险业发生保险合同类诉讼案件2 287件，其中诉讼调解793件，诉讼判决1 494件，保险公司胜诉322件，胜诉率为21.55%，威海市保险业发生保险合同类诉讼案件990件，其中诉讼调解438件，诉讼判决552件，保险公司胜诉44件，胜诉率为7.97%，三市保险公司综合胜诉率仅为17.63%（详见表3）。由此不难看出，保险合同类诉讼案件中保险公司胜诉率较低。

表 3　2015 年度山东部分地区保险诉讼案件保险公司胜诉情况

	诉讼案件（单位：件）	判决案件（单位：件）	胜诉案件（单位：件）	胜诉率 / %
烟　台	3 290	2 039	354	17.37
潍　坊	2 287	1 494	322	21.55
威　海	990	552	44	7.97
合　计	6 567	4 085	720	17.63

（四）保险合同类案件调解工作有待加强

2015 年度，山东诉调、仲调对接运行机制较为成熟的东营市保险合同类案件调解成功率仅为 35.64%，调解成功案件的数量与现有保险纠纷案件数量相比，仍有进一步提高的空间。据调研分析，裁判标准不统一、基层保险机构调处权限小、保险消费者期望值过高等因素是制约保险案件调解成功率提高的主要因素。一是因保险行业内部、保险行业与法院之间对赔偿标准的认定存在差异，导致保险消费者普遍存在"调的赔偿少、判的赔偿多"的观念，也在一定程度上影响了调解结果的达成。二是由于保险公司赋予基层机构调处权限小，并受在核赔过程中对调解书的认同度不高等因素影响，基层保险机构在处理保险纠纷案件过程中，宁愿让法院判决也不积极参与调解。三是部分消费者对保险赔偿金额的期望值过高，导致双方差距很难通过调解解决。

（五）涉保鉴定不规范增大了保险合同类案件的处理难度

部分保险消费者认为保险公司的定损数额达不到心理预期，转而通过委托第三方鉴定机构鉴定后再提起诉讼或仲裁以索取高额保险赔偿。近年来，各类鉴定机构数量不断增加，鉴定工作中普遍存在过程不严谨、结论不客观、当事人参与不够、缺乏监督考核等问题，鉴定价值大多超出实际损失价值，违背了保险损失补偿原则。同时，还出现"理赔黄牛"等社会中介联合鉴定机构一起骗取保险公司高额赔偿的现象。诉讼或仲裁过程中，这类案件一般需要重复进行鉴定，造成案件处理周期延长，处理难度加大，最终会损害保险消费者的合法利益。

二、保险合同类诉讼及仲裁案件涉及的主要争议焦点

（一）保险公司是否就免责条款进行明确说明

争议案件中免责条款的效力问题成为双方争议的焦点，集中表现为双方对保险公司是否已履行提示和明确说明免责条款的义务存在争议。新《保险法》及《司法解释（二）》陆续出台后，各地法院的审判意见在一定程度上达成共识，但该类争议仍然大量存在。具体原因包括以下几个方面：首先是法官的职业素养、审判理念、对保险知识和《保险法》的理解存在差异，造成同类案件的判决结果差别较大；其次是保险公司对法律的理解及执行力不够，部分公司条款设计存在漏洞，甚至对自身条款的规定理解有误；再次是保险销售人员在向客户讲解保险合同内容时，侧重讲解对客户有吸引力的内容，对免责事项等内容有意规避或匆匆带过，导致客户在理赔或退保时因感觉受到误导而产生心理落差，进而投诉或起诉。

（二）死亡原因或损伤程度是否属于保险责任范畴

因死亡原因、伤残等级、重大疾病标准不符合保险合同约定而拒赔的案件最易引发诉讼或仲裁。此类案件大多存在被保险人死亡、伤残或患有重大疾病的情形，较普通人而言，通过劳动改善生活条件的能力已降低或丧失，保险的存在本身就给予其生活的希望，因此，被保险人紧抓救命稻草的心情会极其迫切，寻求司法救济的意向和动作较为积极；另一方面，保险条款的内容对一般人而言较为专业和复杂，尤其是重大疾病专业术语的表述，虽然条款规定较为详细，但很难理解，法官在审案时如果感同身受，就易产生代入感，认为该条款属于限定投保人、被保险人权利，免除保险公司责任的条款，要求公司对责任条款进行提示和明确说明，将争议复杂化，导致保险公司败诉。

（三）投保人是否履行如实告知义务

根据《保险法》第 16 条相关规定，投保人有如实告知的义务，保险公司因投保人未如实告知解除合同和拒赔时，双方易产生以下争议：一是保险公司是否就相关事项进行了询问，证明询问的标准如何确定；二是投保人未如实告知的行为是否属故意或重大过失；三是未如实告知的事项是否足以影

响保险公司决定是否承保或提高保险费率，保险公司的举证证明标准如何确定；四是未如实告知的事项与保险事故的发生之间是否有因果关系；五是保险公司合同解除权是否消失等。保险公司主张投保人未履行如实告知义务而决定拒赔的举证义务基本都在公司一方，直接提高了保险公司败诉的概率。

（四）伤残等级标准是否应适用合同约定的行业标准

人身伤残等级鉴定标准主要依据《人身保险残疾程度与保险金给付比例表》，此外，我国还有《劳动能力鉴定职工工伤与职业病致残等级》《道路交通事故受伤人员伤残评定》等相关鉴定标准，因各类标准之间存在一定的差异，被保险人申请理赔时，合同双方可能会因依据不同的鉴定标准而发生争议。保监会制定出台了《人身保险伤残评定标准和代码》，在很大程度上解决了因标准差异而发生争议的情况，但从实际案例来看，法院对鉴定标准公司是否应尽到提示和明确说明义务的认定严重影响判决结果，部分公司因此而败诉。如某被保险人乘坐客车时发生交通事故，经司法鉴定为八级伤残，花费医疗费 1.8 万元，一审法院以公司未尽到提示和明确说明义务且保单中未附《人身保险伤残评定标准和代码》和伤残等级对应给付比例为由，认定《人身保险伤残评定标准和代码》不适用，而依据《道路交通事故受伤人员评定标准》判决保险公司赔付伤残赔偿 10 万元。

（五）医疗费用是否适用补偿原则

争议焦点主要集中在自费药物是否在理赔范围内，无医疗费发票原件能否申请保险金等。一般保险合同都明确规定，医药费用的赔偿范围应在国家基本医疗保险有关规定范围内，但部分法院把此项内容当做免责条款，要求保险公司尽到明确说明与提示义务，否则会判决公司败诉；理赔需要提供发票报销联原件是保险公司给予理赔的基本原则，但在实际操作中，被保险人申请理赔时声称发票原件丢失，部分法院也会判决保险公司应当给予赔付。

此外，保险合同类诉讼及仲裁案件还存在无证驾驶等免责事由与保险事故发生之间是否必须存在因果关系、受害方已获第三方赔付或医保报销的情况下保险公司是否应全额赔付、保单现金价值的计算标准、代签名引发的合同成立与否问题、附加险应否续保、客户理赔资料不全未经索赔直接起诉等争议问题。

三、 保险合同类诉讼及仲裁案件保险公司胜诉率低的原因分析

（一）保险公司条款设计存在漏洞

一是保险公司未在条款设计上就投保人需如实告知的重大事项进行明确询问，如针对高额意外险是否在同业投保同类险种、投保前是否患有某种重大疾病等，进入诉讼阶段后保险公司因举证困难导致法律赋予的合同解除权形同虚设。二是免责条款或法律上赋予同免责条款相同义务的特殊条款未通过加粗描黑等方式加强提示性，无法规避保险公司因提示和明确说明义务举证不能而引发的败诉风险。三是部分卡单和电子保单未附具体保险条款，易发生代激活、投保人不知晓保险责任及免除责任等情况。

如李某诉某人寿公司保险合同理赔纠纷案，被保险人李某驾车发生意外事故导致马尾神经损伤等，向保险公司申请理赔，公司认为其未达到伤残标准，做出赔付医疗费但拒付伤残金的决定。本案争议焦点在于《残疾程度与给付比例表》是否需要提示和明确说明。保险公司认为《残疾程度与给付比例表》不属于《司法解释二》第 9 条中"比例赔付"的内容，不应履行提示和明确说明义务，未获法院支持。因为在《司法解释二》出台前，山东省高级人民法院 2011 年 3 月 17 日出台的《关于审理保险合同纠纷案件若干问题的意见（试行）》第 19 条明确规定，"人身意外伤害保险合同附有《支付比例表》，且保险人履行了提示和明确说明义务，保险人主张以该表作为计算和支付残疾保险金依据的，人民法院应予支持。"山东高院从审判的角度明确了保险公司提示和明确说明的义务。

（二）保险公司法律理解存在偏差

部分保险公司在法律理解上发生偏差导致败诉，典型体现在对《保险法司法解释二》第 3 条的理解适用上。《保险法司法解释二》第 3 条规定"投保人或者投保人的代理人订立保险合同时没有亲自签字或者盖章，而由保险人或者保险人的代理人代为签字或者盖章的，对投保人不生效。但投保人已经交纳保险费的，视为其对代签字或者盖章行为的追认。"部分保险公司据此认为，法院以保单代签名为由做出保险公司对保单条款、责任免除未尽到提示和说明义务，而认定条款无效的判决不合理，这属理解偏差。最高人民法院对此有明确说明，"投保人缴纳保费的，仅表明其愿意订立该保险合同，是对代签行为的追认，保险合同对其生效，但不能因此认为投保人认可保险

人已向其履行了保险免责条款的明确说明义务，因为是否向投保人履行明确说明义务是个事实问题……"。

（三）保险公司经营管理存在疏漏

目前我国保险销售主要依靠中介渠道，从 2015 年度山东省数据看，保险中介渠道实现的新单保费收入约占全部新单保费收入的 90%。上述销售方式在加速保险业发展的同时也带来很多问题，如代签名、故意夸大产品收益、未对免责条款进行明确说明、引导被保险人隐瞒病史等。由于部分保险诉讼案件涉案金额较大，举证复杂，保险公司作为格式合同的制定方，很容易在诉讼中处于不利地位。

如徐某诉某人寿保险公司保险合同纠纷案，徐某为其丈夫胡某投保两全保险，被保险人去世后徐某向公司索赔。公司调查发现，被保险人投保前曾因患急性有机磷农药中毒等综合症住院治疗，不符合承保条件，投保人未如实告知的事实直接影响公司的承保决定，因而公司行使了合同解除权，徐某不服提起诉讼。法院经调查认为，合同承保环节完整无瑕疵，投保人确属故意未如实告知，但最终判决保险公司败诉。根据《保险法》第 16 条第 3 款规定"合同解除权，自保险人知道有解除事由之日起，超过 30 日不行使而消灭"，公司之所以败诉在于不能证明在法律规定的 30 日内送达《理赔决定通知书》而导致合同解除权灭失。据了解，公司准备给投保人邮寄《理赔决定通知书》时，投保人强烈要求营销员亲自送达，事后却不承认收到且知晓该处理决定，公司缺乏风险防范意识，未留存送达证据，导致举证不能，直接导致败诉发生。

（四）个别法院判决存在显著倾向

按照现有法律规定，保险合同属于格式合同，具有附和性，当合同双方当事人对格式合同的理解产生歧义时，应按照有利于非制定方的原则处理。因此，在保险纠纷中，"有利于被保险人和受益人原则"在审判中被大量引用，由此也出现了大量涉及到免责条款被随意否定的判例。保险公司虽然在拒赔时都非常谨慎，但拒赔后被提起诉讼的几率仍然很高，而且公司败诉的几率也极高。[①]

---

① 刘亮，刘亚群：《保险诉讼乱局的成因和治理》，载《上海保险》，2008 年第 1 期，第 25 ～ 27 页。

以无证驾驶和酒后驾驶为主的保险免责类诉讼案件为例，该类案件集中发生于山东某地市，2015年度占山东省相关案件的53.3％。在无证驾驶、醉酒驾驶事实清楚，有《道路交通事故认定书》为据的情况下，该地区法院着重审查保险公司是否履行了免责条款的提示和明确说明义务，进而大多判决保险公司败诉，或者主张保险公司通融赔付，调解结案。

四、对策建议

（一）强化公司内控管理，加大保险监管力度

1. 加强产品设计风险把控，规范业务操作流程。一是保险公司应建立产品设计评价制度，聘请专业人士对保险产品条款在法律方面可能出现的问题进行评估。[①] 尤其是对于免责条款，应当与合同基本内容集中表述，不宜再采用分散、零星的表述方式，便于投保人真正了解赔偿责任免除的范围。二是加强对保险销售人员的培训，加大对销售前端行为的管控力度，要求销售人员严格执行承保实务操作规程，完善保险合同手续，严格保险合同的审核，从源头上预防纠纷的发生。三是加强业务操作行为管理，采用有效措施预防销售误导、代签名等问题，将风险控制在保险合同订立阶段。同时进一步完善服务标准，确保理赔服务各岗位及职责无缝衔接，保证核赔决定快速、高效，拒赔决定经法务审核并手续完备。

2. 完善预防和应对机制，夯实法制工作基础。一是保险公司应积极做好应诉工作，从证据收集到参与庭审，均应有切实可行的解决方案，确保答辩有理有据，提高纠纷诉讼处理质量。[②] 二是保险公司应加强对理赔案件处理的监督考核，加大保险工作各环节矛盾纠纷的排查和化解力度。三是保险公司应加大对法律合规人才队伍的建设投入，夯实法制建设的基础工作，保险公司省级分公司均应设置独立的合规管理部门，中心支公司以下分支机构应设置适当的合规岗位，并定期开展合规技能培训，提升行业整体的法制工作水平。

3. 严肃查处各类违法违规行为，切实保护保险消费者的合法权益。一是推动保险公司持续做好服务承诺的公开工作。保险监管机构、保险行业协会要督促保险公司不断完善服务承诺内容，提高服务承诺标准，强化服务承

① 课题组：《福建省车险类诉讼状况调研报告》，载《福建保险》，2013年第1期。
② 刘静：《保险诉讼案件引发的思考》，载《中国保险报》2012年5月3日第007版。

诺约束力。二是树立行业诚信服务典型，大兴行业服务文化。用典型引路，表扬先进、鞭策后进、推动中间，通过宣传先进事迹，发挥榜样的力量，带动行业改进和提高服务水平。三是加大对侵害消费者权益的违法违规行为的打击力度。依法严肃查处拖赔、惜赔、无理拒赔和销售误导等行为，坚持"双罚制"，严肃追究相关责任公司高管人员的法律责任，增加保险公司侵害保险消费者合法权益的违法违规成本。

（二）加强保险消费者教育，推进诉调、仲调对接机制建设

1. 加强保险消费者教育，引导保险消费者理性维权。[①] 一是拓宽公众教育渠道，通过保险公众宣传日等活动平台，开展形式多样的宣传活动，树立保险业的良好社会形象。二是借助现代信息平台，提高保险消费者的知情权。通过发放保险宣传手册、发布保险消费风险提示、解读相关监管政策等方式，促进保险消费者树立科学消费、理性维权意识。三是重视舆论宣传和监督。一方面，完善重大保险事故应急机制，对于重大保险事故和保险热点问题，主动与相关政府部门沟通，向社会披露事件真相和保险服务情况，避免恶性炒作；另一方面，加强与新闻媒体的沟通，积极引导新闻媒体站在公平、公正的立场上客观报道保险纠纷案件，营造良好的舆论氛围。

2. 倡导保险纠纷解决的多元化理念，推进诉调、仲调对接机制建设。一是要加大诉调、仲调对接机制在机构设置、运营费用、人员组成、调解效力等方面的政策支持力度。二是要尽力减少赔偿标准差异，破除"调的赔偿少、判的赔偿多"的理念，引导更多的消费者利用诉调、仲调对接机制解决保险纠纷。三是保险公司要赋予基层保险机构更多的调解权限，提高合同双方对调解书的认同度，提高保险纠纷处置效率。

（三）加强保险案件指导和协调，营造良好的司法环境

一是加强保险业案件诉讼调研，定期召开保险法制工作座谈会和专题研讨会，努力跟踪和掌握当前保险诉讼案件发生、保险司法审判的特点和动态，研究应对保险业案件的处理措施。[②] 二是强化司法联动，积极参与司法部门

---

① 傅盛阳，蔡欣欣：《关于保险机构诉讼案件的调查与思考——以福建省为例》，福建金融，2014 年第 11 期，第 41 ～ 47 页。

② 范流通，张新愿：《保险公司诉讼案件困境成因及对策分析——以云南为例》，载《时代金融旬刊》，2012 年第 10Z 期，第 112 ～ 113 页。

组织的保险诉讼案件的调解和审判工作，了解司法部门的工作方法和裁量标准。主动邀请各级法院精通保险审判业务的法官到保险行业开展专题讲座，就保险行业的实际困难及具体规定与司法审判标准进行相互沟通，提高保险从业人员的风险意识、责任观念和业务水平，扭转保险公司在处理保险诉讼案件中的不利局面。① 三是加大与司法部门的沟通协调力度。对于保险诉讼案件的争议焦点，保险监管部门和行业协会要积极反映保险行业的诉求，积极推动当地司法部门出台统一保险纠纷案件裁判标准的指导意见，为保险业的发展营造客观、公正的司法环境。

（四）规范涉保司法鉴定工作，提升保险案件的处置效率

一是统一鉴定机构的鉴定标准和鉴定程序。比如针对非道路交通事故，明确鉴定标准，或者出台道路交通事故与职工工伤之外的鉴定标准；对于财产损失的鉴定，要求申请人提供财产实际维修项目清单及费用，避免鉴定结论不符合实际等情况。二是建立公开透明的外部监督机制。建立对鉴定结论的专家评价机制或鉴定结论复议机制，明确监督机构和投诉电话，对于明显违规操作的鉴定机构和相关人员予以惩戒。三是保证保险公司在司法鉴定过程中的参与权。明确鉴定机构的及时通知义务，允许保险公司参与鉴定评估过程中的损失检验和认定，提高双方当事人对鉴定结果的认可度，减少重复申请鉴定的案件比例，有效提升保险案件的处置效率。

参考文献

[1] 刘亮，刘亚群 . 保险诉讼乱局的成因和治理 [J]. 上海保险，2008（1）.

[2] 课题组 . 福建省车险类诉讼状况调研报告 [J]. 福建保险，2013（1）.

[3] 刘静 . 保险诉讼案件引发的思考 [N]. 中国保险报，2012-05-03（7）.

[4] 傅盛阳，蔡欣欣 . 关于保险机构诉讼案件的调查与思考——以福建省为例 [J]. 福建金融，2014（11）.

[5] 范流通，张新愿 . 保险公司诉讼案件困境成因及对策分析——以云南为例 [J]. 时代金融旬刊，2012（10Z）.

---

① 张艳峰：《浅析保险公司在诉讼中败多胜少的原因》，载《金融理论与实践》，2012 年第 3 期，第 111 ～ 113 页。

[6] 张艳峰．浅析保险公司在诉讼中败多胜少的原因 [J]．金融理论与实践，2012（3）．

[7] 范愉．多元化纠纷解决机制 [M]．厦门：厦门大学出版社，2005.

[8] 课题组．保险经营中的法律诉讼问题及对策研究 [J]．保险研究，2008（4）．

[9] 陶建国．国外保险纠纷诉讼外解决制度分析 [J]．保险研究，2010（2）．

[10] 孙蓉，李炎杰，陈辞．我国保险合同纠纷的多元化解决机制探析 [J]．保险研究，2010（12）．

机动车辆第三者责任保险
为事故型责任保险

——兼与王娟法官商榷

偶 见

摘要： 在责任保险实务中，有期内发生式、期内索赔式两种确定责任保险责任事故有效期间的方法。在道路交通事故中，事故一经发生，各方责任、损失范围依事实和法律即可大致确定，无需俟行政机关作责任认定或法院裁判。亦即无论受害人何时索赔，能否举证，是否弃权或失权，被保险人应承担多大责任已具相当大的确定性。倘将机动车辆第三者责任保险的"保险事故"界定为"赔偿责任确定""请求被保险人赔偿"或"实际赔偿"，将"保险事故发生之日"界定为"赔偿责任确定之日""请求被保险人承担民事赔偿责任之日"或"实际赔偿之日"，则投保人会俟交通事故实际发生后才予投保，届时此类风险已不具可保性，故机动车辆第三者责任保险承保基础采期内发生式。

关键词：期内发生式 期内索赔式 实际赔偿说 事故型责任保险

一、 案情梗概及王娟法官的观点

2011 年 1 月 2 日，B 保险公司承保了 A 公司的车辆第三者责任险，保险期限为 1 年。同年 2 月 5 日，保险车辆撞死行人 C。交警部门于 5 月 6 日认定，驾驶员和死者 C 负事故同等责任。C 的近亲属于 8 月 6 日起诉 A 公司，法院于 10 月 30 日判决 A 公司向 C 的近亲属赔偿 18.75 万元。2012 年 2 月 5

作者简介：偶见，江苏省保险学会《江苏保险》编辑部编委会副主编。

日，法院强制执行了判决。2013 年 12 月 8 日，A 公司诉至法院，请求判令 B 保险公司支付保险理赔款 18.75 万元。

王娟法官于《人民法院报》2015 年 1 月 14 日版撰文《责任保险中保险事故发生之日的认定》，罗列了"对保险事故发生之日的认定"的四种观点：（1）侵权之日说，被保险人对受害人实施侵权之日即为保险事故发生之日；（2）赔偿请求说，责任保险的保险事故发生之日是指相关权利人请求被保险人承担民事赔偿责任之日；（3）责任确定说，责任保险的保险事故发生之日是指保险人的责任确定之日；（4）实际赔偿说，被保险人向受害人实际承担民事赔偿义务之日为保险事故发生之日。王娟法官赞同第四种观点，认为："责任保险的保险标的是被保险人基于其侵权行为对第三者应当承担的民事责任，……在被保险人的侵权行为中，损害行为与损害后果往往不是同时发生，对被保险人是否负有责任，要由行政执法部门进行认定，这需要有一个时间过程。因此，若按第一种观点侵权之日说，将侵权行为发生之日确定为保险事故发生之日，则将严重损害被保险人的利益，有悖于公平原则。第二种观点赔偿请求说，虽然在保险主管部门的行政规章中得到体现，如中国保监会《关于索赔期限有关问题的批复》第一条规定，对于责任保险而言，保险事故发生之日，应指第三人请求被保险人承担法律责任之日。但该观点不足取。因为第三者对被保险人的索赔是否有效、合理，有待法院或仲裁机构确定。按赔偿请求说，被保险人很可能迫于向保险人主张权利的诉讼时效罹于消灭的压力，违心地与第三者达成和解协议，主动承担责任，这对被保险人来说也是不公平的。至于第三种观点责任确定说……责任保险和其他财产保险一样，其赔偿原则适用损失填平原则，即只有在被保险人的实际损失发生时保险人才予以理赔……因此，将责任确定之日作为保险事故发生之日，不符合保险法的损失填平原则。"并提出："实际赔偿说符合保险法的赔偿填补原则及符合诉讼时效的立法本意……在被保险人对受害人的侵权损害赔偿责任即使得到生效判决确认后，如果受害人在执行中放弃了自己的民事权利或超过了民事诉讼法规定的向法院申请强制执行的期限，使得被保险人并未向受害人实际履行赔偿责任时，若允许被保险人向保险人索赔，则无异于让被保险人未受损即获益。另外，被保险人向保险人主张权利的期间为诉讼时效期间，而诉讼时效期间的起算点为知道或应当知道权利被侵害之日起算，只有被保险人向受害人实际赔偿后，其权利才称得上受侵害。实际赔偿说在审判实务中也是被普遍采用的观点，如上海市高级人民法院《关于审理保险合同纠纷案件若干问题的解答（一）》中的第三个解答为：'商业责任保险的被保险人向保险人请求赔偿保险金的，诉讼时效期间从被保险人向受害人履行民事赔偿义务之日起计算。'根据保险法的规定，被保险人主张权利的诉讼时效从保险事故发生之日起算，可见，上海高院对保险事故发生之日的认定，也是采实际赔偿说的。

二、 对案情引发问题的分析论证

（一）责任保险保险标的包括契约责任

《保险法》第 65 条第 4 款规定："责任保险是指以被保险人对第三者依法应负的赔偿责任为保险标的的保险。"即：责任保险的保险标的是被保险人在法律上应负的损害赔偿责任。责任保险可以对民法中的合同责任提供保险保障。[①] 责任保险合同按照责任发生的原因分为三类：（1）过失责任保险合同；（2）无过失责任保险合同；（3）合同责任保险合同。合同责任保险合同是经投保人与保险人特别约定，以被保险人依法向第三人承担的违约责任作为保险标的的责任保险合同。[②]

尽管责任保险承保的民事责任主要是侵权责任，一般不负责契约责任，除非经过特别约定，但合同责任，仍然是责任保险的保险标的之一，合同责任保险合同仍然是责任保险合同的一个类别王娟法官"责任保险的保险标的是被保险人基于其侵权行为对第三者应当承担的民事责任"的认识是片面的。

（二）责任保险两种承保基础及其分类

责任保险的承保基础是指确定保险责任事故有效期间的方法。在责任保险中，损失的起因、损失的发生、损失的发现、提出索赔以及支付赔款通常间隔时间较长，可能长达几年甚至数十年，所以对责任保险的承保人来说，确定保险的有效期间至关重要。在责任保险实务中有两种确定责任保险责任事故有效期间的方法：（1）期内发生式（我国台湾学者称为"事故发生基础制"），是以损失发生的事件作为承保基础。在这种承保基础上，保险

---

① 齐瑞宗，肖立志：《美国保险法律与实务》，法律出版社 2005 年版，第 320 页。
② 贾林清：《保险法》，中国人民大学出版社 2011 年版，第 204 页。

人负责赔偿发生在保险单有效期间内应由被保险人负责的损失，而不考虑提出索赔的时间。在责任保险之情形，因为以"被保险人对第三人应负法律上责任"为保险事故之发生……投保执业责任险的律师对于承保范围的合理期待应包括其在保险期间内的行为所发生的责任，但在保险期间经过之后才被起诉或请求的情形。① （2）期内索赔式（台湾学者称为"索赔基础制"），是以索赔提出的事件作为承保基础。在这种承保基础上，保险人负责赔偿在保险单有效期间内受害人向被保险人提出的索赔。

期内发生式以发生将使被保险人负担责任之损害事故作为保险事故之发生，期内索赔式以被保险人受到被害人诉讼上或诉讼外之请求的事实，作为保险事故之发生。② 责任保险两种承保基础并存，分别适用于不同的责任保险险种。由于责任保险的长尾巴的特征，基于对逆选择的控制，凡保险事故发生后能够立即得知或发现的，宜采期内发生式，如公众责任保险；反之，事故的发生不能立即得知和发现的，宜采期内索赔式，某些具有缺陷潜伏期的产品如药品投保产品责任险，适合采取期内索赔式；③ 亦有的责任保险得随便选择两种承保基础，如产品责任保险。④ 有学者以保险人承担保险责任的基础为标准将责任保险分为事故型责任保险和索赔型责任保险。事故型责任保险是指保险人仅以被保险人致人损害的行为或者事故发生在责任保险单的有效期作为条件，向被保险人承担保险给付责任的保险，而不论第三人的索赔是否发生在保险单的有效期间。索赔型责任保险是指保险人以第三人向被保险人请求索赔的事实发生在责任保险单的有效期间作为条件，而对被保险人承担保险给付责任的保险，不论被保险人致人损害的行为或事故是否发生在保险单的有效期间。⑤ 据此，笔者认为"侵权之日说"（我国台湾学者

---

① 刘宗荣：《新保险法：保险契约法的理论与实务》，中国政法大学出版社第2009年版，第111页。

② 汪信君，廖世昌：《保险法理论与实务》，台北：元照出版公司2010年版，第244页。

③ 樊启荣：《责任保险与索赔理赔》，人民法院出版社2002年版，第131页。

④ 普遍的传统产品责任保险单均采用期内发生式。但是，由于采用这种方式常会出现这样的情况，即在保险期限内发生的事故，常至保险期限终了后一段时间才提出索赔，保险人必须随时准备处理那些保单早已到期但却刚刚报来的索赔案子。这样的案件越多，对保险人来说越难以进行财务控制。因此，为避免一弊端，国外产品责任险的承保人已经开始采用"期内索赔式"作为承保基础，至今方兴未艾——樊启荣：《责任保险与索赔理赔》，人民法院出版社2002年版，第241页。

⑤ 樊启荣：《责任保险与索赔理赔》，人民法院出版社2002年版，第164页。

所称的"损害事故说")与"赔偿请求说"（我国台湾学者所称的"被保险人受请求说"），系分别针对两种不同承保基础，互为补充，并不存在实质性冲突，只有兼认两种基础，才能对责任保险保险事故概念获得完整认识，以一种主张完全否定另一种主张，系无视两种不同承保基础，有一叶障目之嫌。

（三）法律用语应作系统解释

中国保监会《关于索赔期限有关问题的批复》"对于责任保险而言，其保险事故就是第三人请求被保险人承担法律责任。保险事故发生之日，应指第三人请求被保险人承担法律责任之日"，该条文似乎只认可期内索赔型责任保险，而否定事故型责任保险。最高人民法院二级大法官奚晓明参酌此批复而认为："机动车辆保险的'保险事故'是指'因被保险机动车发生交通事故致使受害人遭受人身伤亡或者财产损失，受害人依法请求被保险人承担损害赔偿责任'，而非'被保险机动车发生交通事故'本身……责任保险的索赔时效应从'第三者请求被保险人承担法律责任之日'起算。"[1]

系统解释，即按照系统论的原则和方法，从部分与系统的关系上对于法律所作的解释。是指将需要的法律条文与其他法律条文联系起来，从该法律条文与其他法律条文的关系、该法律条文在所属法律文件中的地位、有关法律规范与法律制度的联系等方面入手，系统全面地分析该法律条文的含义和内容，以免孤立地、片面地理解该法律条文的含义。根据同一性原则，同一个法律文本中同一用语的内涵应当认定为相同。《保险法》第21条："投保人、被保险人或者受益人知道保险事故发生后，应当及时通知保险人。故意或者因重大过失未及时通知，致使保险事故的性质、原因、损失程度等难以确定的，保险人对无法确定的部分，不承担赔偿或者给付保险金的责任……"第27条第2款第1句："投保人、被保险人故意制造保险事故的，保险人有权解除合同，不承担赔偿或者给付保险金的责任。"（1）在道路交通事故赔偿纠纷中，受害人提出索赔往往是在交通事故发生的相当一段时间之后，倘以"受害人索赔"作为保险事故，届时保险人再去调查事故的性质、原因几无可能，保险人得"不承担赔偿或者给付保险金的责任"——

---

[1] 奚晓明：《中华人民共和国保险法合同章条文理解与适用》，中国法制出版社2010年版，第178页。

此种理解显然有悖法律本意和保险目的。因此，《保险法》第 21 条中的"保险事故"在机动车辆第三者责任保险合同中不能理解为"第三者请求被保险人承担法律责任之日"。（2）由于"第三者请求被保险人承担法律责任之日"非投保人和被保险人所能决定，倘"责任保险保险事故就是第三人请求被保险人承担法律责任"，也就不存在"投保人、被保险人故意制造保险事故"之情形，则对于驾驶人故意肇事，保险人不能依《保险法》第 27 条第 2 款予以拒赔——故《保险法》第 27 条中的"保险事故"在机动车辆第三者责任保险合同中亦不应理解为"第三者请求被保险人承担法律责任之日"。（3）依系统解释方法，"实际赔偿说"更显荒诞：被保险人自觉履行赔偿义务，显为"故意制造保险事故"，保险人依《保险法》第 27 条规定得免于承担保险责任；被保险人拒不履行法院判决，遭致强制执行，其向保险人的赔偿请求反可得到法院支持。（4）1998 年保险监管官员编写的保险代理人资格考试教材《保险代理基础知识》即已引入责任保险承保基础理论，[①]此后历版保险从业人员资格考试参考用书均保有此项内容[②]，似乎保险监管机关自己在理论上从未肯认其 1999 年所作责任保险承保基础定于期内索赔式一尊之"批复"。（5）汕头龙湖区法院在参照保监会"批复"判案时，亦将交通事故发生之日作为保险事故发生之日。[③]

（四）"实际赔偿说"难以说明责任保险人的抗辩义务

责任保险并不仅仅是一项保护被保险人的附属工具，而是"赔偿给付的首要媒介"，而侵权法则是这一过程中的次要部分。侵权法实践的关键地域不是法院，甚至也不是律师们的办公室，而是这些保险公司的大楼。[④]在大多数国家，就针对被保险人提起的赔偿索赔，责任保险人往往充当控制者与

---

① 马鸣家：《保险代理基础知识》，中国商业出版社 1998 年版，第 225 页。

② 马鸣家：《保险代理基础知识（修订本）》，中国商业出版社第 1999 年版，第 225 页。唐运祥：《保险代理理论与实务》，中国社会科学出版社 2000 年版，第 195 页。马永伟，吴小平：《保险原理与实务》，中国金融出版社 2002 年版，第 501 页。吴定富：《保险基础知识》，中国财政经济出版社 2005 年版，第 195 页。

③ 李岱娜，林允源：《理赔遭拒对簿公堂 诉讼时效成案件争议焦点》，载《汕头日报》2014 年 10 月 14 日。

④ ［德］格哈德·瓦格纳著，魏磊杰、王之洲、朱淼译：《比较法视野下的侵权法与责任保险》，中国法制出版社 2012 年版，第 55～56 页。

管理者的角色，乃是赔偿游戏中的主要玩家。[①] 几乎所有的基本责任险都不仅为被保险人的赔偿责任提供保险补偿，而且会在被保险人实际遭受第三人索赔时，就承保范围内被保险人需要承担的责任提供抗辩。该险种实际上为当事人提供了一种重要的"诉讼保险"，因为即便是不成功的诉讼进行抗辩，其成本也将相当可观。[②] 保险人成为了侵权法系统的资助人。[③] 我国《保险法》第66条亦规定："责任保险的被保险人因给第三者造成损害的保险事故而被提起仲裁或者诉讼的，被保险人支付的仲裁或者诉讼费用以及其他必要的、合理的费用，除合同另有约定外，由保险人承担。"

责任保险通常要求被保险人向承保人通知影响到被保险人的索赔。这样做的目的是使承保人在追查和搜集证据变得困难之前就可以较早地调查索赔，为承保人和被保险人的共同利益而控制诉讼，而且采取步骤以防范未来责任。一般来说，通知必须在被保险人获得相关信息后的合理时间内作出。作为保险的一个条件，某些合同要求不仅索赔而且通知都必须在保险期限之内。[④] 在美国，责任保险人有为被保险人进行抗辩的合同义务，这是被保险人缴纳保险费的对价。只要针对被保险人的诉讼请求可能属于保单的承保范围之内，该义务便产生了，即便这些诉讼是"无根据的、错误的或者欺诈性的"，也不例外。[⑤] 在英国，为被保险人辩护被视作承保人的权利。[⑥] 依王娟法官所赞同的"实际赔偿说"，被保险人在实际赔偿后再通知保险人，实际是剥夺了保险人参予诉讼的机会；诚如我国台湾学者郑玉波先生所言"不论被保险人胜诉抑败诉，其（诉讼）费用均应由保险人负担。被保险人败诉时无何问题，被保险人胜诉时，就是被保险人不应负赔偿责任，那么依上开学说，保险事故不算发生，于是仍使保险人负担（诉讼）费用一

① ［德］格哈德·瓦格纳著，魏磊杰、王之洲、朱淼译：《比较法视野下的侵权法与责任保险》，中国法制出版社2012年版，第428～430页。
② ［美］肯尼斯·S·亚伯拉罕著，韩长印等译：《美国保险法原理与实务》，中国政法大学出版社2012年版，第563页。
③ ［德］格哈德·瓦格纳著，魏磊杰、王之洲、朱淼译：《比较法视野下的侵权法与责任保险》，中国法制出版社2012年版，第58页。
④ ［英］Malcolm A. Clarke著，何美欢、吴志攀等译：《保险合同法》，北京大学出版社2002年版，第420页。
⑤ ［美］肯尼斯·S·亚伯拉罕著，韩长印等译：《美国保险法原理与实务》，中国政法大学出版社2012年版，第567页。
⑥ ［英］Malcolm A. Clarke著，何美欢、吴志攀等译：《保险合同法》，北京大学出版社2002年版，第420、737页。

节，便很难说明。"①

（五）已发生的事故不具有可保性

保险合同是射幸合同。射幸合同是指在合同订立时当事人的给付义务尚未确定的合同。保险合同尤其是财产保险合同，是一种典型的射幸合同：在保险合同订立时，投保人一方交付保险费后，保险人是否履行赔偿或给付险金的义务，取决于约定的保险事故是否发生。从经济学的角度看，保险是分摊意外事故损失和提供经济保障的一种财务安排。投保人通过缴纳保险费购买保险，将不确定的大额损失转变为确定性的小额支出，或者将未来大额的或持续的支出变成目前固定的或一次性的支出。保险制度所承保之危险，尚须为"发生与否或发生时期不确定之事故"所造成的损害，此一不确定性，亦为保险契约被称为射幸契约之原因。② 如果损失确定，就不存在"损害不确定性"的风险，欲转嫁给保险人的就是损失，而非风险。③ 所以，诸多国家和地区的保险法律对于追溯性保险予严格的限制。如《德国保险合同法》第 2 条第 2 款："如果保险人在做出承保承诺时已经知晓保险事故不可能发生，则其无权向投保人收取保险费；如果投保人向保险人做出投保申请时知晓保险事故已经发生，则保险人可以拒绝向其支付保险金。"《日本保险法》第 4 条："缔结损害保险契约时，就与损害保险契约所填补损害的发生可能性相关的重要事项中，保险人要求告知的内容，投保人或被保险人必须如实告知。"第 5 条第 1 款："若约定填补的损害是由损害保险契约缔结前发生的保险事故造成，在投保人对该损害保险契约提出要约或承诺时，投保人或被保险人知道保险事故已经发生的，该约定无效。"我国台湾省"保险法"第 51 条："保险契约订立时，保险标的之危险已发生或已消灭者，其契约无效。但为当事人双方所不知者，不在此限。订约时，仅要保人知危险已发生者，保险人不受契约之拘束。订约时，仅保险人知危险已消灭者，要保人不受契约之拘束。"

法律规范的逻辑结构包括假定、处理和制裁三部分。法律规范对人们的公共生活的作用主要有：（1）指引作用。法律能够为人们提供一种既定的行为模式，从而起到引导人们在法律范围内活动的作用。（2）预测作用。

---

① 郑玉波：《保险法论》，三民书局 2010 年版，第 117 页。
② 叶启洲：《保险法专题研究》，元照出版公司 2007 年版，第 21 页。
③ 李谦：《试论风险的可保性限制》，载《上海保险》，1994 年第 6 期，第 21 页。

法律通过其规定，告知人们某种行为所具有的、为法律所肯定或否定的性质以及它所导致的法律后果，使人们可以预先估计到自己行为的后果，以及他人行为的趋向与后果。（3）评价作用。法律能够评价人们行为的法律意义。（4）强制作用。法律能运用国家强制力制裁违法和犯罪，保障自己得以实施的作用。（5）教育作用。法律通过其规定和实施而影响人们思想，培养和提高人们法律意识，引导人们依法行为。无论是行政机关对交通事故作出责任认定还是法院对事故损失的赔偿作出裁判，均系"以事实为根据，以法律为准绳"，大多情况下，结论不会出乎社会公众和当事人的意料。

在道路交通事故中，被保险人（或扩展被保险人）系事故当事人，是交通事故最重要、最直接的信息源。被保险人致人损害而依法应否对第三人承担赔偿责任不依赖于第三人的赔偿请求。[①] 交通事故一经发生，各方责任、损失范围依事实和法律即可大致确定，无需俟行政机关作责任认定或法院裁判。亦即无论受害人何时索赔，能否举证，是否弃权或失权，被保险人应承担多大责任已具相当大的确定性。趋利性是人的本性，[②] 倘将机动车辆第三者责任保险的"保险事故"界定为"赔偿责任确定""请求被保险人赔偿"或"实际赔偿"，将"保险事故发生之日"界定为"赔偿责任确定之日""请求被保险人承担民事赔偿责任之日"或"实际赔偿之日"，则投保人会俟交通事故实际发生后才予投保，届时此类风险已不具可保性。故机动车辆第三者责任保险承保基础采期内发生式，如平安财险《商业第三者责任保险条款》第 1 条："在保险期间内，被保险人或其允许的合法驾驶人在使用保险车辆过程中发生意外事故，致使第三者遭受人身伤亡和财产的直接损毁，依法应由被保险人承担的经济赔偿责任，保险人对于超过机动车交通事故责任强制保险各分项赔偿限额以上的部分，按照本保险合同的规定负责赔偿。"

该案"2011 年 1 月 2 日，B 保险公司承保了 A 公司的车辆损失险和第三者责任险，保险期限为 1 年"，依惯例，保险期间为 2011 年 1 月 3 日 0 时～2012 年 1 月 2 日 24 时。倘按王娟法官观点，将 2012 年 2 月 5 日即被保险人实际承担民事赔偿义务之日作为保险事故发生之日，则其已逾保险期间。

---

① 邹海林：《责任保险论》，法律出版社 1999 年版，第 191 页。

② 史策：《廉政建设与人的趋利性》，载《中共福建省委党校学报》，2003 年第 8 期，第 9～13 页。

（六）损失填补原则在责任保险中的适用具有独特性

责任保险具有第三人性，并非纯粹之填补损害的保险合同，这是责任保险合同区别于其他填补损害之保险合同的独有特性。现代责任保险的理论和实务摒弃了责任保险的终极目的在于填补被保险人损失的理念，发展了责任保险保护第三人利益的功能。[①] 如我国《保险法》第 65 条规定："保险人对责任保险的被保险人给第三者造成的损害，可以依照法律的规定或者合同的约定，直接向该第三者赔偿保险金。责任保险的被保险人给第三者造成损害，被保险人对第三者应负的赔偿责任确定的，根据被保险人的请求，保险人应当直接向该第三者赔偿保险金。被保险人怠于请求的，第三者有权就其应获赔偿部分直接向保险人请求赔偿保险金。责任保险的被保险人给第三者造成损害，被保险人未向该第三者赔偿的，保险人不得向被保险人赔偿保险金。"

台湾学者林群弼先生认为赔偿义务履行说有如下缺点：（1）不合实际。尤其当被保险人无力向受害第三人履行其赔偿义务时，保险人将毋庸负担给付责任，保险将失去作用。（2）此说违反大多数国家之立法例。目前多数国家之立法例，多允许第三人直接向保险人请求保险金额之给付。若采此说，则对"直接向第三人为赔偿金额之给付"之规定，难作合理之解释。[②]

王娟法官所提出"在被保险人对受害人的侵权损害赔偿责任即使得到生效判决确认后，如果受害人在执行中放弃了自己的民事权利或超过了民事诉讼法规定的向法院申请强制执行的期限，使得被保险人并未向受害人实际履行赔偿责任时，若允许被保险人向保险人索赔，则无异于让被保险人未受损即获益"的理由，显然未谙《保险法》规定。

附原文：责任保险中保险事故发生之日的认定

王娟　人民法院报 2015 年 01 月 14 日

【案情】 2011 年 1 月 2 日，B 保险公司向 A 公司签发保单，被保险人为 A 公司，承保险种为 A 公司的车辆损失险和第三者责任险，保险期限为

---

① 邹海林：《责任保险论》，法律出版社 1999 年版，第 192 页。
② 林群弼：《保险法论》，三民书局 2011 年版，第 489 页。

1 年。同年 2 月 5 日，A 公司驾驶员将行人 C 撞死。交警部门于 5 月 6 日认定，驾驶员和死者 C 负事故的同等责任。C 的近亲属于 8 月 6 日向法院起诉 A 公司后，法院于 10 月 30 日判决 A 公司向 C 的近亲属赔偿 18.75 万元。判决生效后，A 公司经法院强制执行于 2012 年 2 月 5 日履行了赔偿责任。2013 年 12 月 8 日，A 公司诉至法院，请求判令 B 保险公司向 A 公司支付保险理赔款 18.75 万元。

【分歧】

《保险法》第二十六条规定："人寿保险以外的其他保险的被保险人或者受益人，向保险人请求赔偿或者给付保险金的诉讼时效期间为二年，自其知道或者应当知道保险事故发生之日起计算。"B 保险公司是否应当向 A 公司支付保险理赔款，分歧在于 A 公司的保险请求权是否超过保险法规定的二年诉讼时效，而 A 公司的诉讼时效有无届满，又涉及到责任保险中的保险事故发生之日的认定问题。对保险事故发生之日的认定，目前没有法律规定，理论与实务界主要有以下四种观点。

第一种观点为侵权之日说，被保险人对受害人实施侵权之日即为保险事故发生之日。

第二种观点为赔偿请求说，责任保险的保险事故发生之日是指第三者或者第三者的相关权利人请求被保险人承担民事赔偿责任之日。

第三种观点为责任确定说，责任保险的保险事故发生之日是指保险人的责任确定之日。对责任的确定，又有两种观点：一是主管部门的责任书认定书（如交通事故责任认定书）作出之日即为保险事故发生之日；二是被保险人的民事责任经过生效判决确定之日为保险事故发生之日。

第四种观点为实际赔偿说，被保险人向受害人实际承担民事赔偿义务之日为保险事故发生之日。

【评析】

笔者赞同第四种观点，A 公司的保险请求权诉讼时效尚未届满，B 保险公司应当向 A 公司支付保险理赔款。

责任保险的保险标的是被保险人基于其侵权行为对第三者应当承担的民事责任，而在被保险人的侵权行为中，损害行为与损害后果往往不是同时发生，对被保险人是否负有责任，要由行政执法部门（如交警部门）进行认定，这需要有一个时间过程。因此，若按第一种观点侵权之日说，将被保险人的侵权行为发生之日确定为是责任保险的保险事故发生之日，则将严重损害被保险人的利益，有悖于公平原则。

第二种观点赔偿请求说，虽然在保险主管部门的行政规章中得到体现，如中国保监会（保监复［1999］256 号《关于索赔期限有关问题的批复》第一条规定，对于责任保险而言，保险事故发生之日，应指第三人请求被保险人承担法律责任之日。但该观点不足取。因为第三者对被保险人的索赔是否有效、合理，有待法院或仲裁机构确定。按赔偿请求说，被保险人很可能迫于向保险人主张权利的诉讼时效罹于消灭的压力，违心地与第三者达成和解协议，主动承担责任，这对被保险人来说也是不公平的。

至于第三种观点责任确定说，其较前两种观点在衡平保险人和被保险人的利益方面，已经有很大的进步。因为赔偿责任作为责任保险的标的，其本身具有无形性、抽象性和法定性。只有行政主管部门的责任认定书和人民法院的生效判决作出之后，被保险人向受害人的赔偿才具有法定依据，也只有从被保险人的责任确定之日作为保险事故发生之日，被保险人向保险人索赔时，保险人进行理赔时也有相应的依据。但是，责任保险和其他财产保险一样，其赔偿原则适用损失填平原则，即只有在被保险人的实际损失发生时保险人才予以理赔。受害人的人身或财产损害发生后，如被保险人未实际赔偿，则保险人不负责赔偿。因此，将责任确定之日作为保险事故发生之日，不符合保险法的损失填平原则。

笔者之所以赞同第四种观点，主要是因为实际赔偿说符合保险法的赔偿填补原则及符合诉讼时效的立法本意。根据赔偿填补原则，只有被保险人因自己的过错给第三人造成损失，致使自己的财产实际减少时，保险人才负责赔偿填补此项损失。在被保险人对受害人的侵权损害赔偿责任即使得到生效判决确认后，如果受害人在执行中放弃了自己的民事权利或超过了民事诉讼法规定的向法院申请强制执行的期限，使得被保险人并未向受害人实际履行赔偿责任时，若允许被保险人向保险人索赔，则无异于让被保险人未受损即获益。另外，被保险人向保险人主张权利的期间为诉讼时效期间，而诉讼时效期间的起算点为知道或应当知道权利被侵害之日起算，只有被保险人向受害人实际赔偿后，其权利才称得上受侵害。实际赔偿说在审判实务中也是被普遍采用的观点，如上海市高级人民法院 2010 年 12 月 17 日出台的《关于审理保险合同纠纷案件若干问题的解答（一）》中的第三个解答为："商业责任保险的被保险人向保险人请求赔偿保险金的，诉讼时效期间从被保险人向受害人履行民事赔偿义务之日起计算。"根据保险法的规定，被保险人主张权利的诉讼时效从保险事故发生之日起算，可见，上海高院对保险事故发生之日，也是采实际赔偿说的。

（原文作者单位：浙江省舟山市普陀区人民法院）

参考文献

[1] 齐瑞宗，肖立志．美国保险法律与实务［M］．北京：法律出版社，2005．

[2] 贾林清．保险法［M］．北京：中国人民大学出版社，2011．

[3] 刘宗荣．新保险法：保险契约法的理论与实务［M］．北京：中国政法大学出版社，2009．

[4] 汪信君，廖世昌．保险法理论与实务［M］．台北：元照出版公司，2010．

[5] 樊启荣．责任保险与索赔理赔［M］．北京：人民法院出版社，2002．

[6] 奚晓明．中华人民共和国保险法合同章条文理解与适用［M］．北京：中国法制出版社，2010．

[7] 马鸣家．保险代理基础知识［M］．北京：中国商业出版社，1998．

[8] 马鸣家．保险代理基础知识（修订本）［M］．北京：中国商业出版社，1999．

[9] 唐运祥．保险代理理论与实务［M］．北京：中国社会科学出版社，2000．

[10] 马永伟，吴小平．保险原理与实务［M］．北京：中国金融出版社，2002．

[11] 吴定富．保险基础知识［M］．北京：中国财政经济出版社，2005．

[12] 李岱娜，林允源．理赔遭拒对簿公堂 诉讼时效成案件争议焦点［N］．汕头日报，2014-10-14．

[13] 格哈德·瓦格纳．比较法视野下的侵权法与责任保险［M］．魏磊杰、王之洲、朱淼译．北京：中国法制出版社，2012．

[14] 肯尼斯·S·亚伯拉罕．美国保险法原理与实务［M］．韩长印译．北京：中国政法大学出版社，2012．

[15] Malcolm A. Clarke．保险合同法［M］．何美欢、吴志攀等译．北京：北

京大学出版社，2002.

[16] 郑玉波．保险法论 [M]．台北：三民书局，2010.

[17] 叶启洲．保险法专题研究 [M]．台北：元照出版公司，2007.

[18] 李谦．试论风险的可保性限制 [J]．上海保险，1994（6）.

[19] 邹海林．责任保险论 [M]．北京：法律出版社，1999.

[20] 史策．廉政建设与人的趋利性 [J]．中共福建省委党校学报，2003（8）.

[21] 林群弼．保险法论 [M]．台北：三民书局，2011.

论团体人身保险中投保人责任之抵偿

康雷闪　任天一

摘要：团体人身保险是以团体成员为保障对象，以集体名义投保并由保险人签发一份总的保险合同，保险人按合同规定向其团体中的成员提供保障的保险。在团体人身保险中，单位作为投保人在为员工投保后，能否因员工获得保险金而减少自身的责任乃是学界及实践争议之焦点。在我国《保险法》及其相关法律法规对团体保险规定甚少的情况下，欲透析问题的本质，应认清团体保险"成员福利"思想之目的；区分投保单位的雇主赔偿责任与保险给付责任的不同性质；明确团体人身保险中保险金请求权之归属；区别对待责任保险与意外伤害保险下单位责任与保险金的抵偿问题；同时应尊重团体与其成员特别之约定，方能有效地解决团体保险实践中的争议。

关键字：团体人身保险　投保单位　责任抵偿

"美国是近代团体保险的发源地，也是目前团体保险业务最发达的国家之一。""1970 年，美国哥伦比亚大学的海勒·锡格（Herry R. Seager）教授明确提出了团体保险的思想。"[①]1911 年 6 月，美国公平人寿保险社（Equitable Life Assurance Society Of New York）与班达梭皮革公司（Pantasote Leather）签订世界上第一张真正意义上的团体人寿保险保单，这标志着团体人寿保险的产生。[②]由此，团体保险的思想得以实践。在此之前，团体保险

作者简介：康雷闪，中国石油大学（华东）法学系讲师，法学博士，硕士生导师，中国保险法学研究会理事，山东省法学会保险法学研究会理事，研究方向：保险法。任天一，女，中国石油大学（华东）法学硕士研究生，研究方向：保险法。

① 陈文辉：《团体保险发展研究》，中央编译出版社 2005 年版，第 22 页。

② 温世扬、蔡大顺：《论我国团体保险法制完善的路径选择——以要保人的资格规制为中心》，载《法学杂志》2016 年第 1 期，第 74 页。

中并没有保险公司的参与，仅以雇主与雇员达成的劳动保障协议之形态而存在，雇主为减少自身所承担的风险，遂将部分风险转嫁于保险公司，此后，保险公司才参与到团体保险之中，形成了严格意义上的团体保险。

我国的团体保险业务起步较晚，"自 1980 年我国恢复办理国内保险业务以来，人身保险业务的启动主要从团体保险开始。"① 团体保险经历了起步、较快发展、回落的阶段，现如今又在保险业务中占据重要地位。如今的团体保险已是社会保险的重要补充，社会保险是员工之最基本保障，团体保险则是补充社会保险不足所生之保险商品。团体保险与社会保险、个体保险共同成为稳定社会、发展经济的重要支撑。

然而，随着团体保险行业不断发展，实践和理论中出现了各种问题，尤其是在团体人身意外伤害保险中，保险事故发生后保险人和"投保单位"②的责任分配和责任抵偿问题。单位或其他团体为其单位成员在投保社会保险之外又出资投保商业保险，让团体成员获得额外的福利，同时也不排除在单位成员发生事故后减少单位赔偿支出的目的，投保单位能否因单位成员在获得商业保险的赔偿后减少相应的赔偿数额，减轻自身的责任？实践中产生了不同的做法，理论界也存在争议，若不及时解决，不但会影响法官公正司法，也势必将影响我国保险行业的健康发展和我国市场经济的稳定。本文主要以团体人身意外伤害险为主，从现存法律规定、团体保险的目的、投保保险的不同种类以及理论的应然等方面对投保单位责任进行分析，旨在解决上述问题，平衡单位与其成员间的利益关系，促进团体保险业的良性运行。

一、问题的提出：团体保险实践争议与立法滞后

（一）团体人身保险实践中争议丛生

近年来，随着保险事业的快速发展，团体保险案件大幅度增加，由于团体保险相比个体保险有其特殊性，因此《保险法》的法条并不足以应对各种实践问题，加之没有完善的专门性的团体保险法律法规，各个地区的法院在处理团体保险案件时，对案件中的某些问题会产生争议。

---

① 杨百舟：《论我国团体保险业务的发展》，载《保险研究》2000 年第 5 期，第 16 页。
② 根据保监发〔2015〕14 号《中国保监会关于促进团体保险健康发展有关问题的通知》，第 1 条：特定团体是指法人、非法人组织以及其他不以购买保险为目的而组成的团体。本文将此诸多团体形式统称为"单位"。

北京市海淀区人民法院在 2016 年审理了一项有关团体保险的民事纠纷——张某与甲种子有限公司不当得利纠纷一案。该案中，原告张某系甲公司的职工，该公司为张某在中国太平洋人寿保险股份有限公司北京分公司投保了团体意外险，后张某在工作过程中受伤，被告甲公司持原告的身份证在中国邮政储蓄银行办理银行卡，同月，保险公司为原告进行保险理赔，并支付 24 000 元于上述银行卡。而甲公司将保险理赔款取走，未支付予张某，故张某请求甲公司支付该保险金。① 原告张某主张，虽然该人身意外伤害保险为被告出资购买，但被保险人和受益人皆是原告，保险金理应归原告所有，被告无故将该保险金据为己有，实属不当得利，应予以返还；甲公司辩称，公司确实持有以张某名义发放的保险赔偿金 24 000 元，但公司已经就张某的意外伤害补偿了残疾补助金、医药费等，所以意外保险的赔偿款应该归公司所有。

该案的案情并不复杂，事实清晰，虽案由为不当得利，但实质上却涉及团体保险中，投保单位为其成员投保后，能否因被保险人所获之保险金抵偿其责任的问题，这也是为解决该案件的核心问题。但关于此问题，却难以在现存法律中找到相关的法律依据，致使法院陷入两难境地。本案最终以法院判决支持原告的诉讼请求结案，法院认为："保险金的受益人为张某本人，甲公司赔偿张某一次性伤残补助金并不能作为该公司占有张某意外残疾保险金的正当理由。"案件虽已完结，但是其中的争议仍值得探讨，团体保险中投保人是否能够因被保险人取得保险金而减轻赔偿责任？如果可以，可减轻多少责任？法院的判决在法理上是否完全可取？此问题仍未从根本上得到解决，作为实践中经常出现的问题，值得加以深思与讨论。

（二）我国团体保险领域立法现状

一国的保险立法一般包括保险业法、保险合同法和保险特别法三部分内容。保险业法调整保险机构的设立、经营、解散等事项，亦适用于经营团体保险的保险公司；对于规制团体保险合同的法律，我国并没有特别规定，主要由《保险法》《合同法》和《民法通则》进行调整；保险特别法是对某一特定保险种类做专门规定的法律规范，"在这种保险特别法中，往往既调整该险种的保险合同关系，也调整国家对该险种的管理监督关系，如英国的

---

① 具体案情可参见 [2016] 京 0108 民初 17289 号。

《海上保险法》、日本的《人身保险法》等。"① 因此，对于团体保险的立法当然属于保险特别法。当前，我国关于团体保险的专门性法律法规不仅数量甚少，且都只是对团体保险的一类或者某一方面规定，不足以应对实务中不断涌现的争议纠纷。

我国《保险法》未对团体保险作专门的规定，纵观我国法规体系，仅有保监会对团体保险作出部分规定。保监会在 2005 年出台了《关于规范团体保险经营行为有关问题的通知》（以下简称为《通知 2005》），《通知 2005》第 1 条规定："本通知所称团体保险，是指投保人为其 5 人以上特定团体成员（可包括成员配偶、子女和父母）投保，由保险人用一份保险合同提供保险保障的一种人身保险。"② 该条对团体保险的概念做了严格的限定，团体保险的投保人为团体，被保险人为团体成员，且成员人数不得少于 5 人，团体保险的种类限于人身保险，团体保险合同是独立的一份合同，而不是数个个人保险合同的集合。此规定解决了团体保险在司法实践中的适用问题，对解决实践问题具有指导意义。2015 年，保监会又制定了《中国保监会关于促进团体保险健康发展有关问题的通知》（以下简称为《通知 2015》），《通知 2015》的生效废除了《通知 2005》的相关规定。该通知第一条规定：本通知所称团体保险是指投保人为特定团体成员投保，由保险公司以一份保险合同提供保险保障的人身保险……特定团体是……不以购买保险为目的而组成的团体。……团体保险的被保险人在合同签发时不得少于 3 人。③ 《通知 2015》在《通知 2005》的基础上做了部分变动，对团体保险的概念作了更加具体的规定，投保团体成员最低限制由 5 人减少为 3 人，扩大了团体保险的适用范围；同时《通知 2015》对"团体"这一概念的内涵和外延作出限定，对于明确投保人范围、弥补团体保险的市场准入机制、规范团体保险市场有积极作用。《通知 2015》的颁布标志着我国团体保险又向前迈进一大步，对团体保险的适用和发展、解决实践中的部分问题提供了法律依据。但该通知内容仅有 6 条，是目前我国大陆关于团体保险的唯一专

---

① 黄素：《我国团体保险法规政策现状分析》，载《保险职业学院学报》2006 年第 6 期，第 35 页。

② 参见保监发〔2005〕62 号《关于规范团体保险经营行为有关问题的通知》，第 1 条。

③ 参见保监发〔2015〕14 号《中国保监会关于促进团体保险健康发展有关问题的通知》，第 1 条。

门法规，且主要规制团体保险中的经营行为，不足以应对实践中的团体保险
案件纠纷。

二、投保人责任承担之理论分歧："可抵偿"说与"禁止抵偿"说

（一）单位在团体保险法律关系中的地位

如要分析单位责任与保险金是否可抵偿，应先明确单位在团体保险中的
法律地位。对于团体保险中单位的法律地位——投保人或投保代理人，学术
界有不同的争议，有学者认为单位若为投保人，则会出现欠缺保险利益、难
以履行说明义务等诸多问题，若能将"要保单位"代之以"要保代理人"，
便可以破除以"团体"为要保人之定位架构，上述问题即可迎刃而解，适用
代理法制，即可杜绝争议。[1] 此观点虽然能解决部分问题，但若单位为投保
代理人，保险合同的双方当事人为单位成员与保险公司，那么，保险合同需
分别与各成员签订，违背了团体保险定义中"一份保险合同"的原则，与个
体保险无本质区别既颠覆了团体保险的概念，又否定了团体保险存在的实际
价值。另外，我国《保险法》第 12 条第 1 款规定："投保人对保险标的应
当具有保险利益。且大多数保险公司的团体保单中将团体保险中的要保人定
义为对被保险人有保险利益的机关、企业、事业单位和社会团体。[2] 笔者认为，
团体保险中单位团体为投保人符合法律规定，亦能将团体保险与个体保险作
本质区分，应肯定之。

（二）"可抵偿"说与"禁止抵偿"说

经以上分析论证可知，单位实属团体保险中的投保人。但是投保单位为
他人利益、为其成员投保人身团体保险，其责任能否得到相应减免？学术界
对此有不同争论，其中以"可抵偿"说与"禁止抵偿"说为主。

坚持"可抵偿"说的学者认为，单位作为团体保险的投保人，是保险费
用的出资人，单位为员工投保人身保险（通常为人身意外伤害保险），除为
员工福利外，目的为减轻自己的责任和风险，若不减轻单位的责任，则会降

---

① 林建智等：《论团体保险当事人之法律问题及示范条款之修订建议》，载《保
险专刊》2009 年第 25 卷第 1 期，第 93 页。

② 具体保单条款可参见《中国人寿财产保险股份有限公司——团体人身意外伤害
保险条款》，第 3 条规定对被保险人有保险利益的机关、企业、事业单位和社会团体均
可作为要保人。

低单位为其成员投保的积极性，最终会增加社会保险及团体成员自购保险的压力。此外，根据侵权责任中的损益相抵原则，"赔偿权利人基于损害发生的同一赔偿原因获得利益时，应将所受利益从所受损害中扣除，以确定损害赔偿范围。"[①]因此当被保险人发生意外事故，在获得保险赔偿金额范围之内，侵权责任人的赔偿数额应相应扣除。

"禁止抵偿"说则主张单位为团体保险的投保人无可争议，但投保人能否因其为他人利益投保而豁免自身应负之责？我国法律无明确规定，且投保人为他人利益投保不享有保险金请求权，投保人不得以被保险人的保险金抵偿自身的赔偿金。再者，保险目的不在减轻加害人或赔偿义务人的赔偿责任，人身保险与人身损害赔偿产生的基础不同，法律性质不同，不是基于同一原因而产生，不应适用损益相抵；[②]且若投保人可以减轻其责任，那么因投保人故意伤害被保险人而引发的道德风险则难以规避，势必将影响团体保险的良性发展。

（三）理论观点评析

纵观以上两种观点，其分歧主要集中于单位投保团体人身意外伤害保险的目的、是否适用损益相抵原则以及单位责任抵偿后所产生的影响等方面。坚持"可抵偿"说的学者主要站在经济学的角度分析禁止抵偿所带来的社会负面影响，将可抵偿与禁止抵偿所产生的社会收益作对比，从而作出选择；认为"禁止抵偿"的学者主要从法理角度解剖该争议的应然所在。两种观点各有其合理性，难以判定孰是孰非，但依笔者之见，"可抵偿"说虽从长远考虑社会效益，但其分析脱离了法律的应然，不足为取，"禁止抵偿"说在理论上更具有说服力，但没有考虑到不同险种及同一险种不同方面的差异，一概而论，有失偏颇。若能对不同投保情况加以区分，深入研究投保人责任与保险赔偿金之间的关系，应能突破前人研究之障碍，获得新的解决之道。

三、责任抵偿之旨归：团体保险法理基市构造

经观点对比，理论之争论分歧颇深，对团体投保人责任与保险金可否抵偿之问题仍未有定论，笔者认为，欲解决此问题，应切实探究团体保险之实

---

① 韩世远：《合同法总论》，法律出版社 2004 年版，第 759 页。

② 参见储涛：《保险理赔金是否可抵偿其雇主责任》，http://www.docin.com/p-1246310650.html，访问日期：2017-02-04。

质与投保人责任的本质所在，明确投保人与保险金之间的关系，方可从根本上寻求"责任抵偿"问题之归宿，从而为解决该争议提供理论基础，其余问题便可水到渠成，迎刃而解。

（一）团体人身保险之目的："成员福利"

1. 员工福利计划——团体保险之源泉。团体保险产生于员工福利计划（Employee Benefit Plan：EBP）的需要，员工福利计划最早产生于 19 世纪中期欧美一些国家由农业化社会向工业化社会的转换时期。[①] 对于员工福利计划的定义，到目前为止仍未达成一致，其中以企业自愿性的员工福利计划为主——"任何由雇主和员工单方或双方共同发起或承担，旨在提供因雇佣关系而出现的福利，但它不是由政府承保和直接支付"。[②] 按照美国社会保障管理部（The Social Security Administration）的定义，[③] 员工福利计划的内容仅限于私人对死亡、意外、疾病等所提供的经济安全保障。据此，团体保险的目的显而易见，对于员工来说，团体保险的目的则是为团体成员的福利，在团体成员已有社会保险的保障下，单位为其投保人身商业保险，使其在发生意外之时能得到全面的救助，获得及时的赔偿，减轻员工及其家庭的负担。同时，对雇主而言，设立员工福利计划的理由是可以改善企业关系，满足工会的要求；同时也可以以较低的保费获取保险保障，保持企业平稳持续发展。[④] 因此团体保险以其特有之此目的，成为单位团体吸引人才、节省经济成本、促进企业发展的手段之一。

2. 团体保险之辅助性作用——转嫁单位风险。除为员工福利外，团体保险是否还有其他目的？团体保险是否也承担着减轻要保单位责任的重担？答案是肯定的。保险本身就有转移风险、消化损失之功能，团体保险的产生当然地将单位应承担的部分责任转嫁到保险公司，若无团体保险，则单位应按照与成员的约定承担所有的损失。投保单位所转嫁的责任视其投保范围而

---

① S. S. Hueber Kenneth Black，LIFE INSURANCE，10th Ed，Prentice-Hall，inc.，p.478.

② ［美］杰尔·S·罗森布鲁姆：《员工福利手册》，杨燕绥、王瑶平等译，清华大学出版社 2007 年版，第 3 页。

③ Robert D. EILERS & Robert M. Crowe，Group Insurance Handbook，Homewood，lll.，R. D. Irwin，1965，p.3-5.

④ Robert I. Mehr，Life Insurance：Theory & Practice，business publications，1977，p.279-281.

定，如若单位投保团体责任保险，则其对成员之赔偿责任即可转嫁于保险公司，由保险公司在投保范围及投保金额内为其"买单"；若单位没有投保团体责任保险，则对其成员的侵权责任当然不能因保险人给付保险金而抵偿。在单位未投保团体责任保险之情形下，单位所承担之责任系未转嫁于保险人之责任，故单位该部分责任与保险人所给付保险金相抵偿，于法无据，于理不通，不可任意为之。

（二）单位赔偿责任与保险给付责任属性之区辨

单位对员工的赔偿责任与保险公司给付员工之保险金责任系属于不同的责任体系，二者有本质上的区别。根据上文所述团体保险的定义可知，团体保险必须是人身保险，其中以人身意外伤害保险最为普遍，在此种情况下，被保险人遭受意外伤害所得之保险金以投保人与保险人所订立的保险合同为基础，其法律依据为《保险法》。而投保单位对其成员的责任有两种，一是双方建立劳动关系，因成员工伤而产生的无过错责任，亦称"严格责任"；二为双方未建立劳动关系，雇主对雇员的过错侵权责任[①]。该两种责任均系以《侵权责任法》为责任产生之依据。因此，单位与其成员之间的关系为因损害而产生的侵权损害赔偿法律关系，系法定之债；而保险人与被保险成员的关系是因保险合同而产生的保险合同法律关系，系约定之债，所以保险金与赔偿金产生于不同的原因关系，两者性质不同。

同时，经上述论述，亦可解决"可抵偿"说中支持的保险金与侵权赔偿可适用损益相抵原则的问题。损益相抵的适用要件一般应包括以下几点：损害赔偿之债的成立，受害人受有利益及损害事实与利益之间存在因果关系，前两者系前提，而因果关系则为关键。[②]此处"因果关系"即指损害与利益基于同一相当原因而发生，单位与其成员的侵权之债当然因成员受到损害这一事实发生，但是成员与保险公司之间的合同之债却并非仅因为损害而产生，还必须有保险合同的存在，因此单位责任与被保险人获得的保险金之间并不是基于同一原因而发生，两者不得使用损益相抵原则，亦不可抵偿。

---

① 具体参见《中华人民共和国侵权责任法》第 35 条规定"个人之间形成劳务关系，提供劳务的一方因劳务造成他人损害的，由接受劳务一方承担侵权责任，提供劳务一方因劳务自己受到损害的，根据双方各自的过错承担相应的责任。"

② 韩世远：《合同法总论》，法律出版社 2004 年版，第 760 页。

（三）团体人身保险中保险金请求权之归属

投保人可否主张赔偿责任与保险金抵偿，与保险金请求权的归属紧密相关。若投保人享有保险金请求权，即享有保险金所有权，自然可以自由处分该保险金，以之作为对团体成员的侵权赔偿；反之，则无可抵偿之根据。人身保险中享有保险金请求者，不外乎被保险人与受益人，下面笔者将围绕被保险人与收益人分别论述团体人身损害赔偿保险中保险金之归属。

团体保险作为保险种类之一，适用于《保险法》的一般性规定。我国《保险法》第12条第5款之规定：被保险人是指其财产或者人身受保险合同保障，享有保险金请求权的人。投保人可以为被保险人。据此可知，被保险人享有保险金请求权，当投保人与被保人为同一人时，投保人享有保险金请求权。但单位作为投保人为其成员投保团体人身意外伤害保险，属于为他人利益保险，投保人与被保险人显然为不同之人，投保人不可能取得保险金。"此时虽保险契约之当事人为要保人以及保险人，但保险契约所保障之对象仍为被保险人，当事故发生时保险人须将保险金给付于被保险人，原因无他，真正于该保险事故发生损害之人为该被保险人。"[①]

在人身保险中，除投保人、保险人、被保险人外，仍有受益人存在，我国《保险法》第18条第2款规定：受益人是指人身保险合同中由被保险人或者投保人指定的享有保险金请求权的人。投保人、被保险人可以为受益人。所以，当投保人为受益人时，其依然可以请求保险人支付保险金。但在团体保险中，投保人可否作为受益人？《保险法》第39条第2款给出了明确答案，该条款规定：投保人指定受益人时须经被保险人同意。投保人为与其有劳动关系的劳动者投保人身保险，不得指定被保险人及其近亲属以外的人为受益人。因此，当团体与其成员存在劳动关系时，投保团体禁止成为人身保险之受益人，也不可能成为保险金请求权的主体。但是，此条款的适用须以存在"劳动关系"为前提，当投保人与被保险人并非劳动关系时，而是劳务关系时，应该如何？笔者认为，该规定之目的系防止用人单位以其地位之优势迫使劳动者达成"受益人为单位"的契约，保护被保险人的利益，防止道德危险的发生，对比劳动关系与劳务关系，团体与成员的之间的管理与支配关系并无二致，劳务关系中亦存在雇主强迫雇员之情形，故于团体与成员存在劳

[①] 江朝国：《论我国保险法中被保险人之地位——建立以被保险人为中心之保险契约法治》，载《月旦法学教室》2011年第100期，第144页。

务关系时，应参考适用《保险法》第 39 条第 2 款确定受益人。结合上述所论，团体保险中，投保人并无保险金请求权，不可决定以保险金抵偿其侵权责任。

四、团体保险实践的类型化：不同种类保险下投保人责任之抵偿

透过理论分析，笔者认为投保人侵权责任与被保险人赔偿金无可抵偿的缘由，但欲在司法实务中对该抵偿问题有所定论，亦应作具体详细的讨论，根据投保人投保险种的不同，探究不同保险之间的性质差异，从而区分不同团体保险类型下的投保人责任与保险金之关系，同时考虑当事人有关于投保人责任协议的特殊情形，才可在实践中作出行之有效的运用。

（一）责任保险与意外伤害保险透视

团体保险中，投保单位除为其成员投保人身意外伤害保险外，往往会投保责任保险。所谓责任保险，即"赔偿要保人或被保险人因法律之规定而对他人附有损害赔偿责任时所产生之损害"。[1] 责任保险与意外伤害保险属不同险种，两者存在差异。其一，两者目的不同。意外伤害保险的目的在于在保险金额范围内弥补保险事故发生时被保险人所遭受的人身损害；而责任保险之则为赔偿被保险人因事故发生对第三人产生赔偿责任的损失。其二，比较意外伤害保险与责任保险的保护对象，前者保护的是被保险人的人身安全和健康，在团体保险中体现为单位成员的人身健康；后者的保护对象为雇主或单位因法定责任而产生的赔偿损失，一般雇主或单位自身为此种保险的受益者。其三，责任保险与意外伤害保险的保险标的不同。不论何种保险，其保险标的都为保险利益，"责任保险之保险利益，确为消极性保险利益，消极保护要保人财产之完整性"，[2] 防止因事故发生而导致其财产的减少；意外伤害保险的保险利益为积极保险利益，即被保险人对其人身完整性享有的积极关系，防止这种关系遭受破坏，恢复其原始状态。责任保险与人身意外伤害保险侧重于不同的方面，所以单位投保此两种保险后承担责任的大小不同。

（二）团体人身意外伤害保险下的"责任抵偿"

1. 团体人身意外伤害保险下的一般性抵偿原则。根据前文所述，当单

---

① 江朝国：《保险法基础理论》，中国政法大学出版社 2002 年版，第 108 页。
② 江朝国：《保险法基础理论》，中国政法大学出版社 2002 年版，第 98 页。

位仅为雇员投保人身意外伤害保险时，保险保护对象为单位成员，目的为弥补成员因事故造成的人身伤害及其财产损失；同时根据《中华人民共和国保险法》第39条第2款规定，投保人为与其有劳动关系的劳动者投保人身保险，不得指定被保险人及其近亲属以外的人为受益人。此规定明确了基于单位为成员投保的团体人身保险而产生的保险金请求权归属于被保险人或其近亲属，投保人无保险金请求权，即无所有权，因此投保单位无权对保险金作出处分，亦不能决定以该保险金抵偿其雇主责任。

2. 医疗费抵偿之特殊规则。人身保险不适用"损失补偿"原则，所以禁止单位以保险金抵偿侵权赔偿责任不会使被保险人发生不当得利，但笔者认为，人身保险中医疗费部分除外。对于人身保险是否适用损失补偿原则学界有较大之争议，无非有三种观点："基于'生命无价'的理念而有否定说；基于'生命有价'之理由而有肯定说；介于前两者之间，认为人身保险中之人身意外伤害保险和健康保险可以适用损失补偿原则，因此而有折中说应适用'损失补偿'原则。"[1] 笔者认为，虽然"人身无价"，不可以金钱衡量，但人身意外伤害和健康保险中的医药费部分为被保险人可衡量之具体损失，适用损失补偿原则并无不当。且如台湾保险法学江朝国所说："……人身保险——除医疗费用保险外……即使被保险人或其他享有保险赔偿请求权人，获有双重赔偿之情形，亦无法谓其有保险法上不当得利之情形。"[2] 故在被保险人获得医疗费用赔偿后，单位可以免除该部分的赔偿，否则被保险人就该部分将获得双重赔偿，产生不当得利。

（三）责任保险中投保人责任的承担

单位除为其成员投保人身意外伤害保险之外，通常会为自己投保责任保险，以减轻风险承担，此时的责任保险，我们一般称之为"雇主责任保险"，"主要承担被保险人（雇主）所雇佣的员工在保险期间内从事与被保险人业务有关的工作时，因意外或患有与业务有关的职业性疾病而伤残或死亡时，被保险人依法或根据雇佣合同应承担的经济赔偿责任。"[3] 虽其名称为"雇

---

① 于海纯：《论人身保险不应适用损失补偿原则及其意义》，载《政治与法律》2014年第12期，第106页。

② 江朝国：《保险法基础理论》，中国政法大学出版社2002年版，第72页。

③ 张洪涛、王和：《责任保险理论、实务与案例》，中国人民大学出版社2005年版，第376页。

主责任保险"，但其概念应作广义理解，此处"'雇主'是指与雇员有直接雇用合同关系掌握着解雇权利的自然人或法人，其承担着对雇员在受雇期间遭受伤害的法律赔偿责任"，[①] 同时该雇佣关系既包括劳动关系也包括狭义的雇佣关系。因此，团体保险中投保单位所投之责任险皆包含于"雇主责任保险"内。

当单位投保雇主责任险时，单位为该保险之被保险人，意味着单位将对成员的侵权赔偿责任风险转嫁于保险公司，根据上文中所述的责任保险的特征与目的，保险公司有义务代替单位承担对成员的赔偿责任。责任保险为财产保险，适用损失补偿原则，即根据单位的实际损失给付保险金，此保险金既可支付于单位，亦可直接支付于受损害之成员。若单位的赔偿数额在责任保险的保险金额范围内，则由保险公司按照实际的赔偿数额给付保险金，否则会使单位不当得利；若单位的赔偿数额超过保险金额，则保险公司在最大限额内赔偿，该部分之责任当然得以抵偿，不足部分，则应由单位补充。团体成员在得到该保险金后不可再向投保单位主张损害赔偿。

（四）约定下的侵权责任与保险金抵偿

单位侵权责任作为一种民事责任，除上述法定情形外，不乏存在约定情形的情况。单位团体成员可否与单位约定以团体人身保险赔偿金抵偿该团体的侵权赔偿责任？其效力又如何？这也是十分值得探讨的。

当团体成员遭受损害，单位之责任为因一定事实发生而产生的法定责任，除有法定免责事由或抗辩事由外，单位必须履行该义务。所谓抗辩事由是指："被告针对原告的诉讼请求而提出的证明原告的诉讼请求不成立或不完全成立的事实。在侵权行为法中，抗辩事由是针对承担民事责任的请求而提出来的，所以，又称免责或减轻责任的事由。"[②] 可见，团体成员与团体关于保险金与侵权责任抵偿的约定可以作为团体的抗辩事由，以此减轻其侵权之责，但是，该约定须以权利人放弃对义务人的请求权为前提。那么，作为权利人的团体成员可否放弃该项权利？笔者认为这是毋庸置疑的，权利人所享有的侵权损害赔偿请求权作为一项民事权利可以自由处分，只要权利义务双方当事人之约定不违背法律强制性规定、不违反公序良俗，成员可在团

---

① 应世昌：《中外精选保险案例评析》，上海财经大学出版社 2005 年版，第 328-329 页。

② 杨立新：《侵权法论》（上册），吉林人民出版社 2000 年版，第 235 页。

体保险合同外与单位在平等自愿的基础上协商一致，以获得之保险金来抵偿单位部分或全部责任并无不妥。

然该权利人与义务人达成放弃损害赔偿请求权协议在理论上虽有其可行性，但在实际操作中，因双方地位上存在管理或隶属关系，实力悬殊，往往会出现成员迫于单位的压力被迫达成抵偿协议的情形，故该协议在实践中应归于无效或可撤销，作出判断的法律依据系属《合同法》第52条[①]合同无效之情形及第54条[②]合同可撤销之情形。但权利人主张合同无效或可撤销时，须举证证明义务人存在欺诈或胁迫等行为，而相对于单位团体而言，成员的举证能力较弱，人力、物力等资源稀缺，致使其无法获得充足的证据否定该协议的效力、救济权利，徒增权利人诉讼负担。故除非权利人明确表示放弃损害赔偿请求权系其自愿为之，此时该团体即获得一项无瑕疵的抗辩事由，单位可在被保险成员获得保险金范围内按照双方协议约定免除其赔偿责任，否则应认定该协议无效或可撤销，单位之赔偿责任与保险金不可抵偿。

五、结语

团体保险经过百余年的发展，已经渐趋成熟，但是仍存在诸多问题。投保人责任与保险金可否抵偿的问题存在已久，实践的判例与学界的争议将该问题放大并为其解决提供多种选择，在诸多观点中，应以"团体保险的归旨"为基本标准加以取舍，要注意区分不同险种以及同一险种的不同部分中投保人责任与保险金之间的不同法律关系。司法实践中，在解决投保人责任与保险金抵偿问题时，应将利益平衡原则考虑在内，尤其要将被保险人所获的医疗赔偿部分作单独处理，既杜绝被保险人因损害获得赔偿后产生不当得利，又要防止因被保险人获得保险金而不当减轻加害人的责任，以期达到公平之目的。

---

① 参见《合同法》第52条："有下列情形之一的，合同无效：（一）一方以欺诈、胁迫的手段订立合同，损害国家利益；（二）恶意串通，损害国家、集体或者第三人利益；（三）以合法形式掩盖非法目的；（四）损害社会公共利益；（五）违反法律、行政法规的强制性规定。"

② 参见《合同法》第54条："下列合同，当事人一方有权请求人民法院或者仲裁机构变更或者撤销：（一）因重大误解订立的；（二）在订立合同时显失公平的。一方以欺诈、胁迫的手段或者乘人之危，使对方在违背真实意思的情况下订立的合同，受损害方有权请求人民法院或者仲裁机构变更或者撤销。"

如今团体保险在我国保险市场中所占比例愈来愈大，其蓬勃发展是必然趋势，重视发挥团体保险应有的社会价值，将对保护被保险人的合法权益、社会稳定发挥重大作用。

参考文献

[1] 陈文辉 . 团体保险发展研究 [M]. 北京：中央编译出版社，2005.

[2] 温世扬、蔡大顺 . 论我国团体保险法制完善的路径选择——以要保人的资格规制为中心 [J]. 法学杂志，2016（1）.

[3] 杨百舟 . 论我国团体保险业务的发展 [J]. 保险研究，2000（5）.

[4] 黄素 . 我国团体保险法规政策现状分析 [J]. 保险职业学院学报，2006（6）.

[5] 林建智 . 论团体保险当事人之法律问题及示范条款之修订建议 [J]. 保险专刊，2009，25 （1）.

[6] 韩世远 . 合同法总论 [M]. 北京：法律出版社，2004.

[7] 杰尔·S·罗森布鲁姆 . 员工福利手册 [M]. 杨燕绥、王瑶平等译 . 北京：清华大学出版社，2007.

[8] 江朝国 . 论我国保险法中被保险人之地位 —— 建立以被保险人为中心之保险契约法治 [J]. 月旦法学教室，2011（100）.

[9] 江朝国 . 保险法基础理论 [M]. 北京：中国政法大学出版社，2002.

[10] 于海纯 . 论人身保险不应适用损失补偿原则及其意义 [J]. 政治与法律，2014（12）.

[11] 张洪涛、王和 . 责任保险理论、实务与案例 [M]. 北京：中国人民大学出版社，2005.

[12] 应世昌 . 中外精选保险案例评析 [M]. 上海：上海财经大学出版社，2005.

[13] 杨立新 . 侵权法论（上）[M]. 长春：吉林人民出版社，2000.

违反禁止性规定免责条款的法律效力

——以肇事逃逸免责条款为例

林广会

摘要：对于肇事逃逸免责条款的法律效力，司法审判与理论研究上争议较大。审判此类案件应以先确认免责条款是否发生效力，后认定条款是否有效为逻辑进路。我国法律中的强制性规定即为理论上的强行性规定。强行性规定分为义务性规定和禁止性规定，义务性规定的反面不完全是禁止性规定。为实现司法统一，在解释禁止性规定时应采严格文义解释规则。肇事逃逸免责条款不是对通知义务及违反该义务所产生的法律责任的加重，其属于保险合同核心给付条款，是契约自由原则的体现，核心给付条款不应当成为《保险法》第十九条所体现的内容控制原则的规制对象。

关键词：肇事逃逸　免责条款　义务性规定　禁止性规定

一、案情简介①

2013 年 12 月 13 日，赵某与保险公司签订《交强险单》及《神行车保系列产品保险单》，赵某为其所有的奔驰车投保交强险、三者险（责任限额 50 万元）以及不计免赔条款，保险期间为 2013 年 12 月 14 日 0 时起至 2014 年 12 月 13 日 24 时止。2014 年 6 月 28 日 20 时 40 分，王某驾驶"四强"牌三轮摩托车由南自北行至北京市昌平区神牛路清华阳光公司路口北侧路东停车，赵某驾驶保险车辆由南向北行驶至此，保险车辆前部将三轮车连人带

作者简介：林广会，烟台大学法学院讲师，主要研究领域：民商法。
① 参见北京市第一中级人民法院（2015）一中民（商）终字第 4854 号民事判决书。

撞出，造成王某、杨某受伤，车辆损坏。事故发生后，赵某驾车逃逸。2014
年 8 月 26 日，北京市公安局公安交通管理局昌平交通支队出具《道路交通
事故认定书》，确定赵某承担事故全部责任，王某、杨某均无责任。事故发
生后，王某就医花费医疗费 12 万余元，杨某就医花费医疗费 18 万余元；王
某经鉴定属重伤二级；案件审理过程中，法院委托鉴定机构对杨某的伤残等
级进行鉴定，确认杨某伤残等级为 I 级。

事故发生后，赵某与王某、杨某于 2014 年 9 月 12 日签署《道路交通事
故损害赔偿调解书》，赵某承担王某、杨某医疗费 10 万元，并一次性赔偿
二人伤残补偿费、被抚养人生活补助费、精神抚慰金共计 115 万元，赵某已
支付上述费用。庭审中，保险公司提交《三者险条款》证明，肇事后逃逸造
成人身伤亡、财产损失的，保险公司不负责赔偿。赵某主张保险公司并未就
免责条款向其作出明确说明。双方发生争议，赵某起诉至法院，一审保险公
司败诉，后保险公司不服，向北京市第一中级人民法院提起上诉。

一审判决如下：

一、 保险公司于判决生效后 7 日内支付赵某保险赔偿金 620 000 元；

二、 驳回赵某的其他诉讼请求。

判决理由：赵某与保险公司签订的保险合同有效。本案保险事故发生在
保险期间，保险公司应按保险合同的约定承担保险赔偿责任。对于保险公司
是否因赵某肇事后逃逸而免除保险责任，虽然三者险条款在责任免除部分规
定了驾驶员在事故发生后驾车逃逸的，保险人不负赔偿责任，但该条款属于
免责条款，根据《中华人民共和国保险法》第 17 条的规定，保险公司无证
据证明其已尽到向赵某明确说明免责条款的义务，故保险公司不能免除相应
的保险责任。

二审判决：

一、 撤销北京市昌平区人民法院（2015）昌民（商）初字第 01414 号民
事判决；

二、 保险公司于本判决生效后 10 日内在机动车交通事故责任强制保险
项下支付原告赵某保险赔偿款 12 万元；

三、 驳回赵某其他诉讼请求。

判决理由：1. 保险公司在向赵某签发的保险单上明确要求赵某注意保

险条款中的免责条款，同时保险公司向赵某交付的三者险条款对于免责条款进行了加黑加粗，保险公司对于三者险条款中的免责条款已向赵某尽到了提示义务。2. 《中华人民共和国道路交通安全法》第99条规定，造成交通事故后逃逸，尚不构成犯罪的，由公安机关交通管理部门处二百元以上二千元以下罚款。第一百零一条第二款规定，造成交通事故后逃逸的，由公安机关交通管理部门吊销机动车驾驶证，且终生不得重新取得机动车驾驶证。依据前述规定的内容可知《中华人民共和国道路交通安全法》禁止造成交通事故后的逃逸行为，前述规定属于《中华人民共和国道路交通安全法》对于交通肇事后逃逸行为的禁止性规定。交通肇事后不得逃逸属于公众应当知悉且遵守的社会公共秩序，交通肇事后逃逸不仅不利于对受害人的救治和保护，而且极易引发道路交通事故领域的道德风险。3. 《最高人民法院关于适用〈中华人民共和国保险法〉若干问题的解释（二）》第10条规定，保险人将法律、行政法规中的禁止性规定情形作为保险合同免责条款的免责事由，保险人对该条款作出提示后，投保人、被保险人或者受益人以保险人未履行明确说明义务为由主张该条款不生效的，人民法院不予支持。

该案焦点：交通肇事逃逸情形是否属于《保险法司法解释（二）》第十条规定的违反法律、行政法规的禁止性规定情形，将决定保险人是否应当履行明确说明义务。如能确认其属于违反禁止性规定的情形，保险人在对该条款履行提示义务后不进行明确说明，该条款仍然生效，如其不属于违反禁止性规定的情形，保险人对该条款履行提示义务后还要进行明确说明，否则该条款不产生效力。

裁判观点：

针对此类案件，在司法审判工作中，主要从两条路径确定保险人是否应承担保险责任，一是保险人是否应当履行针对免责条款的明确说明义务，从而判断该免责条款是否产生效力；二是该条款是否排除了被保险人的主要权利或者加重责任而导致该条款无效。

（一）围绕明确说明义务及其履行（主要涉及《保险法》第十七条和《保险法司法解释（二）》第十条的适用）

1. 保险人履行提示义务即发生效力。该说认为，《道路交通安全法》规定了责任人在事故发生后保护现场及立即报警等义务，肇事后不得逃逸属于公众应当知悉且应当遵守的社会公共秩序，因而此类免责条款属于法律、行政法规中的禁止性规定，根据《保险法司法解释（二）》第十条的规定，保险人只需尽到提示义务，该类条款就发生效力，即使保险人未就该条款履行明确说明义务，亦不影响该条款的效力。[①]

2. 未经保险人明确说明不产生效力。此类观点认为，禁止性规范是指规定人们不得作出某种行为的法律规范，属于禁止当事人采用特定模式的强行性规范。肇事逃逸免责条款应属于义务性规范的范畴，不属于违反禁止性规定，保险人未能证明已履行了明确说明义务，该免责条款不产生效力。[②]

（二）围绕免责条款效力判断（主要涉及《保险法》第十九条的适用）

1. 绝对无效说。此说认为，《保险法》第 21 条仅规定了保险事故发生后投保人、被保险人有及时通知的义务，投保人、被保险人违因故意或者重大过失未及时通知，致使保险事故的性质、原因、损失程度等难以确定时，保险人对无法确定的部分，不承担赔偿或者给付保险金的责任。肇事逃逸免责条款将事故发生后的及时通知义务加重为未依法采取措施前不得离开现场的义务，而且将法律后果升级为保险人不承担保险赔付责任，明显加重了投保人、被保险人的义务及违反义务的不利后果，根据《保险法》第 19 条的规定，此类条款绝对无效。

2. 部分无效说。此说认为，交通事故发生意味着承保范围的保险事故，保险人应按保险合同的约定承担相应的赔偿责任。逃逸行为属于交通事故发生后的事后行为，并非交通事故的原因，如逃逸行为并未造成损失的扩大，保险人不能免责，如逃逸行为造成了损失的扩大，保险人就扩大部分免责，由肇事方自行承担。[③]

[①] 参见江苏省无锡市中级人民法院（2014）锡商终字第 854 号民事判决书；江苏省苏州市中级人民法院（2014）苏中商终字第 179 号民事判决书。

[②] 参见河南省周口市中级人民法院（2014）周民终字第 108 号民事判决书；江苏省盐城市中级人民法院（2015）盐商终字第 445 号民事判决书。

[③] 参见湖北省仙桃县人民法院（2013）鄂仙桃民一初字第 1676 号民事判决书；江西省赣县人民法院（2013）赣民一初字第 766 号民事判决书。对于临时号牌过期后发生的交通事故，保险人设置相应的免责条款应否承担保险责任的问题，有人也持类似观点，即临时号牌过期与保险事故的发生应当具有因果关系。参见（2012 胡吴商初字第 292 民事判决书，胡小芳、杨旭：《临时号牌过期时发生交通事故的保险责任承担》，载《人民司法》2014 年第 4 期。

二、 保险合同免责条款效力认定的逻辑进路

上述各路裁判观点的分歧，集中在应当优先适用保险法第 19 条和第 17 条（包括《保险法司法解释（二）第 10 条》哪一条规定上，在适用上的不当体现出司法审判对合同条款未发生效力和无效法律性质的模糊认识。保险法第 19 条规定 "采用保险人提供的格式条款订立的保险合同中的下列条款无效：（一）免除保险人依法应承担的义务或者加重投保人、被保险人责任的；（二）排除投保人、被保险人或者受益人依法享有的权利的"，这是《合同法》第 40 条对于格式条款内容控制规则在保险法上的具体体现。该条表明，对于保险合同中权利、义务和责任设置不均衡的格式条款，将受到法律的否定性评价，其实质为对于生效条款的价值判断，结果有可能是已发生效力的条款被认定为无效条款。

《保险法》第 17 条第 2 款规定："对保险合同中免除保险人责任的条款，保险人在订立合同时应当在投保单、保险单或者其他保险凭证上作出足以引起投保人注意的提示，并对该条款的内容以书面或者口头形式向投保人作出明确说明；未作提示或者明确说明的，该条款不产生效力"，针对格式合同中的免责条款，该条规定由保险人负担提示和明确的说明的义务。本条明确了格式合同的免责条款的生效条件。也可以说，此类条款是以提示和明确说明义务的履行作为生效要件的法定附条件条款，对于条件是否成就的判断为事实判断。

在适用保险法第 19 条和第 17 条规定认定格式合同条款效力时，按照逻辑规则，应首先判断该条款是否成立或生效，基于其已成立或生效的既定事实，方能通过适用《保险法》第 19 条判断其在法律上的正当性。对于一个尚未发生效力的条款，我们没有理由和根据直接认定其效力状况。针对将肇事逃逸情形作为免责条款的保险合同，某些法院在未首先适用《保险法》第 17 条和《保险法司法解释（二）》第 10 条确定相应条款是否发生效力的情况下，直接通过适用《保险法》第 19 条的规定，认定该类条款应为无效条款，显然违反了法律逻辑。

三、 禁止性规定及其相关概念的内涵辨析与法律适用

基于以上逻辑进路，对于篇首案例要确定保险人是否承担保险责任，首

先应当判断肇事逃逸免责条款是否发生效力，这个过程也就是适用《保险法》第17条和《保险法司法解释（二）》第10条的过程。《保险法司法解释（二）》第10条规定："保险人将法律、行政法规中的禁止性规定情形作为保险合同免责条款的免责事由，保险人对该条款作出提示后，投保人、被保险人或者受益人以保险人未履行明确说明义务为由主张该条款不生效的，人民法院不予支持"，也就是对于以法律、行政法规中的禁止性情形作为免责事由的免责条款，保险人的明确说明义务得以免除。篇首案例二审得以改判，正是法院适用该条款认定肇事逃逸属于违反法律、行政法规中的禁止性规定的情形，保险人只需履行提示义务不需进行明确说明，肇事逃逸免责条款已产生效力的结果。那么，何谓"禁止性规定"，就成为确认保险人明确说明义务是否得以免除的关键所在。

（一）强行性规定的类属及内涵辨析

一般而言，理论上将法律规定分为任意性规定和强行性规定[①]。强行性规定又分为强制性规定和禁止性规定，强制性规定是指命令当事人应为一定行为之法律规定，该规范是要求当事人必须采取特定行为模式的强行性规范。[②]在我国有时又称为命令性规定或义务性规定。禁止性规定，是命令当事人不得为一定行为之规定，属于禁止当事人采用特定模式的强行性规范。[③]在立法语言上，根据全国人大法工委印发的《立法技术规范（试行）（一）》十四条规定："'应当'与'必须'的含义没有实质区别。法律在表述义务性规范时，一般用'应当'，不用'必须'。"十五条规定："'不得''禁止'都用于禁止性规范的情形。'不得'一般用于有主语或者有明确的被规范对象的句子中，'禁止'一般用于无主语的祈使句中。"因而，在表述中出现"应当"等字眼的为义务性规范，出现"不得""禁止"等字眼的为禁止性规范。

我国民事立法、司法、理论长期以来缺乏对强行性规定、强制性规定与禁止性规定[④]等的明确区分和准确界定，即如上述《立法技术规范（试行）（一）》出现的义务性规范，《合同法》第52条的强制性规范、《保险法司法解释（二）》的禁止性规范，因为缺乏理论上的充分阐释和权威部门

[①] 史尚宽：《民法总论》，中国政法大学出版社2000年版，第12页。

[②] 王轶：《论物权法的规范配置》，载《中国法学》2007年第6期，第110～125页。

[③] 王轶：《论物权法的规范配置》，载《中国法学》2007年第6期，第110～125页。

[④] 规定与规范有时混用，应认为是同一意思，以下统一为规定，不作区分。

的明确界定，加之在使用时的任意性，导致在理解和适用相关条款是产生不必要的困难。这一方面大概因为我国缺乏概念法学的传统，对概念的使用不够严谨，另一方面也是我国长期以来理论所坚持的法律制裁性在民法规范中的表现。[①] 特别是《合同法司法解释（二）》第 14 条规定："合同法第 52 条第（五）项规定的"强制性规定"，是指效力性强制性规定"，使我们对强制性规定的认识更加复杂化。《最高人民法院关于当前形势下审理民商事合同纠纷案件若干问题的指导意见》第 15 条载明："人民法院应当注意根据《合同法解释（二）》第 14 条之规定，注意区分效力性强制规定和管理性强制规定。"由此可见，最高院将强制性规定分为效力性强制性规定和管理型强制性规定。那么，此处的强制性规定与理论上的强行性规定有何不同？根据史尚宽先生的论述，强行法得为效力规定与取缔规定，前者着重违反行为之法律行为价值，以否认其法律效力为目的；后者着重违反行为之事实行为价值，以禁止其行为为目的。[②] 以此观之，强行性规定又分为效力性的强行性规定和取缔性的强行性规定，这是从相关行为的法律效力角度进行的分类。而将强行性规定分为强制性规定和禁止性规定，是从行为的规范模式进行的分类，从法律逻辑及实证判断上讲，违反了强制性规定和禁止性规定都有可能导致法律行为的无效。由此，我们可以得出结论，最高院将强制性规定分为效力性强制性规定和管理性强制性规定与理论上将强行性规定分为效力性的强行性规定和取缔性的强行性规定是相对应的，我国《合同法》及其司法解释（二）出现的强制性规定，就是理论上的强行性规定，此处的强制性规定显然包含了禁止性规定。基于对强制性规定类型的错误认识，认为作出民事法律行为效力判断的规范只能是禁止性规范[③]的观点是错误的。为了避免概念使用上的紊乱，本文将我国法律条文中的强制性规定按照《立法技术规范（试行）（一）》里的"义务性规定"进行称谓。

（二）对禁止性规定的界定

义务性规定与禁止性规定的规范路径并不一致，义务性规定强调的是应

---

① 许中缘：《禁止性规范对民事法律行为效力的影响》，载《法学》2010 年第 5 期，第 67 ～ 76 页。

② 史尚宽：《民法总论》，中国政法大学出版社 2000 年版，第 330 页。

③ 许中缘：《禁止性规范对民事法律行为效力的影响》，载《法学》2010 年第 5 期，第 67 ～ 76 页。

为模式，禁止性规定强调的是不得为模式，其对行为的规范模式明显不同，正如德国学者卡尔·拉伦茨所言，某些强制性（义务性）的法律条款不属于法律禁止规定的范畴，因为这些强制性的法律条款通过规定当事人只能选择特定的、法律所规定的法律类型和行为类型，或者通过对当事人根据私法自治建立的法律，特别是合同关系，进行具体规定，从而限制私法自治适用范围。① 禁止性规定的术语在《德国民法典》第 134 条、我国台湾地区"民法典"第 71 条等条款中都出现过，我国立法应明确界定义务性规定与禁止性规定的分别，避免引起不必要的歧解。梁慧星教授认为，《合同法司法解释（二）》所谓"效力性规定"，相当于民法理论上的禁止性规定，所谓"非效力性（管理性）规定相当于命令性规定。② 该观点是否可以作为认定禁止性规定的依据，笔者认为，首先，效力性与管理性规定的分别主要在探讨违反强制性（强行性）规定是否影响法律行为效力的场合，本文并非探讨法律行为的效力；其次，这种分类所提供的准则是首先判断某项法律行为是否因违反强制性（强行性）规定而无效，如无效则认定为效力性强制性规定，否则为管理性强制性规定，其实质为效力判断的逆向归类，并未直接提供分类标准；再次，违反义务性规定和禁止性规定都有可能导致法律行为无效。因而，该观点在适用《保险法司法解释（二）》第 10 条时不具有直接的指导意义。笔者认为，认定何种条款为禁止性规定，应主要从明确条文中是否有"不得""禁止"等模态词判断其规范模式入手。

（三）违反禁止性规定的形态解析与法律适用

基于以上论述，我们不禁要问，禁止性规定是仅仅包含"不得""禁止"等模态词的规定吗？在法律条文中强行性（强制性）规定极多，特别是义务性规定尤为明显。义务性规定设置的是积极行为模式，而禁止性规定设置的是消极行为模式。那么，违反了义务性规定设置的积极行为模式，当为而不为，是否可以认定为违反了禁止性规定？如果可以，那么在适用《保险法司法解释（二）》第 10 条，认定违反法律、行政法规的禁止性规定就可扩大为包括违反义务性规定的情形。笔者认为按照这种思路对案件进行裁判不合

----

① ［德］卡尔·拉伦茨著，王晓晔等译：《德国民法通论》下册，法律出版社 2003 年版，第 588 页。

② 梁慧星：《民法总则立法的若干理论问题》，载《暨南学报》（哲学社会科学版）2016 年第 1 期第 19 ～ 130 页。

适的理由如下。

  1. 义务性规定和禁止性规定不具有反面的一致性。对于义务性规范和禁止性规范,一个完善的法律规范体系必定要包含这两种情形,才能够为良好法律秩序的构造创造规范性前提条件。[①] 禁止性规范是整个法律规范体系的基础与前提,没有禁止性规范的产生并由其划定国家机关、团体与个人的行为边界,就不会有任何法律秩序能够产生。[②] 一般而言,在现代社会的法律规范中,义务性规范和禁止性规范二者之间形成了"反对关系",但这种反对关系仅仅在经验层面上能够成立,而如果从整个禁止性规范发展的历史历程看,则不能做出这样的判断,因为禁止性规范和义务性规范之间的反对关系的成立是历史的、具体的和有条件的,而不是一个一致性的判断。[③] 禁止性规定往往牵涉重大法益,一旦违反将对社会公共利益造成损害或严重侵害第三人利益。而义务性规范则不然,它只是要求行为人按照某种行为模式实施行为,通过某种直接或间接的关联概然性地防止损害结果的发生。违反义务性规定的行为并不必然危害社会公共利益。例如,《道路交通安全法》第 11 条规定:"驾驶机动车上道路行驶,应当悬挂机动车号牌,放置检验合格标志、保险标志,并随车携带机动车行驶证。机动车号牌应当按照规定悬挂并保持清晰、完整,不得故意遮挡、污损……",机动车检验合格标志是机动车符合国家安全技术标准的证明,保险标志是证明机动车权利人已经按照国家规定参加了第三者责任强制保险的标识,要求机动车驾驶人随车放置以上证明,是为了便于公安机关交通管理部门进行查验。如行为虽然办理了机动车检验和第三者强制保险,而未在机动车上放置该标志,虽然违反了义务性规定,但因并不损害社会公共利益,很难界定为违反了禁止性规定。《道路交通安全法》第 56 条规定:"机动车应当在规定地点停放。禁止在人行道上停放机动车;但是,依照本法第 33 条规定施划的停车泊位除外",本条既有义务性规定,又有禁止性规定,显然在违反义务性规定的各种情形中,在人行道上停放机动车产生的危害更严重,也更容易损害社会公共利益。法律不可能将全部区域划分为"规定地点"和"非规定地点","规定地点"实际上是一个非常模糊的概念,在非规定区域停放机动车很显然不能全部归

[①] 魏治勋:《禁止性法规范的概念》,山东大学 2007 年博士论文,第 141 页。
[②] 魏治勋:《禁止性法规范的概念》,山东大学 2007 年博士论文,第 163 页。
[③] 魏治勋:《禁止性法规范的概念》,山东大学 2007 年博士论文,第 144～145 页。

类为违反了禁止性规定。因而，在界定是否违反禁止性规定之时，如法律未明确禁止性规定的情形，则需要判断其在违反义务性规定的情况下，是否危害社会公共利益或他人重大法益。这个判断的过程因人而异，立法及理论并未提供明确的标准，因此在具体案件的审判过程中，就会经常因对禁止性规定的认识不同出现同案不同判的现象。正如基于对肇事逃逸是否违反禁止性规定的认定，判决的结果也是截然不同的。

2. 在条款解释上应严格遵守文义解释的规则。从解释论角度，《保险法司法解释（二）》第 10 条所涉及的"禁止性规定"，一般而言"规定"是指具体的法律条款，而"禁止性"在概念上具有明确的内涵和指向，因而，违反"禁止性规定"很难引申到违反了事实上相关联的义务性规定。在司法解释明确表明违反"禁止性规定"的情况下，在法律术语的解释上不应当进行内涵难以把握的延伸。尤其是投保人、被保险人，保险人作为专业保险机构，应更容易确知"禁止性规定"和"义务性规定"的内涵，要求投保人明确区分两概念及内涵关联，在法律义务的设置上是不均衡的。

综上，笔者认为在适用《保险法司法解释（二）》第 10 条时，应严格按照文义解释的规则界定"禁止性规定"。《道路交通安全法》第 70 条应理解为义务性规定，违反该条款不能认定为违反了禁止性规定。因而针对肇事逃逸免责条款，保险人除负担提示义务外，还应履行明确说明义务。

三、《保险法》第十九条能否适用于肇事逃逸免责条款的效力判断

根据预设的逻辑进路，在免责条款发生效力以后，可以通过适用《保险法》第 19 条判断肇事逃逸免责条款的效力。前述绝对效力说和相对效力说，都在不同程度上以《保险法》第 19 条为依据。笔者基于以下三点，认为肇事逃逸免责条款不能通过适用《保险法》第 19 条认定该条款无效。

1. 肇事逃逸免责条款不是对通知义务及其法律后果的加重。《保险法》第 21 条规定："投保人、被保险人或者受益人知道保险事故发生后，应当及时通知保险人。故意或者因重大过失未及时通知，致使保险事故的性质、原因、损失程度等难以确定的，保险人对无法确定的部分，不承担赔偿或者给付保险金的责任，但保险人通过其他途径已经及时知道或者应当及时知道保险事故发生的除外"，通知义务能够保证保险人在保险事故发生后及时到达保险事故发生现场，查明事故发生的原因，确定是否为保险事故，以保证

公平、公正理赔，因而因未履行通知义务致使保险事故的性质、原因、损失程度等难以确定的，法律设置了保险人对无法确定的部分，不承担赔偿或者给付保险金责任的条款。肇事逃逸免责条款对应的是《道路交通安全法》第七十条规定的投保人、保险人保护现场、抢救伤员、通知交警等法定义务，目的是保护交通事故的现场，有利于公安机关交通管理部门通过对交通事故现场的勘验、检查和收集证据，及时了解情况、分清责任、正确处理交通事故的要求，同时也为了及早抢救伤员，防止损害扩大。两项义务都是针对投保人或被保险人的法定义务，但义务对象不同，通知义务对象为保险公司，而保护现场等义务对象为交警部门，两项法定义务并不在同一义务坐标系中，保护现场等义务不能认定为通知义务的加重。另外，我们也没有理由推论出保险人因被保险人肇事逃逸而免责，是恶意排除了自身责任，或者是对投保人、被保险人未履行通知义务法律后果的加重。所以，将肇事逃逸免责条款视为对通知义务及其法律后果的加重是不成立的。

2. 肇事逃逸可以成为免除保险人责任的约定情形。通常按免责事由可将保险免责条款分为三类：一是原因免责，即当保险事故系特定原因导致时，保险人方可免责；二是状态免责，即保险事故发生时只要被保险人处于某种特定状态下，保险人即可免责；三是事故形态免责，即由于某些特定形态事故造成的保险标的损失，保险人可以免责。[①] 可见，并非所有免责条款均需与保险事故发生具有因果关系，状态免责情形下，保险人只需证明保险事故发生时被保险人处于某种特定状态即可免责，而无须证明该危险状态与保险事故发生之间存在因果关系。肇事逃逸免责条款即为状态免责的特定情形。

3. 免责条款属于主给付条款，其设置是契约自由的体现。《保险法》第19条是《合同法》第40条所确立的内容控制规则在保险制度上的具体体现。《德国民法典》第307条规定了内容控制规则，学者认为德国法自始就以保障合同自由原则与竞争机制的优先地位为内容控制原则限定了严格的适用边界。内容控制规则依其内在的条件，不适合于实行竞争机制的价格及主给付义务等核心给付条款。[②] 因此，《保险法》第19条不应当适用于保险给付事由（包括危险描述条款与危险限制条款）、保险金计算方式或给付标准及

---

① ［日］山下友信：《保险法》，有斐阁2005年版，第362页。
② ［德］卡纳里斯，张双根译："债务合同法的变化——即债务合同法的'具体化'趋势"，载《中外法学》2001年第1期。

保险费等核心给付条款。^①免责格式条款的设置实际上是基于契约自由的原则，由保险人设定的对承保风险范围的进一步界定，在拥有良好竞争机制的市场里，保险人制定的核心给付条款如果缺乏吸引力，将影响到保险业务的开展，行业竞争压力会促使保险人关注投保人及被保险人的接受程度，逐渐完善免责条款使其具有足够的给付权益均衡度。保险合同中规定保险金给付事由以及包括免责条款在内的保险金给付标准的条款，均应当属于保险合同的核心给付条款，肇事逃逸免责条款应当属于保险合同的核心给付条款，在缺乏足够法理基础的情况下，不应适用《保险法》第 19 条对肇事逃逸免责条款做出效力评价。

结语

在司法审判上，对于肇事条款免责条款效力的认识分歧较大，同案不同判的现象时有发生。在处理此类案件的过程中，应基于法律逻辑思维，首先确定该条款是否发生效力。但司法解释第 10 条 "禁止性规定" 术语，在实践当中，因为对概念的认识不清，引发了条款适用上的紊乱。强行性规定按照所规范的行为模式的不同分为义务性规定和禁止性规定，但义务性规定的反面并不全是禁止性规定。因此，笔者认为为统一司法，应对禁止性规定进行严格解释，避免在没有明确标准的情况下随意认定违反义务性规定的情形属于违反了禁止性规定。适用《保险法》第 19 条的内容控制规则确定免责条款是否有效是在明确相关条款发生效力的前提下的步骤，肇事逃逸免责条款对于承保范围的限定涉及保险合同的核心给付义务，《保险法》第 19 条没有对这类条款进行评价的法理基础。此外，应当说明的是，"禁止性规定" 概念解析及其与 "义务性规定" 的关系，理论上还有很大的挖掘空间，笔者所提出的对禁止性规定进行严格文义解释的观点，是基于目前司法上裁判不一致的现状提出的解决机制，理论研究则尚需进一步拓展。

参考文献

[1] 史尚宽．民法总论 [M]．中国政法大学出版社，2000.

---

① 王静：《我国《保险法》第 19 条司法适用研究——基于保险格式条款裁判的实证分析》，载《政治与法律》2014 年第 11 期，第 88 ～ 99 页。

［2］王轶．论物权法的规范配置［J］．中国法学，2007（6）．

［3］许中缘．禁止性规范对民事法律行为效力的影响［J］．法学，2010（5）．

［4］卡尔·拉伦茨．德国民法通论(下)［M］．王晓晔等译．北京：法律出版社，
2003．

［5］梁慧星．民法总则立法的若干理论问题［J］．暨南学报（哲学社会科学
版），2016（1）．

［6］魏治勋．禁止性法规范的概念［D］．济南：山东大学，2007．

［7］王静．我国《保险法》第19条司法适用研究——基于保险格式条款裁
判的实证分析［J］．政治与法律，2014（11）．

论保险标的转让后保险合同免责
条款之效力

——以机动车转让引发的保险合同纠纷案为例

李　静

摘要： 保险人对保险合同中免除保险人责任的条款负有明确说明和足以引起投保人注意的提示义务，是格式合同公平原则的最大体现，尤其对于保险合同这种专业术语复杂、条款内容较多的格式合同而言，保险人是否履行提示和明确说明义务在一定程度上决定了一份保险合同能否"善始善终"。《保险法》及相关司法解释对免除保险人条款的效力及提示和明确说明义务的履行进行了反复规制，目的就是为了解决司法实践中出现的诸多问题。评价保险标的转让之后的保险合同免责条款是否继续有效或提示与明确说明义务是否履行，应当从立法本意、交易习惯、利益均衡原则等多方面综合分析。考虑保险标的转让等改变合同状态的行为对合同权利义务履行是否产生新影响，应以促进保险市场发展为最终目标。

关键词：保险标的转让　格式合同　免责条款效力

《保险法》第 49 条规定："保险标的转让的，保险标的的受让人承继被保险人的权利和义务。保险标的转让的，被保险人或者受让人应当及时通知保险人，但货物运输保险合同和另有约定的合同除外。"保险标的转让的性质属保险合同主体的变更，保险公司接到通知后应及时在保险单或者其他保险凭证上批注或者附贴批单，或者由投保人和保险人重新订立变更的书面

作者简介：李静，女，山东省保险行业协会法律部主任，山东省法学会保险法学研究会理事。

协议，在这几种方式中，附贴批单是保险公司最常用的做法。财产保险标的的转让主要出现在车辆保险中。司法实践中，经常出现因车辆保单批改引发的保险合同权利义务方面的争议，其中最大的争议是保险公司应否就保险条款尤其是免责条款对新的投保人及被保险人再次履行提示和明确说明义务。鉴于提示和明确说明义务是否履行直接影响保险公司赔与不赔的问题，因此明确保单批改的法律性质，对保险合同极为重要。

一、案例介绍

2014年1月27日，被保险人山东某运输有限公司为鲁E****J小型越野客车车辆投保交强险及商业三者险20万元，并不计免赔，约定保险期限自2014年1月28日至2015年1月27日止。2014年9月24日，车辆过户给曾某，曾某申请对原保单进行批改，变更投保人和被保险人为曾某，保险人对此出具了批单进行变更，批单交付曾某。2014年10月11日，李某借用实际车主为曾某的鲁E****J车沿G105线由东向西行驶至电厂路口时，与沿路口由北向南驾驶的袁某所有的小型轿车相撞，致小型轿车乘车人袁某受伤，两车不同程度损害。交警部门认定李某承担事故的全部责任。2014年11月17日，当地价格认证中心价格鉴定结论书认定小轿车损失为34 120元。

经保险公司调查发现，事故发生后被保险车辆驾驶人李某存在逃离事故现场的情形，属于商业三者险拒赔事由。2014年11月28日，袁某向人民法院提起诉讼，请求判令李某、曾某、保险公司赔偿医疗费、误工费、伙食补助费、车辆损失等各种费用共计60 650元。一审法院判决保险公司赔付55 236.6元，其中在商业三者险限额内赔偿原告袁某33 820元。

保险公司不服一审判决提出上诉，请求撤销一审判决书中"在商业三者险限额内赔偿原告袁某33 820元"的内容，并提出事实及理由如下：① 由一审法院向 ** 县交警大队事故科调取的本案事故卷宗材料可以看出，鲁E****J小型越野客车驾驶人员李某在事故发生后逃离事故现场，根据法律规定和保险合同约定，上诉人商业三者险部分将免除承担赔偿责任。② 投保人在向上诉人投保时，上诉人不但将含有免责内容的保险条款附注在投保单的背面，而且对免责内容还用加黑字体明显加以标注，如实告知投保人。被上诉人答辩称，上诉人未向其提供保险条款，也未就免责条款向其提示和明确说明，免责条款不产生效力。

二审庭审中，保险公司认为该案标的车驾驶员肇事逃逸，商业三者险应当拒赔，且该保险条款已交付给了标的车的原投保人，因此合同的权利义务应由曾某承担。但曾某以免责条款未向自己提示说明为由坚持抗辩。最终二审法院判决保险公司在商业三者险范围内承担赔偿责任。

二、各方观点

该案的主要争议内容是保险标的转让后保险合同免责条款的生效条件。本案中保险标的车辆受让人曾某的观点是，自己作为保险合同的受让方，与保险公司之间的保险合同关系是一种新的法律行为，自己作为投保人应当享有投保人享有的合同内容告知权利，保险公司应当在过户后提供保单批改单的同时附上保险条款，以便让自己了解合同内容，明白自己享有的权利和承担的义务。而保险公司则认为，保险合同订立时，其已向投保人交付了保险合同，且履行了提示和明确说明义务，保险标的车辆的转让导致了投保人和被保险人变更，这种变更属于《保险法》第20条"变更保险合同"的情形，因而保险公司"在保险单或者其他保险凭证上批注或者附贴批单"就已经完成了保险法所赋予的合同义务。保险公司还认为，根据《保险法》第49条的规定，曾某承继保险合同后该保险合同的权利义务也应一并承担。

该案二审法院认为，保险合同中的免责条款对受让人有效还是无效，应该区分情况，如果保单批改时保险公司没有将保险条款一同交付给保险标的受让人，那保险公司就无法证明保险条款为双方以保险批单形式所订立的保险合同的一部分，免责条款对受让人而言无效。

司法审判还有一种相反的观点，认为保险公司出具保险批单是确认投保人及被保险人变更后，其继续承保义务到保险期满的确认行为，该行为不产生新的法律关系和权利、义务，如果之前保险公司已确实对批单前的投保人履行了免责条款的提示和明确说明义务，保险公司无需再出具批单后重新履行该义务。笔者赞同第二种观点。

三、本文支持第二种观点的理由

（一）与新《保险法》的立法本意相符

《保险法》第49条是关于保险标的转让的规定。该条对原《保险法》

第 34 条的规定作了较大修改，原《保险法》第 34 条规定："保险标的的转让应当通知保险人，经保险人同意继续承保后，依法变更合同。但是，货物运输保险合同和另有约定的合同除外。"新《保险法》改变了原保险合同不经变更合同不发生权利义务转让的规定，改为保险合同的权利义务随保险标的转让而当然转让，同时增加规定了当事人保险标的转让的通知义务。

根据原《保险法》第 34 条的规定，保险标的转让后并不必然导致保险合同的转让，必须通知保险人，经保险人同意，对保险合同进行批改后才有效。简单说来，保险合同是保险合同，保险标的是保险标的，保险合同并不随保险标的的转让而当然产生转让的法律效力。原《保险法》将保险标的转让后的保险合同视为一种新的保险权利义务关系，同时遵循合同订立的一般条件，即经过被保险人"通知"的要约行为后，保险人需做出"同意"的承诺行为，新的保险契约才生效。按照原《保险法》的规定，保险标的转让后，投保人和被保险人不再享有保险利益，保险合同虽然形式上存在，实质上已经是废纸一张，权利义务关系实际终止，自然也不存在权利义务转让与否的问题，保险人在保险标的转让后，不再承担相应的保险责任，但相关法律也未规定可以退还投保人的部分保费，这就出现了并非保险合同双方当事人本意的结果，即保险公司成为保险标的转让后的最大受益者。从格式合同的公平性原则来看有所欠缺。

新《保险法》第 49 条对原《保险法》进行了较大的突破，为保证保险合同的公平性，促进交易活动的高效有序运行，充分保障保险合同双方当事人的权益，第 49 条取消了保险人的同意权。同意权的取消看似对保险人不公平，实际并非如此，保险标的转让导致保险合同部分内容的变更，但对保险期间、保险责任等保险合同的核心要素并未产生影响，保险人仅承担了在保险期间内本应承担的保险责任而已，至于保险标的转让可能会带来的风险的增加，新《保险法》也有相应的救济规定。总之，法条的修订未加重保险人承担的责任，又保护了保险标的受让人的权益，较原《保险法》更能体现保险的保障功能。

对比修订前后《保险法》的规定，很明显，新《保险法》认为保险标的的转让当然产生保险合同、保险权利义务转让的法律后果，本案中二审法院的观点认为保险标的转让后，保险批单脱离原保险条款自成一份新保险契约的说法显失偏颇，二审法院的观点脱离了原合同，将保险批单作为独立的保险行为看待，过于片面，不符合商事审判中促进商事交易效率的理念，有断章取义之嫌。

（二）是当事人利益平衡的需要

耶林在《为权利而斗争》中指出，法是权利行使和利益保护的工具。赫克也提出，法律不仅是逻辑结构，而且是各种利益的平衡。通过法律的权威权衡协调各方主体的利益关系，达到一种利益平衡状态，法律就应运而生。反之，如果各方利益冲突较大，不容易平衡，法律就很难通过制定。就《合同法》而言，公平原则就是利益平衡理论的最大体现。《合同法》第 5 条规定："当事人应当遵循公平原则确定各方的权利和义务。"保险合同作为合同的一种，自然应遵循。

保险合同订立时，双方当事人各自履行如实告知、明确说明等义务后，保险合同生效，保险公司在保险期间内承担保险责任。保险标的转让过户后，无需征求保险公司同意，受让人自然承继保险合同的权利和义务。根据新《保险法》的相关规定，在保险标的转让、保险合同变更的整个过程中，保险公司完全没有选择主导权，保险公司接到通知后出具批单，以书面形式对变更内容予以确认，仅是对主合同的补充，对合同内容的部分变更，原保险合同一直有效，双方权利义务未终止，保险责任未改变，并非产生一份新的保单，这已是保险业界的共识，也基本被消费者认可。批单的确认行为是为了明确保险利益权利人，保障受让人的保险利益请求权得到法律上的有效保护，从这点看，受让人自然承继保险合同的权利和义务，保护的是受让人的权利。相应的，从保障交易活跃性的角度出发，保险人丧失同意权的同时，受让人亦应对其承继的保险权利有清晰的认知，而无须加重保险人责任再次履行告知义务，以维护保险合同当事人权利义务的公平性。

基于利益平衡原则，新《保险法》在保护受让人权益的同时，赋予了保险公司一定的风险评估权，这是对保险公司丧失同意权之后的一种权利救济，保险公司在面临风险变动时，有机会和时间去重新评估风险，决定是否增加保费或者解除合同。保险合同作为一种商事行为，在充分保障格式合同非制定一方权益的同时，应当给予格式合同制定方必要的救济权，以防显失公平，否则有强买强卖之嫌。新《保险法》是综合权衡投保人、受让人、保险人等各方利益下产生的结果，既保证商事交易能够高效、稳定的开展，又兼顾了各方权益，较为科学合理。

（三）保险标的转让的法律后果

财产保险标的尤其是车辆转让后，合同效力如何，主要存在两种观点，即"属人主义"原则和"从物主义"原则。"属人主义"原则是指当保险标的转让后，保险合同效力中止，合同效力能否继续有效要看保险人是否同意，否则效力终止。"从物主义"原则则认为财产保险合同的效力在保险标的转让后依然有效，受让人自然承继保险合同的权利和义务，即保险人的意思表示并不影响合同继续生效。我国原保险法采取的是"属人主义"原则，而新保险法采纳的是"从物主义"原则，笔者认为，"从物主义"原则更能体现对商事交易活动的支持和保护。

新《保险法》规定投保人和保险人可以协商变更合同内容，但并未规定批改保单时保险人须将免责事由向批改后的投保人进行提示和明确说明。保险合同作为民事合同的一种，在受到其作为特别法的《保险法》调整之外，当然亦受《合同法》的调整。受让人承继保险权利义务，主要是对权利的承继，类似于债权转让，承继的程序和后果应当与《合同法》中的债权转让相同，即只要通知受让人即可生效。但基于利益平衡原则，保险法赋予了被保险人或受让人的通知义务，同时也赋予了保险人对风险增加与否的评估权。本案中山东某运输有限公司将标的车辆转让给曾某应属于合同法上的债的概括承受。《合同法》第 82 条规定："债务人接到债权转让通知后，债务人对让与人的抗辩，可以向受让人主张。"保险人作为债务人，其免责条款的抗辩应该可以向受让人主张。换言之，在保险标的转让后，保险人在保险合同的关系中扮演的是债务人角色，债权转让后，受让人对保险合同的权利义务概括承受[①]，这个承受是法律上的既定事实，不能通过合同约定来规避。

案例中受让人曾某的主张，将自己放置在了缔结合同"要约"一方的位置上，曾某认为保险公司应视其为保险合同的新缔结方，履行应当履行的一切义务，如免责事项的提示和明确说明义务，否则，免责条款对其不生效。按照该理论，保险公司也应有缔结合同"承诺"方的权利，即拒绝承保的权利。这与新《保险法》的立法本意背道而驰。

---

① 林银勇：《保险标的转让规范模式之检讨》，载《安徽警官职业学院学报》2010 年第 6 期，第 17～20 页。

四、法律应予以明确之处

新《保险法》第四十九条对保险标的转让后的保险合同效力问题进行了明确规定，但在保险实务操作中仍有诸多争议，亟需法律进一步明确。

一是明确在保险人审核是否增加保费或者解除合同期间发生保险事故，保险人责任承担问题。保险人增加保费或者解除合同的合理性应该予以审慎审查，可以参照《最高人民法院关于适用〈中华人民共和国保险法〉若干问题的解释（二）》第4条的规定处理。《最高人民法院关于适用〈中华人民共和国保险法〉若干问题的解释（二）》第四条规定："保险人接受了投保人提交的投保单并收取了保险费，尚未作出是否承保的意思表示，发生保险事故，被保险人或者受益人请求保险人按照保险合同承担赔偿或者给付保险金责任，符合承保条件的，人民法院应予支持；不符合承保条件的，保险人不承担保险责任，但应当退还已经收取的保险费。保险人主张不符合承保条件的，应承担举证责任。对确需增加保费的，受让人应当补交增加的保费，保险人承担赔偿责任，对危险程度显著增加，保险人解除合同合理的，则保险人不承担保险责任。"

二是通知义务的方式和时间应予以明确。《保险法》第四十九条规定了被保险人或者受让人应当及时通知保险人，但通知的方式和"及时"的范围未予以明确。《保险法》第49条第四款规定："被保险人、受让人未履行本条第二款规定的通知义务的，因转让导致保险标的的危险程度显著增加而发生的保险事故，保险人不承担赔偿保险金的责任。"如果口头通知，可能发生保险人因逃避责任而不承认收到通知的情况，建议在批单过程增加询问内容，询问内容应明确具体，以防保险人用兜底条款规避责任。

三是被保险人、受让人及时履行了通知义务，保险人不解除合同而决定增加保费的，受让人不缴纳增加的保费，或者保险人对于合同解除前，因转让导致危险程度显著增加而发生的保险事故，保险公司应否承担赔偿责任以及是否可以参照《最高人民法院关于适用〈中华人民共和国保险法〉若干问题的解释（二）》第4条规定进行处理等问题，应当有所规定。

四是明确保险标的转让后保险人的义务。虽然《保险法》明确规定了保险标的转让后保险权利义务的承继问题，但在司法实践中，仍然存在对免责条款的提示和明确说明义务是否应重复履行而引发的纠纷。建议通过司法解释或最高院指导案例的形式，对该问题予以明确，勿让保险公司无所适从。

参考文献

[1] 王朕．财产保险标的转让法律制度研究［D］．青岛：中国海洋大学，
    2014．

[2] 林银勇．保险标的转让规范模式之检讨［J］．安徽警官职业学院学报，
    2010（6）．

论保险追偿案中的保险人利息损失裁判

刘志锐　杨　天

摘要：在巨额保险赔付事件中，保险人的追偿本金巨大，追偿期间漫长，面临的利息损失不容小视。《保险法》及其司法解释一、二、三均未对保险理赔款的利息可否代位求偿进行明确规定。《保险法》第六十条第一款将求偿范围限定于"赔偿金额"的规定使保险人追偿利息损失面临障碍。研究表明，将保险人的利息损失纳入保险代位求偿权行使范围既符合立法本意，亦属保险行业发展之大势所趋，保险人追偿其理赔款的利息损失具有法理基础和现实的社会积极意义。在目前立法未予完全明确和司法裁判各异的情况下，保险人通过在保单的附加条款或特别约定中明确保险人可代位求偿的范围、利用权益转让书途径确定保险人获取利息损失内容、以被保险人名义提前介入理赔环节以减少追索利息损失的不确定因素等技术性措施，可以促使裁判对保险追偿案件中保险人关于追偿利息损失诉求的支持率得以提高。

关键词：保险人　代位求偿　利息损失　法律解释方法

一、涉及利息损失的保险追偿典型案件

案例一：中国人民财产保险股份有限公司佳木斯市永红支公司与中国工商银行股份有限公司佳木斯分行保险代位求偿权纠纷上诉案【最高法院（2007）民二终字第 67 号】。

案情梗概：1997 年，华联商厦向人保永红支公司投保财产保险综合险，投保标的项目为固定资产和流动资产。保险期间，该商厦发生特大火灾。消

作者简介：刘志锐，北京市中伦（青岛）律师事务所律师。杨天，女，北京市中伦（青岛）律师事务所律师。

防部门认定火灾是由华联商厦一楼佳木斯工行柜员处木质地板上放置电热器长时间通电，引燃地板及附近可燃物而蔓延成灾。人保永红支公司向华联商厦赔款 3 999 万元。之后，人保永红支公司向佳木斯工行追偿赔款及自赔付之日按同期贷款利率计算的利息损失）。一审法院驳回了利息请求。人保永红支公司上诉继续主张利息损失。

裁判观点：一审法院认为保险人行使代位求偿权不得超过其先行赔偿的数额。最高法院在二审中认为，由于本案为民事侵权引发的代位求偿权纠纷，而追偿的责任尚处在不确定状态之中，由此责任而形成的债权也并非确定。那么责任人应否承担责任？如果是，则应承担多大的责任，亦尚处在不确定状态。只有在当事人对本案责任和债务没有争议时或者由法院作出裁定后，当事人迟延履行其应当履行的义务才产生迟延债务的责任问题。故对人保永红支公司主张赔款利息的上诉请求不予支持。

案例二：中国人民财产保险股份有限公司上海市分公司与中远航运股份有限公司定期租船合同纠纷、保险代位求偿权纠纷上诉案【浙江省高级人民法院（2009）浙海终字第 145 号】

案情梗概：人保上海分公司承保的船舶一切险出险。人保上海分公司向中远公司追偿赔款及利息。中远公司上诉要求驳回利息请求。

裁判观点：一审法院认为，人保上海分公司从其支付保险赔偿金之日起，相应的利息损失已客观存在，故主张从其实际赔付之日起算至判决生效之日起的利息诉请，合法合理，予以支持。浙江省高院二审认为，人保上海分公司从支付保险赔偿金之日起，相应的利息损失已客观存在，故原判决判令中远公司向人保上海分公司支付保险赔偿金实际赔付之日起的利息并无不当。

二、提出问题：保险人追偿理赔款的利息损失诉求是否合理

随着保险行业的发展，保险产品不断推陈出新，保险公司大额保单下巨额保险赔付事件所带来追偿本金高、追偿期限长的问题日益凸显。在数额较大的损害赔偿面前，第三者往往会对保险人之求偿权提出各种异议，保险人需要借助诉讼甚至强制执行程序才可能追回理赔款，在这期间遭受的利息损失自然也不容忽视。

那么，保险人能否就该项利息损失向第三者追偿？从上述两个案例可以看出，实践中有截然不同的裁判。因此，有必要再对法律规定进行梳理。

（一）我国法律在理赔款利息损失方面的空白与漏洞

保险代位求偿制度作为保险损失补偿原则之延伸，早在 1992 年就被我国《海商法》承认，随后出台的《保险法》也对其作出了规定。《海商法》第 252 条第 1 款规定："保险标的发生保险责任范围内的损失是由第三人造成的，被保险人向第三人要求赔偿的权利，自保险人支付赔偿之日起，相应转移给保险人。"《保险法》第 60 条第 1 款规定："因第三者对保险标的的损害而造成保险事故的，保险人自向被保险人赔偿保险金之日起，在赔偿金额范围内代位行使被保险人对第三者请求赔偿的权利。"

从上述规定我们可以得出以下几个结论：首先，《海商法》与《保险法》均未涉及理赔款利息损失是否属于保险人代位求偿范围问题。其次，两法在保险人代位求偿权行使范围方面的表述也不尽相同，与《保险法》对保险人代位求偿权的行使范围作出限制性规定不同，《海商法》未界定保险人行使求偿权之范围。两法规定之间的不一致则进一步加剧了司法实务界对理赔款利息损失是否可追偿问题的理解与相关规范适用上的分歧。

（二）司法实践对保险人追偿利息损失的态度与做法

司法实务中，对于保险人能否向第三人追偿其理赔款利息损失的问题，司法裁判观点不尽相同，主要包括以下几种：

1. 完全支持的裁判——支持自赔付之日起的利息损失。此观点认为：首先，利息系保险理赔款的法定孳息，附属于保险人代位求偿权，保险人对该项损失的追偿未超过法定代位求偿权的行使范围；其次，依据我国《保险法》第 60 条和《海商法》第 252 条的相关规定规定，我国保险代位求偿制度采用当然代位主义，保险人自向被保险人赔偿保险金之日起，就享有对有责任的第三者请求赔偿的权利，第三者未及时给付的，应偿付因其迟延履行而使保险人遭受的资金占用损失，故保险人向第三者追偿自其实际赔付之日起计算的利息损失合法合理。

司法实践中的相关判例包括但不限于：上海市高级人民法院在"安盛保险与上海鑫峰货代公司保险人代位求偿权纠纷二审（案号：（2003）沪高民三（商）终字第 25 号）"中支持了保险人要求第三人赔付自其实际赔付之日起利息损失的诉求；福建省高级人民法院在"川崎汽船株式会社与中国太平洋财产保险厦门分公司海上货物运输合同纠纷二审（案号：（2013）闽民

终字第 127 号）"中维持了一审法院"厦门太保已实际支付了保险金，其主张自赔付之日起的利息损失属于该款项的法定孳息损失，应予支持"的认定。上述案例二也属于这一类。

实务中，深圳市中级人民法院已在其 2015 年 12 月 28 日通过的《关于审理财产保险合同纠纷案件的裁判指引（试行）》第 21 条中明确："保险人行使代位求偿权，就其支付的保险金向第三者主张利息的，人民法院应予支持，利息应自保险人实际支付保险金之日起计算"。

2. 部分支持的裁判——支持自起诉之日起的利息损失。此观点认为，我国《合同法》第 80 条对"意定债权转让的通知义务"的规定应当类推适用于作为法定债权转让的保险人代位求偿制度。因为，《合同法》第 80 条的理论基础是意定债权转让具有隐蔽性，债务人不易查知，因此藉由通知义务使此转让行为外部化、公示化。同理，法定债权转让亦具有隐蔽性，从而具备类推适用的正当化基础，虽然被保险人向第三人的索赔权自保险人实际赔付之日即完成转移并生效，但如欲对第三人发生效力，则须以通知为必要，否则不存在第三者迟延给付问题，故应自起诉之日起计算利息损失①。

对此，浙江省高级人民法院在"中国平安财产保险太仓支公司与湖南红太阳光电科技公司保险人代位求偿权纠纷二审（案号：（2015）苏商终字第00102 号）"中认定：因平安财险未提交向红太阳公司主张权利的其他证据，故将其主张的利息损失起算日调整为起诉之日；最高人民法院在"艾斯欧洲集团公司与连云港明日、上海明日国际公司航次租船合同纠纷再审案（案号：（2011）民提字第 16 号）"中亦仅支持了保险人自其起诉之日起计算的利息损失。

3. 完全不支持的裁判——不认可任何时段的利息损失。顾名思义，此观点严格依据《保险法》第 60 条第一款之字面意思，认为保险人的利息损失诉求已超出代位求偿的法定范围，不应得到支持。如本文案例一。

4. 以第三者责任是否有争议决定是否支持的裁判——根据第三者所负责任和保险人行权情况区别对待。此观点认为对于理赔款利息损失的认定应以第三者责任是否确定为前提，根据保险人的行权情况具体问题具体分析。最高人民法院张雪楳法官认为："在被保险人对第三者享有的赔偿损失请求

① 黄凯绅：《论〈保险法〉第五十三条代位权法定债权转移说下加害第三人之信赖保护》，载《法学新论》2010 年第 8 期。

权在给付保险金时已经确定的情形下，由于保险代位求偿权的范围确定，一经保险人请求，第三者即应履行给付义务，但应给予合理的宽限期，故第三者在保险人请求时拒绝履行或者在请求时虽未拒绝但在宽限期届满后仍拒绝履行的，则构成迟延履行，应赔付迟延履行期间的资金损失；在被保险人上述权利尚存争议的情形下，由于代位求偿的范围尚未确定，故第三者以此为由不履行给付义务的，不构成迟延履行，不应赔付已给付金额的损失[1]"。此观点似乎就是前述最高院"艾斯欧洲与上海明月"和"人保与工行"两案法官观点之融合。

笔者观点如下。

第一，完全不支持的裁判是以无法确认第三者责任为由否认保险人利息损失主张，有失偏颇。首先，保险人利息损失请求权系其代位求偿权的从属权利，保险人因其理赔款主债权而享有利息债权，第三者对被保险人的赔偿责任是否确定不是保险人取得利息损失请求权的基础；其次，利息作为理赔款本金的固有收益，其数额与本金直接相关，与第三者责任比例大小无必然联系。故保险人向第三者主张利息损失赔偿系行使其诉权之体现，以责任不确定为由驳回保险人向第三者追偿利息损失的诉求无疑是对保险人代位求偿权从权利之剥夺。

第二，以第三者责任是否有存争议决定是否支持的观点貌似对各类观点的折衷，认为保险人在第三者责任确定情况下可以追偿利息损失。但该观点本质上与完全不支持的观点无异，均认定保险人利息损失请求权源自被保险人对第三者享有的债权，这显然是对理赔款利息法定孳息属性的误解。而且根据此观点，只要第三者提出异议就不构成迟延履行，则很容易造成第三者故意拖延，不及时履行赔偿义务，从而增加道德风险。

第三，完全支持和部分支持的观点均承认保险人追偿利息损失之诉权，两种观点的理论分歧在于作为法定债权转移的保险代位求偿权是否以通知为必要。就法理而言，第三者在保险事故发生后就对被保险人负有损失赔偿义务，其赔偿范围不因被保险人另订有保险合同而受影响，其债务履行对象的注意义务，也不应因保险人存在而加重。[2]可见，部分支持的观点主张的"通

---

① 张雪楳：《论保险代位求偿权的行使范围》，载《法律适用》2011 年第 5 期，第 8 ～ 13 页。

② 江朝国：《保险法基础理论》，台湾瑞兴图书股份有限公司 1995 年版，第 408 页。

知"仅系被保险人求偿权转移公示化之手段，对第三者及时履行赔偿义务之催告和保险人作为债权受让人及时行权之证明，并非保险人代位求偿权成立的构成要件。实践中，诸如火灾等保险事故发生后，第三者不但知悉保险人的存在，甚至参与其公估程序以协助其理赔，在此情况下仍以是否通知作为保险人行权的判断标准，明显违有失公平，故笔者认为以第三者知情与否作为判断标准，更为契合保险代位求偿制度之公平原则。

综上所述，虽然立法对理赔款利息问题尚无统一规定或解释，但司法实务界中，海事法院对保险人之利息损失予以支持情形较为普遍，相关案件的二审法院也予以认可。相比之下，固守《保险法》针对保险人代位求偿权范围原则性规定之字面含义，将保险理赔款利息损失排除在代位求偿权行使范围外，显然与保险代位求偿制度发展背道而驰。下文就从法律解释方法角度阐述对《保险法》第六十条规定内涵之理解，以论证保险人向第三者主张理赔款之利息损失具有合理性，系保护保险人合法权益之大势所趋。

三、理论分析：通过法律解释论证追偿利息损失之合理性

我国 1995 年出台的《保险法》在设立保险代位求偿权的同时限定了保险人行使该权利的范围[①]，但此条款的具体表述至今未作任何细化与修订。必须借助不同法律解释方法以获取《保险法》第 60 条内涵的正确理解，进而对日益凸显的保险人利息损失问题作出公正裁判。

（一）保险人追偿利息损失系保险代位求偿制度立法原意之体现

从法意解释的角度，保险代位求偿权系在保险事故发生时，如被保险人对于同一损害既可向保险人请求保险金给付，又能向第三者行使损害赔偿请求权或其他权利，为避免被保险人获得双重补偿而诱发道德风险，故在保险人先行偿付保险金后，使保险人取得被保险人对第三者的权利[②]。我国《保险法》规定保险人代位求偿权旨在协调保险人、被保险人与第三者"三面关

---

① 《保险法》第四十四条规定："因第三者对保险标的的损害而造成保险事故的，保险人自向被保险人赔偿保险金之日起，在赔偿金额范围内代位行使被保险人对第三者请求赔偿的权利。"

② "3. The principle under which an insurer that has paid a loss under an insurance policy is entitled to all the rights and remedies belonging to the insured against a third party with respect to any loss covered by the policy." See Black's Law Dictionary（8th ed. 2004），subrogation. 另参见汪信君、廖世昌：《保险法理论与实务》，台湾元照出版公司 2006 年版，第 124 页。

系"中所生权利之冲突，建立一个体现公平与效益价值的法律制度。进一步讲，保险人代位求偿权作为保险损失填补原则之延伸，应当遵循该原则"损失多少，赔偿多少"之核心理念，即被保险人因第三者行为而遭受的损失和保险人因代替第三者先行赔付而遭受的损失均应属于第三者损害赔偿之范围。

从比较法解释角度，现代保险代位求偿制度作为保险法中古老而又颇具特色的一项制度，起源于英国。早在 1961 年，英国就在著名判例 Yorkshire Insurance vs. Nisbel Skipping（［1961］Volume1 Lloyd's Re p.479）案中确立了"当保险人追偿所得高于其实际支付的保险赔款数额时，超过的部分应退还给被保险人，但保险人可以扣除其已赔付金额自赔偿之日起至追偿所得之日止的利息"之基本原则。随后又在 H. Cousins & Co. Ltd. & C. Carriers Ltd.（［1971］2 Q. B. 230）案中，进一步明确"保险人支付保险赔款之前的利息损失归被保险人所有，之后的利息损失归保险人所有"。1981 年，英国高等法院在其法令[①]中明确规定保险人代位求偿权包括相应利息。

因此，支持保险人要求第三人赔偿利息损失的诉求不仅符合《保险法》第 60 条的立法本意，亦是现代保险代位求偿制度法律渊源之体现。

（二）保险人追偿利息损失系实现保险代位求偿规范目的和功能之必然要求

从目的解释角度，保险代位求偿制度享有"社会工程的工具"之美誉[②]，以禁止不当得利为宗旨，具备防止被保险人获得超额赔偿、避免第三者逃脱责任和减轻保险人给付负担，进而降低社会保险费负荷之社会功能。鉴于保险人主张的利息损失系其因支付理赔款而遭受的自身资金占用损失，与被保险人未取得赔偿的其他损失并不矛盾，对该损失的补偿也不会使保险人获得任何额外收益，不构成保险人不当得利。反之，对保险人对第三人享有的利息债权的否认势必导致第三者不当得利，有违社会公平。因此，将保险人的利息损失纳入保险代位求偿权范畴，有利于防止第三者不当得利、推动保险社会功能之实现。

---

① 参见"The Supreme Court Act 1981"Section 51A.

② ［英］马尔柯姆•A•克拉克著，何美欢、吴志攀等译：《保险合同法》，北京大学出版社 2002 年版，第 843 页。

（三）补偿保险人的利息损失系适应保险行业发展之需要

从扩张解释角度，法律制定在先适用在后，法律文本的解释不是一成不变的，需要随着社会和环境的变化而发展。除前述保险人巨额赔付事故追偿期限长所致利息损失扩大之因素外，在当今社会各种资金保值升值工具层出不穷的背后，是资金占用的机会成本的增加，也就是说，保险人针对同期等额的理赔金当前所面临的利息损失比以往要多得多。显然，《保险法》第六十条的字面含义已无法适用于新情况及解决新问题，需要法官运用法律漏洞填补技术对该条进行扩张解释，即将保险人的利息损失纳入保险代位求偿权范畴。

对此，上海市第一中级人民法院就在"上海基华物流公司与苏黎世财产保险公司保险人代位求偿权纠纷二审（案号：（2014）沪一中民六（商）终字第478号）"中通过维持一审"苏黎世财险中国公司业已承担相应的保险责任，且被保险人亦将系争货物的所有权益转让给苏黎世财险中国公司，改苏黎世财险中国公司在赔偿金额及其权益（包括利息损失）范围内行使代位求偿权，于法有据。"之认定，对《保险法》第60条第1款进行了有益的扩张解释。

综上所述，通过对《保险法》第60条第1款条文之扩张解释，将保险人的利息损失纳入保险代位求偿权行使范围既符合立法原意，亦属保险行业发展之大势所趋，故保险人追偿其理赔款的利息损失具有法理基础和现实意义。

四、合理建议：减少追偿利息损失障碍之合理措施

"法律的实施以解释过程为前提[①]"，制定司法解释无疑是弥补法律在保险理赔款利息损失问题上漏洞的一个重要手段。据前文分析，保险理赔金利息损失的补偿具有其法理基础和现实意义，应当予以支持。故笔者建议立法者在《保险法》司法解释（四）中将理赔款的利息损失纳入保险人代位求偿权行使范围，并且可参照深圳中院之规定对利息的起算点予以明确。

另一方面，保险代位求偿权源自合同原则，遵循契约自由精神，保险人

---

① ［法］达维德著，漆竹生译：《当代主要法律体系》，上海译文出版社1984年版，第109页。

可以通过巧用权益转让书及保单附加条款的约定效力、充分发挥告知函之证据效力等措施来减小其在追偿利息过程中因立法不明适用混乱而面对的阻力、扩大获得相应补偿之可能性。保险人可通过保单附加条款或权益转让书与被保险人达成转让其对第三者的全部索赔权之合意，以应对《保险法》对代位求偿权行使范围之限制。

（一）在保单的附加条款或特别约定中明确保险人可代位求偿的范围

鉴于《保险法》并未禁止被保险人向保险人自行转让其对第三者享有的全部求偿权，故保险人可以针对不同保险产品和被保险人的具体情况设计附加条款或特别约定：例如"保险人自赔付被保险人之日起取得被保险人对有责任的第三方享有的全部索赔权利，有权向第三者追偿理赔款及其自赔付被保险人之日起计算的利息损失"。值得注意的是，此类条款的设计必须符合损失补偿原则，不得存在使保险人获得额外利益之嫌疑；且保险人应当严格履行说明义务，并留好投保人或/和被保险人对此类约定已充分理解并认可的相应证据，以减少因格式条款未尽说明义务而被认定无效之风险。

（二）巧用权益转让书意定债权转让效力以增加保险人获取利息损失之可能性

保险人在赔付保险金时，通常会要求被保险人就其已获得赔付的部分向其出具"权益转让书"，该"权益转让书"在法定债权转让框架下仅具有证明保险人已理赔的证据效力，并非民事主体通过自主行为的权利转让。然而，在保险人赔付保险金之前或存在免赔额等保险赔偿金额小于被保险人实际损失的情况下，保险人因被保险人在其签署的声明其将对第三人的求偿权利全部转让给保险人的"权益转让书"而取得的向第三人行使的追偿权就包括了两部分，一是保险人偿付保险金后获得的代位求偿权，另一部分则是被保险人自愿让与的债权，后者显然不受《保险法》第 60 条规定之限制。据此，笔者建议，保险人可以在"权益转让书"中明确约定："我方（被保险人）同意收到保险人赔款后，将我方在保险标的项下对第三人享有的主债权及其从属权利包括但不限于利息损失求偿权全部转让给保险人，保险人自实际赔付我方之日起有权向第三者追偿理赔款及其利息"，从而减少《保险法》第60 条之限制性规定对保险人追偿利息损失产生的阻力。

值得注意的是，被保险人对该类约定的充分理解和认可是上述"权益转让书"成立与生效的前提。即便保险人通过被保险人自愿让与依法取得代位求偿权以外的追偿权，在通知第三者之前，对第三者不产生效力。因此，保险人在保证该"权益转让书"系被保险人真实意思表示的基础上，还应及时向所有已知第三者发出索赔函并保留相关证据。

保险人赔付后应及时向所有已知的潜在第三者发出索赔函并保留相应证据作为其行权之有力证据，以应对部分肯定说之观点。

从法理上讲，保险代位求偿权的取得属于法定债权转让，保险人自其实际赔付之日起即已取得代位求偿权，既无需征得第三者同意，亦不以通知为必要。然而为应对司法实践中普遍存在的部分肯定说，以实现保险人利息损失得到最大化补偿，笔者建议：保险人在向被保险人理赔后，及时向所有已知的可能追偿对象发出索赔函，并保留相应证据以作为保险人行权及第三者存在迟延履行之有力证据。值得注意的是，该索赔函中应当载明包括但不限于损失金额、第三者应向保险人赔偿的金额（包括理赔款及其利息）、赔付期限及逾期不履行的法律后果等内容；而且保险人应当给予第三者一定异议期间和履行期间，以增加该索赔函的可采信性。

（三）通过以被保险人名义提前介入方式减少追索利息损失面临的不确定性

由于保险人的代位求偿权和被保险人就未取得赔偿部分对第三者的损害赔偿请求权属同一法律关系，如果坚持由保险人与被保险人分别行使其对第三人的索赔请求权，势必造成累诉，尤其是在涉及重复保险案件中。而且，实践证明在某些情况下，被保险人直接向第三者求偿更有利于证据的收集，提高追索效率，进而减少保险人事后追偿中遭受的利息损失。故笔者建议，保险人可根据具体案情通过保单特别约定、赔付协议、权益转让书或授权委托书在承保时、赔付前或赔付时获得被保险人的授权，允许保险人以被保险人名义向有责任的第三者索赔，从而减少保险人事后追索利息损失的不确定性。相关条款可以设计为："我方（被保险人）授权贵司／保险人以我方名义向负有责任的第三方索赔，并保证按照贵司／保险人的合理要求，提供充分协助、积极配合贵司／保险人向第三方索赔。我方同意并承诺支付贵司／保险人在索赔期间的全部费用及遭受的损失（如有）"。同理，值得注意的是，此类授权的有效性以被保险人真实的意思表示为前提。

85

（四）保险人应将利息损失作为其制定保险费率或免赔额时考量的因素之一

鉴于保险人直接向第三者索赔利息损失尚存法律障碍和不确定性。笔者认为，保险人在核定保险费率和设计免赔额时应将未来追偿期间可能面临的利息损失作为一个考量因素之一。

综上，保险人向第三者追偿利息损失符合法律的基本精神，最高法院应对此予以明确。在目前立法未予完全明确和司法裁判各异的情况下，保险人应采取技术性措施提升追偿利息损失的成功概率。

参考文献

[1] 黄凯绅 . 论保险法第五十三条代位权法定债权转移说下加害第三人之信赖保护 [J]. 法学新论，2010（8）.

[2] 张雪楳 . 论保险代位求偿权的行使范围 [J]. 法律适用，2011（5）.

[3] 江朝国 . 保险法基础理论 [M]. 台北：台湾瑞兴图书股份有限公司，1995.

[4] 汪信君，廖世昌 . 保险法理论与实务 [M]. 台北：台湾元照出版公司，2006.

[5] 马尔柯姆·A·克拉克 . 保险合同法 [M]. 何美欢、吴志攀等译 . 北京：北京大学出版社，2002.

[6] 达维德 . 当代主要法律体系 [M]. 漆竹生译 . 上海：上海译文出版社，1984.

论投保人对利他合同解除权的行使限制

——兼评《保险法》司法解释（三）第十七条之完善

宿　敏

摘要： 投保人为保障其保险利益与保险人签订保险合同，基于投保人与保险人在经济实力和专业知识方面存在的明显差异，《保险法》赋予了投保人对保险合同的任意解除权。在普通合同的利他性合同中，通说认为要约人对合同的解除权应当受到一定限制。当保险合同的投保人与被保险人以及受益人不为同一人时，若投保人行使合同任意解除权应否应当受到被保险人或/和受益人的限制？面对上述两种制度的矛盾与碰撞，形成一个争议极大的难题。在我国合同法对利他合同要约人的合同解除权缺乏明确规定的情况下，《保险法》司法解释（三）第十七条原则上规定了投保人解除保险合同，不受被保险人或者受益人同意的限制。从司法实践及理性分析的角度来看，目前完善利他合同中投保人合同解除权的规范是十分必要的，利他保险合同中应给予被保险人基本的保护，基础关系存续时的解除权应受限制。投保人解除合同的，应保障被保险人继续履行合同的程序性权利。必要时，对《保险法》第十五条作出相应的但书规定亦可行。

关键词： 利他合同　合同解除权　信赖利益　平衡保护

一、基本案情

原告李登科系青岛市平度石墨开发公司（1996 年更名为山东天象集团

作者简介：宿敏，女，青岛市中级人民法院金融审判庭副庭长，法学硕士，山东省法学会保险法学研究会理事。

公司）的职工。1994 年 7 月 26 日，青岛市平度石墨开发公司作为投保人向中国人民保险公司平度市支公司（1996 年分立为中国人民财产保险股份有限公司平度市支公司和中国人寿保险股份有限公司平度市支公司，关于寿险的权利、义务由被告中国人寿保险股份有限公司平度市支公司接受）投保养老保险，中国人民保险公司平度市支公司出具号码为 0089170 的养老保险单（趸交）一份。保险单载明：被保险人李登科，约定领取年龄 50 岁，趸交金额单位 520 元，个人 480 元，合计 1 000 元，起保日期 1994 年 1 月 1 日。1995 年 6 月 1 日，青岛市平度石墨开发公司作为投保人向中国人民保险公司平度市支公司投保养老保险，中国人民保险公司平度市支公司出具号码为 0091820 的养老保险单（趸交）一份。保险单载明：被保险人李登科，约定领取年龄 50 岁，趸交金额单位 296 元，个人 240 元，合计 536 元，起保日期 1995 年 6 月 1 日。上述两份养老保险单规定：被保险人生存到领取养老金年龄，从次月起，可按月领取养老金，直至身故；本单为重要保险凭证，被保险人到达领取养老金年龄时，凭此单及本人身份证等办理领取养老金手续。1999 年 8 月 11 日，山东天象集团公司分别出具证明两份，证明中载明：我单位为李登科投保的养老保险，保单号码为 0089170、0091820，此保单没交费，为无效保单，声明作废，以后与此保单有关的所有手续（包括退保、领取）均为无效手续。庭审中被告称 1999 年之前保险信息没有录入电脑，所以并没有发现问题，1999 年录入电脑系统时，发现投保人数及金额与实收的保险费不符，所以与投保单位山东天象集团公司进行对账，发现包括原告在内的多名员工实际没有缴费，山东天象集团公司向被告出具没交保费并声明作废的证明，被告在留存的保险单记录中进行了作废处理。2013 年 4 月 30 日，山东天象集团公司出具函一份：平度市人寿保险公司，我单位职工李登科在贵公司投缴养老保险已达到领取年龄，请给予办理领取手续为盼。

诉讼过程中，被告中国人寿保险股份有限公司平度市支公司称如果按照合同约定交齐保费，0089170 号保单到期可每月领取养老保险金 16.48 元，0091820 号保单到期可每月领取养老保险金 8.12 元。

二、一审裁判要旨

一审法院认为，山东天象集团公司作为投保人向被告为原告投保养老保险，被告同意承保并出具号码为 0089170、0091820 的保险单，山东天象集团公司与被告之间的养老保险合同合法有效，被告应当按照保险合同的约定履行义务。原告李登科在本合同关系中系被保险人，被告保险公司应当按照二份保险单的约定，在原告（被保险人）达到领取年龄时每月分别给付原告养老金 16.48 元、8.12 元直至身故。被告辩称投保人山东天象集团公司证明没交保费并声明保单作废，视为解除合同，因此被告不应再履行支付养老金的义务。一审法院认为，被告在 1994 年、1995 年就出具保险单并送交原告，又在出具保险单四五年之后的 1999 年与山东天象集团公司对账称没交保费，被告既未催交保费，也没收回保险单，更没通知被保险人解除合同。山东天象集团公司声明保单作废，影响了被保险人的利益，并不当然产生解除合同的效力，双方之间的保险合同依然有效，被告以没交保费为由主张不支付养老金的辩解理由，不予采纳。原告主张一次性领取养老金，无法律和事实依据，不予支持，应自原告到达保单约定的领取年龄之次月起，按月领取。判决：人寿保险平度市支公司于判决生效后十日内给付原告李登科养老保险金【保险金的计算自 2002 年 11 月 1 日至判决生效之日相对应的月份，每月按 24.6 元（16.48＋8.12）计】。

三、二审当事人诉辩主张及查明的事实

上诉人人寿保险平度支公司上诉称：1. 天象集团作为投保人与保险人人寿保险平度支公司订立保险合同，根据合同的相对性，保险合同的效力和解除应由合同双方当事人决定。天象集团出具文件确认李登科的两份保险单因未缴费为无效保单并声明作废，人寿保险平度支公司亦同意作废，由此实际产生解除合同的效力。李登科作为被保险人只享有在合同有效的前提下获得相关保险利益的权利，对保险合同的效力和解除没有决定权。2. 保险合同解除后，人寿保险平度支公司没有将解除合同的事由通知李登科的法定义务，无论通知与否都不影响合同解除的法律后果。由于解除合同时已距当初投保时间四五年，保险单分散在不同的被保险人手中而难以收回，但只要该公司与天象集团确认合同解除并签署相关文件，则保险单原件是否收回均不影响解除合同的效力。上诉人请求二审撤销原判，改判驳回李登科的诉讼请求或发回重审。

被上诉人李登科答辩称：其已按约定的时间缴纳保险费，人寿保险平度

支公司理应按约定的时间开始承担保险责任。保险单上就保费注明"趸交"即一次性付清，在李登科未缴纳保险费的情况下，人寿保险平度支公司即签发保险单显然有悖常理。用工单位应为其职工投保养老保险，且在保险有效期内不得为职工退保或拖交保费。天象集团擅自解除保险合同的行为损害了李登科获取保险金的权利，该行为应属无效。保险单为有价凭证，李登科持有保险单即享有获得保险金的权利。请求维持原判。

二审经审理查明，李登科在二审庭审中主张其应付保费已由石墨公司从其工资中扣缴，缴费材料现由天象集团持有，其个人手中无相关单据。二审查明的其他事实与原审查明事实一致。

四、二审法院裁判要旨

二审法院认为，首先，依据《保险法》第13条规定，天象集团的前身石墨公司以其职工李登科为被保险人投保养老保险，上诉人人寿保险平度支公司的前身中国人民保险公司平度市支公司同意且签发保险单给李登科，足以证明双方的保险合同关系成立并生效。其次，关于天象集团向人寿保险平度支公司出具关于李登科的保险单作废的函及该公司对保险单进行作废处理是否导致李登科的保险单作废的问题。李登科作为被保险人持有保险单，其对保险合同的合法有效产生了合理期待，并对涉案保险合同享有信赖利益。在此情况下，天象集团行使保险合同解除权应受到一定限制和约束。在保单载明公司、个人各付部分保费且"保费趸交"的情况下，天象集团在声明保单作废前应核实是否已交保险费。但该公司并未履行核实义务，保险公司亦未举证否定保单内容的真实性，因此，天象集团在保单出具四年后作出的解除保险合同的决定并不当然发生法律效力。因此，原审判令人寿保险平度支公司按月给付李登科养老保险金并无不当，驳回上诉，维持原判。

五、投保人行使利他合同解除权解析

（一）投保人行使利他合同解除权的法理基础及立法现状

1. 投保人的合同任意解除权。民（商）事合同是平等主体之间设立、变更、终止民事权利义务关系的协议。在一般民事合同关系中，各方当事人具有平等的法律地位，享有同等权利，承担同等义务，因此，《合同法》第8

条规定：依法成立的合同，对当事人具有法律约束力。当事人应当按照约定履行自己的义务，不得擅自变更或者解除合同。但是，在几种特定的合同中，基于合同特性法律规定一方当事人享有任意解除权，保险合同就是一例。在保险合同中，由于投保人与保险人在经济实力和专业知识方面存在差异，各国保险法大多赋予投保人任意解除权。我国《保险法》第 15 条规定：除本法另有规定或者保险合同另有约定外，保险合同成立后，投保人可以解除合同，保险人不得解除合同。

2. 为他人利益合同。合同根据是否"严格遵守合同相对性原则还是涉及第三人标准"可分为束己合同和涉他合同。[①] 涉他合同又可分为向第三人履行合同和由第三人履行合同两大类。向第三人履行合同，又称为他人利益合同，利他合同等。保险合同，尤其是投保人与被保险人不相同的人寿合同是典型的为他人利益合同。在为他人利益合同中，约定向第三人给付之人称为债务人；与债务人签订合同，使债务人负担向第三人履行义务之人称为要约人；第三人则称为受益人。

在合同法领域，为他人利益合同的要约人行使合同解除权是否需要第三人同意是个颇具争议的问题。对此有肯定说和限制说两种观点。多数国家立法上都对当事人解除利他合同作出了一定限制，尤其是普遍承认第三人在作出接受利益表示后，合同当事人不得变更、撤销合同。我国《合同法》仅用第 64 条一个条文对为他人利益合同作出原则规定，对于此类合同要约人行使解除权问题，学界通说倾向于限制说。

3. 投保人与被保险人不同的保险合同中，投保人行使任意解除权问题。投保人与被保险人不同时，投保人行使任意解除权问题涉及投保人任意解除权、为他人利益合同要约人解除权受限问题，争议极大。在我国合同法对利他合同要约人解除权问题没有明确规定的情况下，保险法司法解释（三）第 17 条规定：投保人解除保险合同，当事人以其解除合同未经被保险人或者受益人同意为由主张解除行为无效的，人民法院不予支持，但被保险人或者受益人已向投保人支付相当于保险单现金价值的款项并通知保险人的除外。

（二）保险法司法解释（三）第 17 条立场的理由

保险法司法解释（三）第 17 条原则上采纳投保人行使解除权不受限制

---

① 韩世远：《合同法总论》（第二版），法律出版社 2008 年版，第 58 页。

的观点主要基于以下理由。

1. 与合同法理论相衔接。大陆法系通说认为，投保人系为他人利益保险合同当事人，而第三人仅为保险合同关系人，解除权作为当事人独享的权利，自然应归属于投保人所有。

2. 与保险法多数说相符。除韩国《保险法》绝对禁止投保人就利他保险合同行使任意解除权外，其他域外保险法原则上均承认投保人之任意解除权。如《澳门商法典》《欧洲保险合同法原则》仅在投保人设立不可撤销受益人后限制其解除权的行使。[①]

（三）保险法司法解释（三）第 17 条评析

最高法院在吸收借保险法发达国家立法例及各种理论学说的基础上，力图既兼顾上位法合同法与特别法保险法的关系、又实现投保人、被保险人、受益人和保险公司利益的平衡保护。在一定程度上，该条实现了协调与兼顾，且实务操作性强。但笔者对该条的理解与适用有不同的意见。

1. 与合同法的衔接问题。首先，在合同法领域，基于当事人主体平等和维护合同有效性、稳定性的原则，一般情况下当事人不得随意解除。投保人的任意解除权属于保险法的特别规范。其立法意旨主要是由于投保人与保险人在经济实力和专业知识方面存在差异，通过赋予投保人任意解除权实现保险合同的实体公平。因此，投保人的任意解除权主要是针对投保人与保险人之间的合同关系而言。其次，就利他合同而言，由于其涉及第三人利益，尤其是在第三人明确作出接受利益的意思表示后，合同的解除和撤销受第三人限制应属于通说。在投保人与被保险人（受益人）不同的情况下，赋予投保人任意解除权的法理基础不能简单成为投保人对被保险人享有任意解除权的依据。因此，《保险法》司法解释（三）第 17 条实质上与合同法关于利他合同解除权的通说并不相符。

2. 多数国家关于利他合同要约人解除权的立法例规定采限制说，即利他合同的解除和撤销应受到第三人限制。《英国 1999 年合同法（第三人）利益法案》第 2 条规定：除非合同约定当事人有权不经当事人同意即解除或变更合同，当事人解除或者变更合同致使第三人应当获得的权利消灭或变更

---

① 参见最高人民法院民事审判第二庭编著：《最高人民法院关于保险法司法解释（三）理解与适用》，人民法院出版社 2015 年版，第 465 ～ 469 页。

的，必须经第三人同意。《日本民法典》第 538 条规定：第三人的权利依前条规定发生后，当事人不得变更或消灭该权利。类似还有《美国第二次合同法重述》《德国民法典》《法国民法典》等。

3. 一刀切式的规范模式不利于投保人对解除权的灵活适用。投保人对利他保险合同享有任意解除权不利于对复杂纠纷的灵活处理，可能损害被保险人的合法利益。利他保险合同中，投保人与被保险人之间往往存在身份关系或者特定合同关系等基础关系，在保险合同存续期间基础关系可能发生变动也可能不变动，涉及的险种既包括财险又包括寿险，缴费方式既可能是分期也可能是趸交，"一刀切"式的规范模式难以实现投保人与被保险人之间的利益平衡。以案例涉及的保险合同为例，公司作为投保人为其职工投保人寿保险，在双方的劳动关系并未变更且保险凭证上载明保险费"趸交"的情况下，公司并没有不经被保险人同意任意解除合同的充分而合理的理由。保险凭证已载明保费已交，应以书面凭证认定事实。如果投保人有权不受限制地任意解除合同，必然有损被保险人的利益以及保险合同的稳定性。在合同生效四年后，投保人和保险人又分别进行了改制，保险公司才发现财务账册内没有收到相关保费，我们再以保险凭证上载明费用的夫妻关系为例，如果丈夫以妻子为被保险人投保一份 20 年分期缴费的人寿保险，双方离婚后让男方继续缴纳保险费明显有失公平，不合常理。

六、完善利他合同中投保人合同解除权规范的建议

利他合同投保人的解除权问题涉及投保人的意思自由、被保险人的权益和合理期待、保险人的合同义务和法定义务以及法律的操作性等多种相互冲突的利益，因此，不宜对利他合同中投保人的解除权问题作出一刀切式的规定，可确立具体问题具体分析的原则，对实践中形成相对统一意见的具体情形作出明确规定，为其他不同情形的公正灵活处理留有空间。对于完善建议，需特别说明以下几点。

1. 利他保险合同中应给予被保险人基本的保护，基础关系存续时解除权应受限制。有学者主张"被保险人受合同保障的权利是主要权利，投保人的解除权是次要权利"。[①] 各国合同法关于利他合同的立法例大都规定要约

---

① 刘建勋、黄冠猛：《保险法有关人身保险解除等问题的立法疏失》，载《保险法评论》（第三卷），法律出版社 2010 年版，第 45 页。

人解除合同应受作为受益方的第三人的限制。因此，利他保险合同中应给予被保险人基本的保护。鉴于投保人往往基于与被保险人的特殊基础关系而为其投保，因此，当双方的基础关系存续期间，或者保险费已一次性付清的，除非投保人举证证明被保险人存在严重损害投保人利益的情形，否则投保人解除合同应以被保险人同意为前提。至于被保险人存在严重损害投保人利益的情形，可参照《合同法》第 192 条的规定 [①]。同时，对于分期缴纳保险费的合同，在基础关系变更后，投保人可以不经被保险人同意而解除合同。

2. 投保人解除合同的，应保障被保险人继续履行合同的程序性权利。众所周知，人寿保险合同因为保费总额高，一般均采用分期付费方式。在已连续多年缴费的情形下，如果解除合同，虽然能得到现金价值，但被保险人将受到较大损失。鉴于被保险人是合同的权利人，因此，在投保人与被保险人的基础关系变更，投保人请求解除合同的情况下，保险人应负有将投保人解除事实通知被保险人的义务，保障被保险人在满足一定条件下申请成为新投保人的权利。

3. 修改《保险法》第 15 条。《保险法》第 15 条规定：除本法另有规定或者保险合同另有约定外，保险合同成立后，投保人可以解除合同，保险人不得解除合同。根据该条规定，当投保人提出解除申请时，保险公司负有同意与协助的法定义务。因此，我们建议将"利他合同"纳入除外条件中，为保险人审查投保人的解除申请应否准许提供法律依据。

一项法律制度涉及的当事人越多，越容易引发争议，越难实现各方利益平衡、规范的明确性与易于操作性等基本价值。或许，对于此类复杂问题，区分多种事实前提的案例指导制度是条更灵活更公正的解决路径。

[①] 《合同法》第一百九十二条规定：受赠人有下列情形之一的，赠与人可以撤销赠与：
（一）严重侵害赠与人或者赠与人的近亲属；（二）对赠与人有扶养义务而不履行；（三）不履行赠与合同约定的义务。赠与人的撤销权，自知道或者应当知道撤销原因之日起一年内行使。

"猝死"案件引发的思考

叶　红

摘要： 在意外伤害保险中因"猝死"引发争议的情况较为普遍，保险公司面对此类案件大都会做出拒赔的决定，在我国的保险司法实践中对此类案件的裁判，存在不同观点的争议。在保险合同约定中，意外伤害是指遭受外来的、突发的、非本意的、非疾病的客观事件直接致使身体受到的伤害。"猝死"乃医学名词，从医学定义上界定，猝死系疾病死亡，不属于意外伤害的承保范畴。对意外伤害保险中因"猝死"引发争议的处理，在审判实践中应当注重事故发生后报案的死因、当事人不及时报案或不配合尸检应当承担不利后果，注重以病历为基础，根据各方获取证据的实际情况公平分配举证责任，严格审查证据的证明力，对于摔倒、跌倒等情况，应当综合考量确定死亡的直接原因，作出合理、合法、合约的裁判，严防道德风险的发生。

关键词： 猝死　意外伤害　举证责任

一、案件简介[①]

原告：刘某某

被告：中国人寿保险股份有限公司济南市分公司

2011年10月10日原告刘某某作为投保人在被告中国人寿保险股份有限公司济南分公司处为被保险人刘某（系原告刘某某的父亲）投保了综合意外

作者简介：叶红，女，德华安顾人寿保险有限公司理赔部经理，医学学士，法学硕士，经济师，济南仲裁委员会仲裁员。

① 本文作者为该案一审被告的委托代理人。该案一审：济南市历下区人民法院（2012）历商初字1104号；二审：济南市中级人民法院（2012）济商终字第578号。

伤害保险，约定的保险期间为 1 年，保险金额为 76 666 元，指定受益人为刘某某。保险合同约定，在保险期间内被保险人遭受意外伤害，自意外伤害发生之日起 180 天内因该意外伤害身故的，保险人按照合同约定的保险金额给付身故保险金，保险合同终止。合同条款释义中，意外伤害指遭受外来的、突发的、非本意的、非疾病的客观事件直接致使身体受到的伤害。被保险人刘某于 2012 年 3 月 12 日死亡，居民医学死亡证明书记载死亡原因为"猝死"。因保险公司拒绝给付保险金，原告诉至法院。

原告诉称：2012 年 3 月 12 日被保险人刘某饭后上厕所时不慎摔倒，被家人发现后抢救无效死亡，要求被告按照保险合同约定赔付保险金 76 666 元。为证明其诉求，原告提供的证据有：（1）保险合同；（2）120 急救病历、居民死亡医学证明书，两份资料上死亡原因均记载为"（摔倒后）猝死"，但"（摔倒后）"均为后增加的；（3）医院急救中心分别于 2012 年 6 月、7 月出具的两份证明，一份证明内容为"刘某，于 2012 年 3 月 12 日死亡，根据患者家属及当时现场所见，考虑患者为摔到化粪池后发生死亡，因患者跌倒至死亡时间较短，未超过 1 小时，故当时 120 急救病历记录为猝死（此猝死并非一定是疾病引起，其他意外导致的死亡也可称为猝死），特此证明"，另一份证明内容为"刘某，于 2012 年 3 月 12 日死亡，当时询问在现场人员诉患者有高血压病史，但当时病史陈述者非死者家属，后死者家属证实患者无高血压病，特此说明"；（4）户口变动表、火化证明信等证据。

被告辩称：经我公司调查核实，被保险人刘某的死亡原因系猝死，且原始的 120 急救病历上记载有既往高血压病史，按照医学定义猝死系疾病死亡。同时，原告为被保险人在新华人寿保险公司也投保了意外伤害保险，在被保险人死亡后原告曾向新华人寿保险公司报案，当时被保险人尚未火化，新华人寿保险公司曾向原告发出尸检通知书，建议对被保险人的死亡原因进行鉴定，否则将承担不利后果，但原告不同意鉴定。之后，原告找医院修改急救病历与死亡医学证明书，在这两份证明上增加"摔倒后"字样；找村委会修改《户口变动表》，将"心脏病原因死亡"改为"意外死亡"；找殡仪馆出具火化证明信，证明被保险人因意外死亡。综合上述情况，被保险人死亡原因系疾病，不属于保险合同约定的保险责任范围。被告为证明自己的主张，提供的证据有：（1）原始的即未修改前的死亡证明，记载死亡原因为"猝死"；（2）派出所出具的殡葬证，记载刘某死亡原因为各种疾病死亡；（3）《现代汉语词典》《法医学》等书籍，证明猝死为疾病死亡。另外，被告还提请法院到新华人寿山东分公司调取了该公司向原告发出的尸检通知书、原始的死亡证明、原始的户口变动表等证据。

一审法院审理认定，根据《现代汉语词典》《法医学》等权威书籍对猝死的定义，猝死是平时貌似健康的人，因潜在自然疾病突然发作或恶化，而发生的急骤死亡，它是自然死亡的一种特殊形式。猝死的概念除了表明死亡突然急骤外，也同时包含了死亡出人意料的特点，但猝死的根本原因是自然疾病。刘某的死亡原因系"猝死"，虽然根据原告的要求，医疗等相关部门对原始证明均做了修改，并出具了修改解释，但未能改变刘某的死因系猝死的事实，因此刘某是疾病死亡，不在保险责任范围内，被告不负保险责任，驳回原告诉讼请求。

原告不服一审判决上诉，称一审判决认定事实有误，未查明刘某的真实死亡原因，刘某系摔倒后导致死亡，属于意外伤害致死；刘某的死亡不属于合同中约定的免责事项，原审法院的判决没有法律依据，请求二审法院改判。

二审法院经审理认定，本案当事人争议的焦点为被保险人死亡原因是否符合保险合同约定的理赔条件。根据双方签订的保险合同约定，保险公司承担保险责任的前提是发生意外伤害，疾病不属于理赔范围。被保险人刘某的死亡原因为猝死，结合原始的死亡证明等资料、猝死的医学定义等，足以证实刘某系因突发急性病死亡。上诉人主张刘某系摔倒后猝死，属于意外伤害，并要求相关部门对死亡证明等资料进行了改动，但根据120病历刘某死亡时没有外伤记录，上诉人也未提供其他摔伤的证据。另外在新华人寿保险公司通知上诉人对被保险人进行尸体检验，并释明不进行尸检的后果后，上诉人仍拒绝尸检，客观上导致不能确定被保险人的真正死亡原因。综上，原审判决认定被保险人死亡原因不符合约定的理赔条件正确，上诉人的上诉请求证据不足，本院不予支持。二审判决驳回上诉，维持原判。

二、本案分析

正如判决书中写明的，本案争议的焦点是被保险人的死亡原因是否符合保险合同约定的理赔条件，涉及猝死是否属于意外伤害、报案的重要性、举证责任分配与证据的证明力等问题。

（一）猝死是否属于意外伤害

何为猝死？发生猝死的原因是什么？世界卫生组织（WHO）对猝死定义为"平素身体健康或貌似健康的患者，在出乎意料的短时间内，因自然疾病而突然死亡即为猝死。"中国科学语言研究所词典编辑室编、商务印书馆出版的《现代汉语词典》中，猝死的释义为"医学上指由于体内潜在的进行性疾病而引起的突然死亡"。乔世明、张惠芹主编，清华大学出版社出版的《法医学》中猝死的定义为"平时貌似健康的人，因潜在性疾病突然发作或恶化，在症状出现后 24 小时内发生的急骤死亡"。临床医学将猝死的发病原因分为两大类，即心源性猝死和非心源性猝死。心源性猝死也称为心脏性猝死，指由于心脏原因导致的患者突然死亡，最常见的是冠心病猝死；非心源性猝死也称非心脏性猝死，指患者因心脏以外的疾病导致的突然死亡，常见的主要疾病包括呼吸系统疾病、神经系统疾病及消化系统疾病等。从法医对 904 例猝死患者的尸解结果看，猝死的原因中，心血管疾病占 55％以上，中枢神经系统疾病及呼吸系统疾病各占 13％，消化系统疾病占 5％，其他原因还有泌尿生殖系统疾病、内分泌系统疾病、传染病及其他疾病。[①] 可见，医学与法医学界对猝死的定义及发生猝死的原因观点一致，即认为猝死是突然发生的极短时间内的死亡，发生猝死的原因在于身体内重要器官发生了致死性病变或机能障碍，具体的死亡原因需要尸体解剖确定。这种致死性病变或机能障碍既可能发展得极其迅速，也可能隐匿地悄悄进行，既可能因为受到某种诱因刺激，也可能没有任何诱发因素的情况下突然引发死亡。

意外伤害保险承保的风险是意外伤害，我国保险法没有对"意外伤害"的概念和构成要件做出规定，当前各家保险公司对"意外伤害"的定义略有差异，但保险业界和学界对意外伤害所具有的特点的认识是一致的，即认为意外伤害具有外来性、突发性和非本意性的特点，其中外来性的特点也决定了自身疾病不属于意外伤害保险的承保范围。

从医学与法医学关于猝死的定义与发生原因分析，猝死具有突发、紧急、严重等特征，猝死的突发性与非本意性的特点，与意外伤害的特点相似，但猝死实质上是病死，即病理性死亡，而非外来暴力所致。猝死的发生经常会

---

① 杨清玉等：《猝死的法医病理学回顾性研究——附 904 例猝死资料分析》，载《中国司法鉴定》 2008 年第 2 期，第 61 ～ 65 页。

伴有摔倒、剧烈活动、外部恶劣环境等情况，根据保险近因原则，引发猝死的最直接的原因系自身疾病，而非外部因素，猝死缺少意外伤害的"外来性"特点，因此猝死不属于意外伤害。

（二）保险事故发生后报案的重要性

我国《保险法》第21条规定："投保人、被保险人或者受益人知道保险事故发生后，应当及时通知保险人。故意或者因重大过失未及时通知，致使保险事故的性质、原因、损失程度等难以确定的，保险人对无法确定的部分，不承担赔偿或者给付保险金的责任，但保险人通过其他途径已经及时知道或者应当及时知道保险事故发生的除外。"本条规定了保险事故发生后受益人一方的及时报案义务与不及时报案的后果，这一规定是为了便于查明保险事故的原因与损失程度，减少纠纷，防止保险欺诈。本案中原告在被保险人发生保险事故后向新华人寿保险公司报案，新华人寿保险公司为防止发生理赔纠纷，查明被保险人确切的死亡原因，向原告发出了尸检通知书，讲明尸检的重要性与不进行尸检的不利后果，履行了保险人应尽的提醒与告知义务，原告不同意尸检造成死亡原因无法查明。而原告在保险事故发生后没有及时向被告报案，被告直至原告申请理赔时才获知被保险人出险的情况，因此受益人应当承担保险事故原因无法查明的不利后果。

（三）举证责任分配

我国《民事诉讼法》第64条第1款规定："当事人对自己提出的主张，有责任提供证据"，确定了谁主张谁举证的举证分配原则；我国《保险法》第22条规定："保险事故发生后，按照保险合同请求保险人赔偿或者给付保险金时，投保人、被保险人或者受益人应当向保险人提供其所能提供的与确认保险事故的性质、原因、损失程度等有关的证明和资料"，明确规定了投保人一方在申请理赔时应当履行提供确认保险事故证明资料的义务，因此受益人一方对被保险人猝死属于意外伤害事故负有举证责任。就本案而言，该举证责任包括保险事故的发生情况，猝死的原因属于意外伤害，意外伤害与损害后果之间的因果关系。

（四）证据的证明力

根据《最高人民法院关于民事诉讼证据的若干规定》第77条关于人民法院就数个证据对同一事实的证明力依照的原则的规定，原始证据的证明力一般大于传来证据，直接证据的证明力一般大于间接证据。本案中，就被保险人死亡相关的证据中，原始的 120 急救病历与死亡医学诊断证明书无疑属于原始证据和直接证据，派出所出具的销户证明、殡仪馆出具的火化证明及村委会的证明等都是在死亡医学诊断证明书和原告一方的口述的基础上形成的，均属于间接证据，原告提供的证明摔伤的几份证据均是在获知保险公司拒绝理赔后要求医院或相关单位出具的，其证明效力远远小于原始的证明资料。

三、 不同裁决观点的分析与反驳

在司法实践中，对于猝死是否属于意外，一直颇有争议，也存在与本案判决截然相反的判决结果。相反的判决主要基于以下观点：第一，猝死是一种死亡的形式，不是死亡的原因，猝死可以由某些诱因如精神过度紧张、暴饮暴食、轻微外伤、冷热刺激、过度疲劳等，也可以无明显诱因。因此，不能简单地认为猝死是疾病死亡，也存在非疾病意外死亡的可能性。第二，被保险人在发生猝死时或之前存在突然跌倒、摔倒等情况，这些外在情况属于意外伤害保险的责任范围；第三，在举证责任分配上，索赔人只需证明发生了被保险人猝死的事实，保险人需证明猝死者系由于疾病而非意外伤害导致死亡。[①]

笔者不认同上述观点，原因如下。

猝死的诱因不是死亡的主要原因。认为猝死可能由意外伤害导致的观点实际上是将猝死的诱因认定为死亡的主要原因，不仅有违关于猝死的学界通说，也违背保险的近因原则。笔者认为，正如上面关于猝死的介绍，在医学与法医学界猝死的定义与发生原因非常明确，猝死是因身体内潜在性疾病突然发作或恶化而导致的极短时间内的死亡，系病理性非暴力死亡。在权威词典与教科书中，猝死一词的释义，不仅讲明了猝死是一种死亡形态，也阐明了发生猝死的原因是身体内潜在疾病，其他因素系诱因，真正健康的人是不会发生猝死的，即不会在外部诱因的情况下死亡。

另外，在许多判例中都出现了"非病理性猝死"一词，这个词并非医学词汇，其来源也无法考证。"非病理性猝死"这一词汇是采用了猝死的突然

---

① 林晓君：《猝死案件的保险责任认定》，载《人民司法》2012 年 24 期，第 80 ～ 84 页。

性与意外性的特点，又摒弃了猝死系潜在疾病引起的观点，属于对猝死这一词汇滥用，缺乏科学性与权威性。

（二）因存在"摔倒"等情况就认定属于意外伤害死亡有失偏颇

当被保险人发生猝死时或之前存在突然跌倒、摔倒等情况时，裁判者往往纠结是"摔倒导致发病"还是"发病导致摔倒"，如果可以进行尸检，这个问题将迎刃而解，但很多情况下并没有尸检的机会。现实中，急救医生是患者死亡原因的第一位调查者与判断者，急救医生基于专业性与工作需要，在实施抢救措施之前首先要了解病人的发病情况、既往病史，并对病人进行一般的体格检查，综合分析后确定抢救方案及后续治疗方案。同时，医生开具的医学死亡证明书也是在病人家属陈述的发病过程、症状、既往病史、异常体表检查等基础上，采用国际疾病分类（ICD）[①]确定的，如果死因不明则必须填写证明书上的调查记录一栏，该栏内容包括死者本次发病的症状体征、疾病既往史、主要疾病名称，发病时间、诊断单位、诊断依据及相关慢性病史的一系列情况，如果填报意外损伤、中毒死亡，死亡证明书上应进一步报告意外事故的外部原因。2013 年 12 月国家卫生计生委、公安部和民政部联合印发了《关于进一步规范人口死亡医学证明和信息登记管理工作的通知》，该通知中明确规定"人口死亡医学证明是医疗卫生机构出具的、说明居民死亡及其原因的医学证明"。可见，在无法尸检的情况下，急救病历与医学死亡证明书无疑是最直接与最权威的死亡原因证明，这些属于证明死亡原因的直接证据与原始证据，其证明力远高于非专业人员的证言或其他单位出具的证明。因此，笔者认为，对于存在摔倒、跌倒等外部因素的情况，应当通过急救病历确定外部因素的实际情况、对身体造成的损伤程度及是否存在造成死亡的可能性，并以医学死亡证明书上载明的死亡原因来综合判定外部因素对死亡的影响程度，综合分析确定导致死亡的主要原因，并据此作出判决。

（三）加重保险公司举证责任有违公平原则

在保险案件审判中，举证责任的分配常常决定了案件最终的胜败。在猝

[①] 国际疾病分类（International Classification of Diseases，ICD），是世界卫生组织（WHO）制定的国际统一的疾病分类方法，它根据疾病的病因、病理、临床表现和解剖位置等特性，将疾病分门别类，使其成为一个有序的组合，并用编码的方法来表示的系统。

死保险纠纷中，许多裁判者认为保险公司在专业性上高于受益人一方，因此根据《最高人民法院关于民事诉讼证据的若干规定》第七条规定："在法律没有具体规定，依本规定及其他司法解释无法确定举证责任承担时，人民法院可以根据公平原则和诚实信用原则，综合当事人的举证能力等因素确定举证责任的承担"，将猝死者系由于疾病而非意外导致死亡的举证责任分配给保险公司，经常要求保险公司举证证明被保险人既往病史情况。对此，笔者认为，首先我国《民事诉讼法》确定了谁主张谁举证的基本原则，我国保险法也确定了由索赔人对保险事故负举证责任的原则，在进行举证责任分配时应当首先遵循上述基本原则；其次，在分配举证责任时还需要考虑各方获取证据的实际情况，一般来讲受益人是被保险人最为近亲的人，也通常是保险事故的亲历者，其与被保险人及保险事故相关证据最为接近，获取证据最为方便；再者，个人的诊疗信息属于个人隐私，目前很多医疗机构都不接受非病人本人查询，即便医疗机构接受保险公司查询病人信息，在我国尚未建立统一的个人医疗信息档案的情况下，遍布全国的医院千万家，被保险人可能在其中任意一家就诊，加上我国人口迁移流动性大，保险公司获取被保险人既往病史的难度很大。因此，在举证责任分配时，应当考虑实际情况，在各方能力范围内分配，而不应一味加重保险公司的举证责任。

（四）该观点下的判决将导致道德风险，并最终损害公众的利益

在当前诚信危机加剧的环境下，将猝死界定为属于意外伤害，判决保险公司给付意外伤害身故保险金，一方面将导致发生大量客户不诚信行为，比如本案中受益人在保险公司拒绝理赔后多次找医生修改抢救病历与死亡证明等资料，另一方面也将导致保险公司对于意外伤害保险核保规则的严苛化，意外伤害保险核保时更为关注客户的身体健康情况与既往病史，导致原来可以投保意外伤害保险的中老年人或带有某些疾患的人失去投保的机会，最终损害公众的切身利益，影响意外伤害保险的风险保障功能。

参考文献

[1] 杨清玉等. 猝死的法医病理学回顾性研究——附 904 例猝死资料分析 [J]. 中国司法鉴定，2008（2）.

［2］陈立峰，彭莉．猝死及其预防［J］．保健医学研究与实践，2012，2（9）．

［3］林晓君．猝死案件的保险责任认定［J］．人民司法，2012（24）．

［4］陈建平．保险责任认定中有关猝死问题的探讨［J］．上海保险，2005（6）．

［5］张国栋，许文．保险理赔中举证责任分配研究［J］．中国保险，2016（3）．

互联网保险"空白期"的法律适用问题刍议

——以两起卡式保险未激活被拒赔案件为线索

于秀丽

摘要： 互联网保险合同作为电子信息与保险相结合的产物，因其数字化特质而有别于传统的保险合同。从两则保险案例中提出疑问引出的话题可见，目前审判实践中对卡式电子保单的成立、生效作出相应的司法界定，仍以保险合同成立的两大基本基础为要件。一是以投保人与保险人双方达成意思表示一致的合意为认定标准，二是根据保险"合理期待原则"对未"激活"卡式保单适用推定成立、生效制度，否定"激活"与保险人承担保险责任之间必然关系的有效性。在以"合理期待原则"为法理基础，认定电子保险卡应定性为保险凭证、支付保险费为投保人履约义务、"激活"系卡式保单的订立方式的基础上，得到的结论是：保险人对保险卡未"激活"形成的保险"空白期"发生的保险事故，应依照保险卡上的约定担负保险责任。

关键词： 互联网保险　卡单激活　空白期　合同成立与生效

一、问题的引出

案例一：田某系一太阳能企业销售员工作人员，2013年4月27日，田某在江苏某保险代理公司的业务员刘某处购买其代理销售的某保险公司推出名为"e盛某卡B"的个人意外伤害保险卡，支付保费为人民币200元。田某在购买该保险卡的同时要求刘某代为激活该卡。刘某遂按照操作程序在电

作者简介：于秀丽，女，烟台市牟平区人民法院小额诉讼审判庭庭长，烟台大学兼职教授，中国保险法学研究会理事，山东省法学会保险法学研究会理事。

脑中将被保险人田某的信息一一填写并激活，但因操作失误，最后一步"完成"没有点击，导致保险卡未能被成功激活。2013 年 5 月 4 日，田某在为客户安装太阳能时，因脚底踩空坠落摔伤，经抢救无效死亡。事故发生后，田某的家人立即向某保险公司报案。五原告分别系田某的妻子、子女及父母，他们向某保险公司申请理赔，该保险公司以系统未生成保险单、保险责任尚未开始为由拒绝赔付。五原告遂将某保险公司诉至法院，要求支付意外伤害保险金人民币 100 000 元。

另外，"e 盛某卡 B"个人意外伤害保险卡激活方式注意事项提示："您须在投保申请有效期内（2013 年 6 月 30 日之前）按上述激活方式激活，保险责任于您激活时选择的保险起期当日零时开始生效，但最早只能是激活当日起的第 6 天，对保险责任生效前发生的事故，保险人不负给付保险金责任。未在投保申请有效期内激活的，本保险于 2013 年 6 月 20 日 24 时自动作废。"

审理法院认为：投保人田某所购买的"e 盛某卡 B"个人意外伤害保险卡属于电子保单中的自助式保险卡，投保人购买了该卡后，在保险公司的网站上自助激活或者拨打电话的方式激活保险卡，投保人在该激活过程中根据保险公司设定的网上投保条件和投保流程填写相关信息予以提交，满足这些设定条件即通过网上核保，按照激活程序获得电子保单的号码，并在网上生成电子保单。该保险卡的销售员与购买者之间达成协议，并将该保险卡交付给购买者之时保险产品交易完成，此时保险合同成立并生效，但保险责任开始的时间应当是保险卡激活之时，保险公司的保险责任也应当自被保险人激活电子保险卡之时，何时激活保险卡取决于被保险人意愿，并非保险公司法定义务。本案中，江苏某保险代理公司是"e 盛某卡 B"个人意外伤害保险卡的销售商，刘某系该单位业务员，销售保险卡的过程中接受投保人委托代为激活保险卡，因操作失误致保险卡没有成功激活，其法律责任不应该由被告某保险公司承担，原告要求被告承担保险责任于法无据，对原告的诉请不予支持，最终驳回了五原告对被告某保险公司的诉讼请求。①

案例二：2009 年 4 月 27 日，投保人某园林处向某保险公司缴纳保险费人民币 11 280 元，为 94 名雇工投保意外伤害骨折护理综合保险。2009 年 12 月 13 日，雇工魏某在修剪树枝时不慎坠落，经医院抢救无效于当日死亡，

① 江苏省徐州市泉山区人民法院（2013）泉商初字第 796 号民事判决，载中国保险行业协会编：《保险诉讼典型案例年度报告》（第 6 辑），法律出版社 2014 版。

支付医疗费 831.26 元。该园林处副主任李某出庭证实：其本人经办了包含魏某在内 94 名雇工在保险公司的"意外伤害骨折护理综合保险"业务，单位财务人员将保险费和雇工名单交给保险公司，但保险公司未向投保人交付保险卡，亦未说明该保险应有保险卡，因此前投保该险种未采用电子保单形式，所以投保人不知道应该有保险卡；涉案事故发生后保险公司派员出了现场，后将 94 张祈福卡交给投保人并告知需要将卡激活，李某遂让工作人员激活保险卡，但因过了激活有效期 2009 年 6 月 30 日而无法激活。事故发生后，投保人与死者家属及时向保险公司报案并提出理赔申请，但保险公司以电脑中无被保险人魏某的投保资料为由拒绝理赔。

涉案祈福卡记载："保险责任为意外伤害保险金额（交通意外除外）人民币 10 000 元、意外伤害医疗保险金额人民币 2 000 元……；保险费人民币 120 元；保险期间一年；该卡适用条款为意外伤害骨折护理综合保险条款"。该卡卡套上记载了获得电子保单的流程，并声明："本卡仅提供客户投保使用，非保险凭证，持卡人须在该卡投保申请有效期内按上述保险生效流程进行投保，在获得保单号后，本卡所对应的保险责任于您选择的保险期限当日零时方能生效。对保险责任生效前所发生的保险事故本公司不负给付保险金责任；投保申请有效期至 2009 年 6 月 30 日。"

审理法院认为：本案争议的焦点是某园林处与保险公司之间的保险合同是否成立和生效问题。本案中，投保人某园林处缴费购买自助保险卡的行为为要约，保险人保险公司收取保费的行为为承诺，此时保险合同即成立并生效，但由于没有激活保险卡，所以尽管保险合同已经成立、生效，但保险人保险公司并不承担保险责任。本案投保人某园林处按约交纳了保险费并向保险人交付了被保险人名单，已完全履行了自己的合同义务，而保险公司因自己的重大过失未在投保有效期内向投保人交付保险卡，导致投保人不能"激活"无法获得电子保单，从而导致保险事故发生后受益人无法获得合同约定的保险赔偿金，故保险人应当承担违约责任，判决赔偿原告的损失人民币 10 831.26 元（等于意外伤害保险金与医疗保险金之和）。[①]

上述两案宣判后，当事人均未上诉，两判决均已生效。同样是电子保单未"激活"，两案的裁判处理结果却大相径庭，不得不引发这样的思考：

---

① 赵康雪：《从一起人身保险合同纠纷案看电子保单的成立与生效问题》，载《法制博览》，2015 年第 9 期（中），第 191 页。

（1）两案的裁判结果孰是孰非？（2）在需要"激活"的卡式保险业务中，保险合同何时成立、何时生效的认定标准是什么？（3）面对在互联网保险"空白期"发生的保险事故，保险人是否应承担法律责任？

二、 互联网保险及电子保单的形式与特征

（一） 互联网保险的产生与发展

计算机和网络的广泛使用为人们的工作和生活带来极大的便利，但网络时代的到来也深刻改变着人们的行为方式和思维观念。互联网电子商务发展迅速，互联网成为保险业的必然选择，最先出现网络保险的是美国，美国国民第一证券银行首创通过因特网销售保险单，仅营业一个月就销售了上千亿美元的保单。到 2010 年美国的互联网保险保费收入已就已达其保费总收入的 25%，全球平均水平也达到 5%，电子保单作为一种重要的保险营销手段和保险业务拓展形式，越来越受到世界各国保险公司的青睐，并且发展势头迅猛。网络时代作为一个全新的时代，在改变人们行为模式的同时，也给传统的法律制度带来了冲击和挑战，保险法律制度也不例外。

互联网保险是将网络应用于保险、赋予保险业的一种全新形式，2015年 7 月，中国保监会给出如下定义：互联网保险业务，是指保险机构依托互联网和移动通讯等技术，通过自营平台、第三方网络平台等订立保险合同、提供保险的业务。[1] 有学者根据互联网保险不同发展阶段的表现形式的不同，将其分为初级阶段和高级阶段，前者表现为保险业利用互联网，采取电子保单形式在保险市场上销售保险单，包括：① 网上业务，即保险交易的投保、核保、缴费和出单等环节均在互联网上自助实现；② 网上对接业务，即保险公司为特定的客户（例如货运公司、旅行社等）长期提供保险业务对接的网上平台；③ 卡式业务，即操作步骤由保险公司事先制作自助式电子保险卡，由保险营销员或者保险代理公司等向客户当面推销该自助式保险卡。互联网保险的高级阶段表现为以互联网市场作为保险业的服务对象而开展保险经营，以 2013 年 9 月众安在线财产保险股份有限公司作为第一家互联网保险公司获准开业为标志。[2] 随着互联网市场的发展壮大，大家发现在互联网

---

① 中国保监会，《互联网保险业务监管暂行办法》，第 1 条。

② 贾林青：《互联网金融对保险合同制度适用的影响》，载《中国保险法学研究会 2014 年年会论文集》，第 171 ～ 172 页。

投保环节中存在诸多问题，如激活过程形同虚设导致保险公司无法尽到说明义务、无法保证投保人尽到如实告知义务、投保人的身份无法确定、投保过程中保险服务不完善等，其中投保人缴纳了保费但保险卡未被激活这一问题尤为突出。前述两案例中的保险卡便是初级阶段中第三种形式，本文便以目前司法审判实践中遇到较多的互联网保险初级阶段中卡式业务保险案件为研究对象，对其发生在"未激活"这样的"空白期"内的保险事故，我们应如何认定保险合同的成立、生效？研判保险公司是否应负担法律责任？若担负，则担负何种法律责任？此乃本文主旨所在，希冀得到同仁的斧正。

（二）电子保单的形式与特征

电子保单是指保险公司借助遵循 PKI[①] 体系的数字签名软件和企业数字证书为客户签发的具有保险公司电子签名的电子化保单。与一般保险单相比，它没有纸质凭证，只有一个保单号，可以在保险公司网站或者投保的保险电子商务网站上查询相关内容，它包括两层含义：一是保单的无纸化，二是服务的电子化。这种模式下签订的保险合同在投保过程上不同于以往传统形式订立的书面保险合同。实务中，电子保单有网上业务和卡式业务两种主要形式。

网上业务，即投保、核保、缴费、出单等过程均在网上自助完成的电子保单。通常是保险人在其公司官方网站上宣传并销售各种保险产品，向有意在网上购买保险并浏览其网站的潜在客户进行宣传。投保人在该网站上选中特定的险种，按网上设置的程序点击进行投保流程，如满足保险人设定的投保条件，并通过网银或其他方式缴费。保险公司网站的系统中生成拥有保险单号的电子保单，投保人或被保险人可以在保险公司的网站上查阅或打印成纸质保单，完成保险合同订立流程。

卡式业务，即以传统的业务员（包括保险代理人）与客户面对面方式宣传劝诱，投保人支付保费后，得到保险激活卡，然后在保险公司的官方网站上根据保险卡上载明的卡号和密码按网上设置的程序步骤点击完成投保流程自助激活保险卡，或可以拨打保险公司客服电话方式按电话提示的步骤激活保险卡，得到保险单号，投保人或被保险人可以在保险公司的网站上查阅或

---

① Public Key Infrastructure 的字母缩写，即公钥基础设施，是一种遵循标准的利用公钥加密技术为电子商务的开展提供一套安全基础平台的技术和规范。

打印成纸质保单，电子保险合同订立流程完成。

上述两种电子保单的形式不同主要是基于订立的过程不同，但显然都区别于传统保险合同的订立，附有着电子化的特征：签约双方无需见面交流沟通，投保与承保在时间上几乎是同时完成，双方均无需在电子保单上签名或捺印，最终都要以"激活"能够生成具有保单号的电子保单为完整。

三、 保险合同成立与生效的标准及"空白期"相关立法

保险合同作为民商事合同的一种，同时受到民法通则、合同法和保险法的调整和约束，因此保险合同的成立也与一般合同成立的一般要件一致，即当事人、对主要条款达成合意。[①] 当然也有学者认为合同的成立应具备三个要件：当事人、对主要条款达成合意、具备要约和承诺阶段。[②] 笔者认为，合同的成立是指各方当事人的意思表示一致，达成合意，系一静态协议。合同的订立是由要约邀请、要约、反要约和承诺行为组成，它是实现静态协议所需要的动态行为总和，是缔约各方从接触、协商到达成合意全过程。[③] 因此，合同的订立与合同的成立是两个不同的内涵，同样保险合同的成立与订立也是两个不同的概念。对保险合同订立的动态内涵，无论是 1906 年《英国海上保险法》，还是近年来修订的《德国保险合同法》和《日本保险法》，均未对保险合同的订立规则作出规定，但各国保险理论界和司法上均承认，合同订立的要约、承诺规则和理论适用于保险合同。[④] 同样，我国台湾"保险法"第 44 条："保险契约，由保险人于同意投保人申请后订立。"的规定也是如此。但也有学者认为，保险合同订立程序时，投保人声请为要约，保险人同意承保为承诺；但保险人修改投保要求的承保则是反要约，投保人承诺。[⑤] 我国《保险法》第 13 条第 1 款则将保险合同的订立程序规定为："投保人提出保险要求，经保险人同意承保，保险合同成立。保险人应当及时向投保人签发保险单或者其他保险凭证。"即投保人提出订立保险合同的意思

---

① 张玉玲：《论保险合同的成立与生效》，载《中财法律评论》（第二卷），第 11 页。
② 王利明、崔建远：《合同法新论总则》，中国政法大学出版社 2000 年版，第 122 ～ 125 页。
③ 郭明瑞、房绍坤：《新合同法原理》，中国人民大学出版 2000 年版，第 89 页。
④ 史卫进：《保险空白期的成因与治理规则比较研究》，法律出版社，2013 年 8 月第 1 版，第 41 页。
⑤ 刘宗荣：《保险法》，三民书局 1995 年版，第 43 页。

表示为要约，经保险人核保同意接受投保人的意思表示为承诺，签发保险单或者其他保险凭证是保险人与投保人订立保险合同的正式书面证明，而非保险合同的成立时点。这是对承保规则的强制性规定，无论从逻辑上还是语义解释上，虽可将投保定义为要约，承保定义为承诺，但即使保险人在承保时修改投保人请求并不构成反要约，仍应为承保。

保险合同生效，是赋予成立的保险合同以法律上的约束力，是当事人的意志符合国家的意志和社会利益，国家赋予当事人的意志约束力。我国民法通则和合同法均明确规定，依法成立的合同，受法律保护。作为合同的一种，依法成立的保险合同当然受保险法等法律的保护，即保险合同的当事人必须按照保险合同的约定行使权利和履行义务，当事人一方不履行合同约定则构成违约。保险合同的生效虽然不同于保险合同的成立，但两者往往密切相关，因为当事人订立保险合同的目的在于实现合同所创设的权利和利益，如果保险合同不生效，其订立的保险合同则毫无意义；同时保险合同的成立又是保险合同生效的前提条件，只有所设立的保险合同内容成立，才能通过合同的生效演变成对各方当事人有约束力的权利和义务。基于这种紧密性，保险合同的成立与保险合同的生效具有一致性，我国《保险法》第 13 条第 3 款规定："依法成立的保险合同，自成立时生效。"因此保险合同自成立时生效，但当事人对保险合同生效的条件和时间另有约定除外。

顺理成章，保险合同提供的保险保障，就是对合同期限内的保险标的提供风险保障。但在保险实务中，保险合同的订立往往是保险公司先收保险费，后由保险公司在合理的时间内承诺并签发正式保险单等保险凭证。然从投保人缴纳保费后、保险公司签发正式保单前即保险合同成立之前的这段时间发生危险事故，投保人的权益如何得到保障？业界通常将此种情况称之为保险的"空白期"。在"空白期"发生危险事故，以此向保险公司申请赔偿，而保险公司以保险合同尚未成立为由拒绝承担保险责任，由此而引发"空白期"危险事故发生后的危险担负问题。近几年这类案件层出不断，全国各地高院也纷纷出台相应的保险审判指导意见，直至 2013 年最高人民法院出台了《最高人民法院关于适用〈中华人民共和国保险法〉若干问题的解释（二）》，该解释第 4 条规定："保险人接受了投保人提交的投保单并收取了保险费，尚未作出是否承保的意思表示，发生保险事故，被保险人或者受益人请求保险人按照保险合同承担赔偿责任或者给付保险金责任，符合承保条件的，人民法院应予支持；不符合承保条件的，保险人不承担保险责任，但应当退还已收取的保险费。"这些法条构建了以符合承保条件作为前提的保险合同推定成立规则，用以解决保险"空白期"的责任担负问题，统一指导我们的司法审判工作。当然，世界许多国家和地区在解决保险"空白期"问题上采取的方式不仅有推定合同成立规则，还有暂保单、保证续保、预约保险、追溯保险及强制临时保险规则等，用以救济被保险人和受益人，如韩国《商法》第 638 条之 2 第 3 款就规定了"保险人在收到投保人所提交的保险合同要约及全部或部分保费后承诺该要约之前，若发生保险合同所规定的保险事故时，除非有拒绝该要约的事由外，保险人应当承担保险合同上的责任。但是，应当接受体检的人身保险的被保险人未接受体检时除外。"

四、电子保单"空白期"的法律适用与保险责任承担

（一）电子保单成立、生效的各种认定标准及评析

在互联网保险实务中，网上业务的投保主体多是文化水平较高的群体，他们会浏览保险网站的页面从不同的宣传中选择适合自己需要的保险产品，并通过网上沟通和交流，根据网上的提示进行操作，认真阅读相关内容，通过网银或其他支付方式交纳保费，获得电子保单号码，并可以随时上网查询或打印出纸质保单，完成电子保险合同的签订。而容易出现各种纠纷和问题的是卡式业务，因其销售订约的过程中有保险产品销售人员的行为和网上（电话）"激活"相结合的行为，其面对的潜在投保人范围要远远大于网上业务，且多为电脑知识缺乏人员，他们为省事将"激活"保卡的事情交由保险从业人员处理，而保险从业人员素质参差不齐，在销售保险卡时可能不按保险卡上的要求"投保人本人激活"的行业规定执行，导致保险没有激活，甚至投保人不知道自己购买的是怎样的保险产品等一系列问题。

如何认定互联网保险合同的成立与生效节点以及保险人何时开始承担保险责任是争论已久的难题之一。目前，就卡式保单形式下的保险合同的成立与生效问题，在保险理论与实务界产生五种不同的观点：第一种是"激活说"，该说认为投保人缴纳保险费构成要约，保险卡被激活时，被保险人和保险责任期限确定，合同成立并生效。第二种是"收费说"，该说认为保险人收取保费时保险合同成立并生效，保险卡有效期内，以谁的名义激活、何

时激活是持卡人的权利。第三种是"买卖说"，该说认为保险合同的成立、生效与保险责任起算的时间不一定重合，保险合同自保险卡交付及保险人收到保险费时成立并生效，激活只是确定被保险人和保险责任开始的时间。①第四种是"预约与本约说"，该说认为保险卡的业务流程可以分为两个阶段，第一阶段是购买者与保险业务人员或代理人之间交易自助保险卡的行为，第二阶段是保险卡购买人或受让人或其委托人登陆保险公司网站激活保险卡的行为。第一阶段的购卡行为是为了订立保险合同的合同，即预约合同；第二阶段激活保险卡、生成电子保单的行为则构成保险合同的本约。②最后一种是"承诺说"，该说认为保险人通过激活卡向不特定的社会公众公开销售提出订立合同的要约，投保人提出保险要求并按照保险人设计的互联网投保操作流程进行激活则构成承诺，保险公司在互联网终端收取到该承诺信息，引起保险合同的成立与生效。③

不难发现，上述各种观点虽存在差异，似乎均有一定的合理性，但其共性认为互联网环境下保险合同的成立、生效，不应当适用《合同法》的一般规则，需要重新确定认定标准。笔者认为，上述观点都在一个共同的认识误区，即将电子保险合同的成立与合同的订立相混淆，虽电子保险合同的订立方式（"激活"）与传统的签字捺印似有天壤之别，但正如前文所述，二者是静态与动态的本质区别。由此，大家争议的电子保单的成立、生效问题便迎刃而解，我们仍应以《合同法》中有关合同成立与生效的一般法律标准，即强调保险合同双方当事人之间意思表示一致的合意为合同的成立，依法成立的合同有效，作为判断卡式保单是否成立、生效的认定标准，因为电子保单是保险合同的一种表现形式，其本质仍为合同。当然，合同的成立、生效的认定标准前文已述，在此不再多言。

（二）"空白期"卡式电子保单的推定成立、生效及保险责任承担

"任何原则之下都有例外"是西方一句古老的法谚。对待卡式电子保单的成立、生效应以投保人与被保险人是否达成合意为判断标准，但同时应根

---

① 邢嘉栋：《电子保单订立过程中的法律适用》，载《人民司法·案例》2010 年第 24 期，第 10 页。

② 张秀全、王燕：《电子保单的成立与生效时间探析》，载《中国电子保单理论与实务研讨会论文集》，第 34～41 页。

③ 贾林青：《互联网金融对保险合同制度适用的影响》，载《中国保险法学研究会 2014 年年会论文集》，第 171～172 页。

据保险"合理期待原则",对卡式保单"空白期"发生的保险事故,推定电子保险合同成立、生效,保险人承担相应的保险责任。此乃对前者的有益补充,具体分析如下。

1. "合理期待原则"为法理基础。在 Caunt v. John Hancock Mutual Life Insurance Co. 案中,被保险人具备了可保性,但是他在保险人决定承保之前去世了。睿智的汉高法官认为:事情并不仅仅是保险人收到投保单申请这样简单,因为涉案的普通人对于寿险业务的运作毫无认识……投保人是一个平凡的人,他交纳了首期保费,也通过了体检,他永远也不可能理解投保单中会有一条条款规定说只有保险人愿意承保时他才会有保障。他只会认为自己付了钱,自然就立即获得保障。[①]自此之后,大部分审理这类案件的法官都接受了汉高的观点,此为保险法中的合理期待原则。该原则由三个方面的要素组成:第一,期待的主体。英美法系将保险合同主体分为被保险人和保险人,而大陆法系的主体概念包括投保人、被保险人和受益人。第二,期待必须为客观上的合理期待。如果是主观上的期待或不合理期待,则得不到保护。第三,期待的原因通过深入分析保险合同的条款可以知道,即使保险合同条款的免责条款将这种合理期待排除在合同之外,抑或保险合同的某些条款已经排除了被保险人订立合同时所期望的保障,抑或保单条款与被保险人期待的保障相矛盾,从而导致保险人对条款的理解与被保险人的期待的保障不一致,但不管条款是否清楚、是否含混,也不管条款、免责条款是否已清楚地将这种合理期待排除在合同之外,只要投保人、被保险人或受益人在订立合同时产生的期待是客观合理的,法院就应当保障他们的这种期待。[②]

卡式保单,系保险营销员或者保险代理公司等向客户当面推销由保险公司事先制作的自助式电子保险卡,投保人(被保险人)购买(支付保费)后按照卡上载明的操作步骤进行激活。作为投保人自购买了保险卡那刻起,就产生了对该卡所保障风险的合理期待。审理文中两案的法官应该能够根据查明的事实(案例一中投保人兼被保险人田某要求保险代理人代为激活、案例二中投保人园林处将被保险人名单交给保险公司并且投保的险种与往年办理

---

① [美]小罗伯特·H·杰瑞、道格拉斯·R·里士满:《美国保险法精释》,北京大学出版社 2009 年版,第 56 页。
② 樊启荣:《美国保险法上的"合同期待原则"评析》,载《法商研究》2004 年第 3 期,第 117 ～ 126 页。

的一样）作出不同判断，虽然涉案卡单都因他人原因没有"激活"生成电子保单，但能够判断到投保人、被保险人、受益人在订立合同中（激活过程）的这种合理期待的客观存在，更是他们作为没有任何法律专业知识的普通社会一员最朴素的想法与期待，因此应受到法律公正的保障。

2. 电子保险卡定性为保险凭证。保险单是保险凭证，这是大家共知的常识。保险凭证又称"小保单"，指在保险凭证上不印保险条款，实际上是一种简化的保险单。保险凭证与保险单具有同等效力，凡是保险凭证上没有列明的，均以同类的保险单为准。为了便于双方履行合同，在保险单以外单独签发保险凭证。

通常，保险卡如前述两案中的一样多是无记名的，保险公司多在保险卡上注明"本卡单（手册）仅供客户投保时使用，非保险凭证"的字样。但事实并非如此，该类保险卡上不仅载有明确的保险人，同时还载有保险产品的名称、致客户书、保障内容和激活流程四个方面，其中致客户书包括保险公司的客服电话、激活方式、激活有效期、投保人的限制条件以及适用的保险条款等内容，保险内容包括险别、保险金额、绝对免赔率及保险费等内容。该内容基本达到了我国《保险法》第18条第1款[①]规定的保险合同成立应当具备的必要条件，即该卡单应定性为保险人的要约，与飞机场自动贩卖机出售旅行平安保险产品的说明书一样，投保人一旦购买就是对保险人的要约作出的承诺，保险合同成立。由此，保险卡不再只是保险产品说明书，更是符合我国《保险法》第13条第2款规定："保险单或者其他保险凭证应当载明当事人双方约定的合同内容。……"的保险凭证，即具有和保险单一样的法律效力，即对保险合同的双方均具有约束力。当然，此情况下的认定前提必须是投保人与被保险人是确定的主体，防止出现"一人买卡，人家受益"的不合理现象发生。

3. 支付保险费为投保人履约义务。我国《保险法》第14条规定"保险合同成立后，投保人按照约定交付保险费，保险人按照约定的时间开始承担保险责任。"可以看出，交付保险费是合同成立后，投保人应当履行的保险合同义务。前述两案例中有一个共同点：投保人（被保险人）均足额向保险

[①] 《中华人民共和国保险法》第十八条中保险合同应当包括下列事项：（一）保险人的名称和住所；（二）投保人、被保险人的姓名或者名称、住所……（十）订立合同的年、月、日。

公司（案1中虽是保险公司的代理人，实际还是保险公司）支付了保险激活卡中载明的保险费，并且是在保险卡"激活"前支付，如传统保险行业中"见费出单"①一样，将保险费变相地定格为合同成立的要件之一，显然是错误的。从严格意义上讲，保险人在正式保险单产生（保险合同成立）前便收取保险费，本身就是行业恶习，无理占有广大投保人的保险费利息（或产生其他投资收益），却约定对正式保单出现前的保险事故不承担保险责任，不仅违反合同先成立后履约的一般性准则，而且与诚实信用原则相悖。因此，保险人收取投保人支付保险卡中载明的保险费，应推定电子保险合同已成立。

4. "激活"系卡式保单的订立方式。保险卡是投保人按照保险公司提前设置的程序在互联网上一步步操作，包括填写投保信息、不断点击"同意"，点击"完成"这最后一步才能达到"激活"的要求，并且保险卡中也载明保险卡"激活"后才生效、保险公司在保险卡"激活"后次日零时才承担保险责任。从表面上看，"激活"确实与保险合同的生效、保险责任的承担密切相关，实则不然。正如前文所述，"激活"是卡式保险业务中电子保单生成的必经程序，但电子保单只是互联网保险合同成立证明之一，不是判断保险合同是否成立的本质要件。同样，"激活"只是电子保险合同订立的一种方式，与传统的签字或盖章的作用无二，都是保险合同成立的外在表现形式，而非本质要件。双方当事人通过真实意思表示达成合意，所以"激活"不应成为保险人用来拒赔的障眼法，而要从本质上确认卡式电子保险合同成立的要件标准，否定"激活"与保险合同生效、保险责任之间的必然联系。

5. 保险人应依卡承担保险责任。在卡式保单中基本都有"保险人在保险卡'激活'后次日零时才承担保险责任"等不同方式的约定内容，其本质皆作为保险人用于免除自己在收费后至正式保险责任始期前承担保险责任的约定。但该约定显然与投保人购买保险卡时的客观想法是不一致的，违背了投保人的心理期待。因此该约定与保险"合同期待原则"相悖，应被依法确认无效。而记载着保险人与投保人（被保险人）权利义务关系的保险激活卡，作为保险凭证，能够证明保险合同的成立、生效，以及事故发生后，保险合同的双方当事人均应按照该卡的约定担负相应的义务与责任。所以，保险人

---

① "见费出单"是指保险公司财务系统或者核心业务系统对车险全额保费的收费入账信息进行即时确认成功并自动发出唯一有效指令后，业务系统方可生成并打印正式保单。

必须按照保险卡中载明的保障项目对被保险人发生在保险卡未"激活"状态下"空白期"的保险事故予以赔偿，即保险人应当担负相应的保险责任，才能切实为投保人、被保险人和受益人提供全方位的保障。

前文所引两案，其承办法官虽均作了电子保险合同成立的认定处理，亦根据我国《保险法》第 13 条第 3 款的规定认定涉案保险合同生效，但因对"激活"的定性上有误，均将保卡"激活"作为保险人承担保险责任的前提，并将"保险人在保险卡'激活'后次日零时才承担保险责任"的约定作有效处理。其中案例一据此支持了被告保险公司不承担保险责任的抗辩主张，而驳回原告的诉请；案例二据此认定被告保险公司对保卡未在有效期内被"激活"有过错构成违约，其承担了违约赔偿责任，均非负担保险责任。笔者认为，两案的处理结果及裁判理由不当，值得商榷。①

五、结语

我国保险业随着互联网的发展而日新月异，互联网保险市场份额急剧扩大，但我们还应正视保险业目前存在的问题：一方面，保险业是一个垄断行业，保险人可以肆无忌惮滥用自身的优势地位，悄无声息地侵犯投保人、被保险人的利益；另一方面，由于保险立法并不具体、完善，导致前文两案这样"同案不同判"的尴尬局面出现。正如有学者所言，一定程度上"保险法的规则比一般合同法的规则更优惠于被保险人"②。虽然我国属于成文法国家，法官仅是"立法者所设计和创造的机械操作者"，并不具有"造法"的功能，但笔者认为，我们应该大胆借鉴其他国家和地区已发展比较完善的保险"合理期待原则"，予以司法解释，指导审判实践，从而为投保人、被保险人的合法权益不受侵犯提供全面的司法保障。

参考文献

[1] 中国保险行业协会编. 保险诉讼典型案例年度报告（第 6 辑）[M]. 北京：

---

① 王静：《保险案件司法观点集成》，法律出版社 2016 年 1 月第 1 版，第 42 ～ 46 页，其观点是支持案例一的裁判结果。
② 樊启荣："美国保险法上的'合同期待原则'评析"，载《法商研究》2004 年第 3 期，第 117 ～ 126 页。

法律出版社，2014.

[2] 赵康雪．从一起人身保险合同纠纷案看电子保单的成立与生效问题 [J]．法制博览，2015，9（中）．

[3] 贾林青．互联网金融对保险合同制度适用的影响 [G]．// 中国保险法学研究会．中国保险法学研究会 2014 年年会论文集．

[4] 张玉玲．论保险合同的成立与生效 [D]．北京：中央财经大学，2008.

[5] 郭明瑞，房绍坤．新合同法原理 [M]．北京：中国人民大学出版，2000.

[6] 史卫进．保险空白期的成因与治理规则比较研究 [M]．北京：法律出版社，2013.

[7] 王利明，崔建远．合同法新论总则 [M]．北京：中国政法大学出版社，2000.

[8] 刘宗荣．保险法 [M]．台北：三民书局，1995.

[9] 邢嘉栋．电子保单订立过程中的法律适用 [J]．人民司法·案例，2010（24）．

[10] 张秀全，王燕．电子保单的成立与生效时间探析 [G]．// 中国电子保单理论与实务研讨会论文集．

[11] 小罗伯特·H·杰瑞，道格拉斯·R·里士满．美国保险法精释 [M]．李之彦译．北京：北京大学出版社，2009.

[12] 樊启荣．美国保险法上的"合同期待原则"评析 [J]．商法研究，2004（3）．

[13] 王静．保险案件司法观点集成 [M]．北京：法律出版社，2016.

由"CL15 轮"保险纠纷看保险合同的解除

于联国　郭紫娟

摘要： 在船舶保险实务中，由于船价高、保费金额大，通常保险人与被保险人在一年期的保单中约定分四期付费。同时，为防止船东故意拖欠保费，保单中一般附加"逾期支付保费将导致保单失效"的特别约定。然而，在近期的一起船舶保险合同纠纷中，法院判决认为仅在保单中附加该特别约定是无效的，纵然被保险人没有按期支付保费，保险人也无权解除保险合同，而且保险人仅向经纪人通知退保并不能对被保险人生效，因此保单继续有效，保险人应当承担保险责任。该判决一出，即在业界引起众多异议。本文就该判决中特别约定效力的认定、保险人是否有权解除合同以及经纪人的法律地位三个方面，提出不同的观点。

关键词：船舶保险　特别约定　解除权　保险经纪人

一、 "CL15 轮"保险合同纠纷案情介绍

（一）案情简介

2013 年 3 月 7 日，CL 公司通过诺亚经纪对"CL15 轮"等船向广东人保投保，2013 年 3 月 10 日，人保签发保单，保单附随特别约定清单中载明："……保费分四期支付……第二期保费于 2013 年 6 月 15 日前支付……不按保单约定支付保费将导致保单失效，为了保证您能及时获得保险保障，请您尽快交

作者简介：于联国，中国人民财产保险股份有限公司青岛分公司国际业务部副总经理。郭紫娟，女，中国人民财产保险股份有限公司青岛分公司国际业务部船舶保险业务二部客户经理。注：本论文作者观点在《保险案件裁判评析》一书正式出版之际，被最高人民法院民四庭在审判监督程序的审理中采纳。

付保费。"2013 年 3 月 19 日，人保向被保险人 CZ 集团发送应收保费通知书，备注中有 "保单签发之日起算____天内不缴费者，本公司对上述保险单下发生的任何索赔案概不负责" 字样。2013 年 3 月 21 日，CZ 集团支付了第一期保费。第二期保费到期后，CZ 集团一直没有缴纳保费，2013 年 7 月 3 日，广东人保出具保险批单批文为 "保单（……CL15）由于未按约定于 2013 年 6 月 15 日前缴付保费，保单已失效。保险期限至 2013 年 6 月 10 日止，因此，该保单自 2013 年 6 月 11 日起正式注销，我司不承担任何赔偿责任"，并且通过电子邮件通知诺亚经纪解除了保险合同，并于次日将保险批单书面文本通过诺亚经纪转交给 CZ 集团。

2013 年 10 月 14 日，"CL15 轮" 在韩国浦项走锚，船体碰撞防波堤后破裂进水沉没。2013 年 10 月 22 日，CZ 集团向广东人保报案，遭到广东人保拒赔。2013 年 12 月 6 日，CZ 集团将 "CL15 轮" 的当年剩余三期保费汇入人保账户。12 月 9 日，广东人保以涉案保单已失效和注销为由退回该保费。CZ 集团再次将剩余保费汇给人保，并表示对保单失效和注销不予认可。广东人保再次退回保费并拒绝承担保险责任。

CZ 公司因此起诉广东人保，请求支付保险赔偿款。

（二）法院判决

一审法院认为，广东人保关于保险合同已经解除的主张不能成立，应当承担保险责任。人保不服提出上诉，二审判决维持原判，其主要观点为：（1）"不按保单约定支付保费将导致保单失效" 的特别约定仅在保单中显示，未约定在投保单中，因而该约定无效；（2）保险责任开始后，保险人无权解除合同；（3）经纪公司不是被保险人的代理人，不能代被保险人接收退保的通知。

笔者认为，该判决的三条主要观点均不合理。

二、特别约定应当被认定有效

（一）该特别约定构成保险合同的一部分

本案中，投保单上没有约定不按期支付保费的后果，但随后签发的保单上附随的特别约定清单中载明："……保费分四期支付……第二期保费于 2013 年 6 月 15 日前支付……不按保单约定支付保费将导致保单失效，为了保证您能及时获得保险保障，请您尽快交付保费。"对于该项事实，法院根据《最高人民法院关于适用〈中华人民共和国保险法〉若干问题的解释（二）》的规定，"投保单与保险单或其他保险凭证不一致的，以投保单为准"，认为投保单中没有该特别约定，就视为保险合同中并未包含该特别约定条款。

笔者认为，这样机械地适用司法解释是不妥当的。保单和投保单都是保险合同订立过程中的重要文件，由于投保单是经被保险人签字确认的，而保单往往是保险人根据投保单制作的保险合同成立的证明，因而司法解释规定，当二者出现不一致时，以投保单为准。假如投保单上约定的付费条件是"全年保费分四期支付，付费时间分别为 2015 年 3 月 1 日、2015 年 6 月 1 日、2015 年 9 月 1 日 2015 年 12 月 1 日"，但保单上却载明为"全年保费于 2015 年 3 月 1 日之前一次性支付"，显然这种情形应当以投保单为准。但本案中的情形并非如此。本案中投保单对付费条件没有约定而保单明确约定分四期支付，二者并非出现不一致，而是后者进行了补充约定。如果仅仅因为投保单中没有约定就认为该条款不存在于保险合同中，那么将会给保险实务操作带来极大的困难。因为这就要求在投保过程中，双方必须将保险相关的所有事项穷尽列明，否则后续添加在保单中的补充条款都不能视为保险合同的一部分。这样的要求显然是不合理的，既限制了双方后续修改保险合同的权利，又与民法"意思自治"的原则相悖。

因此，笔者认为在投保单对付费条件没有约定而保单有明确约定的情况下，不能简单地把司法解释理解为视作保险合同没有约定，而应该根据具体情况分析保单所附的特别约定条款是否属于双方合意。

本案中"不按保单约定支付保费将导致保单失效"是特别约定清单载明的内容之一，而特别约定清单又是保险单的附件，原告接受了这样的保险单，又按照该约定支付了第一期保费，这说明特别约定清单载明的内容是其真实意思表示。如果被保险人对该条款存在异议，那么其在收到保单时就应该提出。本案中，第二、第三期保费均已经到期，而被保险人既不支付保费，期间也未曾提出过异议，直到发生保险事故后，被保险人才提出该特别约定无效。

通过以上分析，本文认为该特别约定是双方真实意思一致达成的结果，属于保险合同的一部分。

（二）该特别约定内容有效

根据《海商法》第 227 条规定，"除合同另有约定外，保险责任开始后，被保险人和保险人均不得解除合同"。本案中就是出现了特别约定中可以解除合同的情况，即如特别约定所言，"不按保单约定支付保费将导致保单失效"，因此保险人有权解除合同。

另外根据最高人民法院《关于审理海上保险纠纷案件若干问题的规定》第五条规定，"保险责任开始后，保险人以被保险人未支付保险费请求解除合同的，人民法院不予支持"，但该条规定的起草人王淑梅法官在其文章《〈最高人民法院关于审理海上保险纠纷案件若干问题的规定〉的理解与适用》中明确表示该规定是为了保护货运险保单的流通性，是针对海上货物运输保险的，而不针对船舶保险。也就是说，对于海上货物运输保险而言，不允许双方约定"逾期不支付保险费，保险合同自逾期之日起自动终止"。但本案是船舶保险合同纠纷，因此保单中的特别约定不违反《最高人民法院关于审理海上保险纠纷案件若干问题的规定》第五条的强制性规定。

至于二审判决中另一个认为该约定无效的理由更是站不住脚。判决书中写道：本案中，特别约定清单"不按保单约定支付保费将导致保单失效"的条款与投保单上人保远洋船舶保险条款（2009 版）中第七条"如果保险人同意，保费也可以分期交付，但保险船舶在承保期限内发生全损时，未发生的保费要立即付清"的约定相悖。仔细阅读两个条款的表述可以知道，这两条并没有相悖，前者是指未支付到期保费将导致保单失效，后者"发生全损赔付时，未发生的保费要立即付清"是指因为保险人进行了全损赔付，实际保费没有到期，被保险人也应全部支付。

（三）国内司法实践的佐证

前文从对司法解释的理解和适用到合同条款的效力角度分析，认为广东人保在保单附随的特别约定清单中"不按保单约定支付保费将导致保单失效"是保险合同的有效条款。无独有偶，在国内司法实践中，也有判决认为船舶险保单特别约定清单中"逾期不支付保险费，保险合同自逾期之日起自动终止"条款是有效的。

在宁波海事法院审理金禧船务公司诉大地保险宁波公司[①] 一案的判决

---

① 宁波海事法院（2009）甬海法商除字第 276 号（2010 年 6 月 22 日）。

中，一审法院（宁波海事法院也是"CL15 轮"保险合同纠纷案的一审法院）认为被保险人根据特别约定条款的约定履行分期支付保费的义务，说明特别约定的内容已经被被保险人所接受，事实上，被保险人对保险合同的成立也没有提出异议，符合要约和承诺的相关规定，合同已经成立。并且"逾期不支付保险费，保险合同自逾期之日起自动终止"的特别约定条款本身不违反法律，故是有效的合同条款。因此一审判决认定，自被保险人逾期不支付保费起，保险合同自动终止，合同终止后发生的保险事故，保险人不承担保险责任，驳回原告的诉讼请求。本文赞同该案中一审法院对于"逾期不支付保险费，保险合同自逾期之日起自动终止"特别约定的效力认定。

可见，该条约定并不违反禁止性法律规定，依据契约自由原则，应确认其效力。从公平合理的角度进行衡量，被保险人按期缴纳保费，保险人才承担保险责任，被保险人不按期缴纳保费，保险合同可以被终止，保险人不承担保险责任。

三、保险人有权解除合同

即使认为该条约定仅在保单中写明是无效或者效力存在瑕疵的，根据保险合同的性质和相关法律的规定，保险人也有权解除合同。

（一）保险合同是双务有偿合同，保险人承担保险责任以被保险人缴纳保费为前提

（1）保险合同是有偿合同，是指当事人因享有合同的权利而必须偿付相应的代价。对于被保险人而言，保险合同的有偿性主要体现在被保险人要取得保险保障，必须支付相应的代价，即保险费。反之，被保险人未缴纳保险费，保险人对欠缴保费所对应的期间不承担保险责任。

（2）保险合同是双务合同。双务合同的本质特征是合同双方的义务存有对价关系，这意味着双务合同必须具备两个条件：合同当事人互负债务以及双方的债务有对价关系。在保险合同中，被保险人要得到保险人对其保险给予保障的权利，就必须向保险人缴纳保险费；而保险人收取保险费，就要承担对在保险期限内发生的保险事故符合合同约定的赔偿或给付义务，双方的权利和义务是彼此关联和对价的。

（3）根据英国合同法的一般原则，合同当事双方必须提供对价之后合同才能成立。对于保险合同而言，被保险人提供的对价就是保险费，而保险人提供的对价就是在保险事故发生后根据合同条款向被保险人提供赔付[①]。就被保险人不支付保险费所带来的法律后果而言，保险合同中会规定，被保险人支付保险费是保险人承担责任的先决条件，即在被保险人没有支付保费的情况下，保险人对损失不承担赔付责任。在伦敦市场保险合同中常用的保费支付条款 LSW3000Clause 中就有规定："在被保险人延迟未支付保险费且宽限期经过的情况下，保险人有权通过经纪人书面通知解除合同"。

综上，根据保险合同的双务有偿性以及英国合同法的一般原则和伦敦保险市场惯例，当被保险人违背缴费约定时，就无权获得保险赔偿的权利。在本案中，该轮的保单中约定，保险期限为一年，保费分四期缴纳，因此每期保费所承保的责任期限是三个月。本保单下只缴纳了第一期保费，所以按照双务合同的对价性，其保险责任期限为 2013 年 3 月 11 日至 2013 年 6 月 10 日，保险人对此期间发生的保险事故负责赔偿。而本案中船舶沉没是发生在 2013 年 10 月 15 日，很明显不在本保单的有效保险期限内。因此，被保险人 CZ 集团未按照约定支付保险费，未达到其获得赔偿权利的先决条件，作为保险人的广东人保也就不产生对其进行赔偿的义务。

（二）被保险人拒缴保费，保险人因此获得先履行抗辩权，有权解除保险合同

所谓先履行抗辩权，是指当事人互负债务，有先后履行顺序的，先履行一方未履行之前，后履行一方有权拒绝其履行请求，先履行一方履行债务不符合债的本旨，后履行一方有权拒绝其相应的履行请求。先履行抗辩权，本质上是对先期违约的抗辩。先期违约是指一方当事人首先违约，是另一方不履行合同的原因。先履行抗辩权是对负有先履行义务一方违约的抗辩，亦即对先期违约的抗辩。先履行抗辩权的成立及行使可使后履行一方一时中止履行自己债务的效力，以对抗先履行一方的履行请求。但这只是暂时阻止对方当事人请求权的行使，并非永久的抗辩权。但是后履行一方行使先履行抗辩权没有促使对方履行，或者没有促使对方对瑕疵履行采用救济措施的，可以根据《合同法》第 94 条的规定通知对方解除合同。

由此可见，先履行抗辩权行使的前提是必须存在双务合同，而保险合同

---

① 郑睿：《英国海上保险法律与实务》，上海交通大学出版社 2014 年版，第 9 页。

作为双务有偿合同，符合这一条件，被保险人和保险人有先后履行顺序。被保险人先缴纳保费，保险人才对保险期限内的保险责任负责赔偿。在本案中，被保险人 CZ 集团未按约定缴纳到期保费，在这种情况下，保险人可行使先履行抗辩权，暂时中止被保险人请求权的行使。但是保险人行使先履行抗辩权后并未促使被保险人履约，也没有促使被保险人对瑕疵行为采用救济措施，此时，CZ 集团构成"以自己的行为表明不履行主要债务"的情形，保险人便可按照《合同法》的规定，通知被保险人解除合同。

（三）解除权的性质为形成权，权利方单方通知即可

通过以上论述，保险人在约定或法定情形下都可以解除保险合同。而在本案中，保险人以出具批单的书面形式终止保险责任，解除合同，并且解除通知单和批单通过经纪人转交被保险人，该解除行为当然有效。

所谓解除权是指合同订立后尚未履行或者尚未完全履行之前，基于法定或者约定的事由，通过当事人单方意思表示即可使合同自始不发生效力的权利。所谓形成权，是指权利人依自己的单方意思表示就可以使民事法律关系发生、变更或消灭的权利。解除权即是一种典型的形成权。形成权具有以下特征：（1）形成权的行使表现为单方行为；（2）单方意思表示一经到达对方即为生效；（3）效力的产生不需要另一方作出某种辅助行为或共同的行为，按一方意志即可形成法律关系。

解除权作为形成权的一种，在行使方式上，我国《合同法》采用德国民法的立法体例，规定了当事人一方在约定解除事由或法定解除事由发生而欲行使解除权时，必须通知相对人，合同自通知到达相对人时发生解除的效力。对方有异议的，可以请求人民法院或者仲裁机构确认解除合同的效力①。

综上，我们认为该案中保险人广东人保在被保险人 CZ 集团不按照约定缴纳保费的情况下，通过出具批单的方式解除保险合同，并将批单正本邮寄被保险人，完全是合法的解除方式，同时也符合当前我国船舶保险行业的惯例。因此以批单解除合同行为有效，保险责任自被保险人收到批单时终止。

总结以上三点分析，根据我国相关法律规定，参照英国法，本案的保险人广东人保有权解除保险合同，不负赔偿责任。

---

① 《合同法》第 96 条：当事人一方依照本法第 93 条第 2 款、第 94 条的规定主张解除合同的，应当通知对方。合同自通知到达对方时解除。对方有异议的，可以请求人民法院或者仲裁机构确认解除合同的效力。

四、保险经纪人的法律地位

(一) 相关法律学说

1. 英美法系。英国成文法中没有对保险经纪人概念的立法定义,但通常认为,保险经纪人是指由被保险人雇佣的,代表被保险人与保险人交易的独立中间第三人。[①] 在判例法中,有法官明确指出其是被保险人的代理人。[②] 另外,根据英国《保险法词典》的定义:"保险经纪人是保险人和被保险人之间以安排保险为目的的中介人。他是被保险人的代理人,而非保险人的代理人。"

美国的保险中介人分为保险代理人和保险经纪人,代理人又分为只能代理一家保险公司业务的专业代理人和可以同时代理几家业务的独立代理人,而独立代理人代理超过 15 家(有些州是 7 家)以上业务时,就被称为保险经纪人。美国法一般认为,保险经纪人是保险公司的代理人。[③]

由此可见,英美法系下,保险经纪人不论代表投保人利益还是保险人利益,都是代理人性质。

2. 大陆法系。大陆法原本没有保险经纪人的概念和制度,在保险经纪人制度引入大陆法国家和地区后,其所代表的英美法代理制度就与大陆法原有的代理制度发生了冲突。英美法上的代理制度是以"等同论"(the Theory of Identity)为基本理论的,即代理人的行为等同于被代理人的行为。[④] 但大陆法系则以"区别论"(the Theory of Separation)为基础来构建其代理制度,在立法的过程中,详细地列举了包括委任、代理、佣金代理、商业代理等等 13 种不同类型的代理。[⑤] 保险经纪人在开展业务的过程中,为委托人提供中介服务,其行为可能涉及到居间、行纪、代理等多项行为,而在大陆法系下这些行为被详细列举、区分规定,故保险经纪人的法律地位在大陆法系中没有得到明确。

[①] 郑睿:《英国海上保险法律与实务》,上海交通大学出版社 2014 年版,第 35 页。

[②] Harvest Trucking Co Ltd v Davis[1991] 2 Lloyd's Rep. 638, 643: "The broker or other intermediary is normally the agent of the assured."

[③] 陈文涛:《论我国保险经纪人的法律地位》,载《武汉大学学报》 2009 年 3 月第 62 卷第 2 期,第 174 ~ 178 页。

[④] 何美欢:《香港代理法》,北京大学出版社 1996 年版,第 6 页。

[⑤] 韩慧莹:《商事代理》,法律出版社 2008 年版,第 231 页。

3. 我国的法律规定及学说。我国《保险法》第 118 条规定"保险经纪人是基于投保人的利益，为投保人与保险人订立保险合同提供中介服务，并依法收取佣金的机构"。该条法律规定并没有说明"为投保人与保险人订立保险合同提供中介服务"是何种类型的中介服务，因为居间、代理、行纪都属于中介。我国是大陆法系国家，受大陆法系的代理制度影响，其实并未直接界定保险经纪人的法律地位。

我国学理上对于保险经纪人法律地位的认知不尽相同，总的来说有以下几种观点："代理人说"认为保险经纪人是投保人或被保险人的代理人，其理由是实践中保险经纪人往往代委托人（投保人或被保险人）进行保险合同谈判、订立保险合同、检验保险标的物、向保险人主张保险责任、办理续保等业务，在开展这些业务的过程中，保险经纪人基于委托合同，以委托人的名义进行活动，并将活动的后果归于委托人，从而具有民法上代理的主要特征。"居间人说"认为保险经纪人是居间人，适用民法上有关居间合同的规定，仅仅介绍、撮合投保人和保险人订立保险合同。此外还有综合性的"受托人说"和"混合说"①。除了"居间人说"外，业界普遍认为保险经纪人在实践中的业务行为类型多样，涵盖多种法律关系。

（二）行业惯例

通过经纪渠道做的业务，一般来说，保险经纪人接受投保人的委托与保险人进行接洽，经过数回合的报价还盘，保险经纪人会发送经投保人盖章的投保单，由保险人出具保单。保险期间内，投保人缴纳保费、更改保单信息、退保、出险后提供证据材料及索赔等行为都是通过保险经纪人传达。在整个保险过程中，保险人是与保险经纪人而非投保人联系，保险人的条件、投保人的意愿等信息完全由保险经纪人居中转达。保险人不会与投保人直接联系，并且事实上由于业务竞争关系，保险经纪人非常忌讳保险人越过其直接与投保人联系。而在海外船队的保险业务中，保险人甚至根本不接触、也没有途径直接接触到被保险人，对被保险人的全部认识都来自海外保险经纪人。因此，保险人将保单、批单等出具的文件寄给保险经纪人、再由其转交给被保险人在实务中是再正常不过的情形。

---

① 陈文涛：《论我国保险经纪人的法律地位》，载《武汉大学学报》2009 年 3 月第 62 卷第 2 期，第 174 ～ 178 页。

由此可见，实务中保险经纪人并非是仅仅介绍、撮合投保人和保险人订立保险合同的居间人，"居间人说"比较脱离现实情况；保险经纪人代替投保人收取各种单证并转交、转缴纳保费、代替被保险人索赔及收取赔款等行为，显示其具有代理人的法律地位。

（三）本案中诺亚经纪的法律地位

诺亚经纪是国内一家水险特色鲜明的保险经纪人，具有典型的我国保险经纪人的特征。本案中，CZ 集团和 CL 公司向诺亚经纪的《委托书》中载明"我司 CZ 集团／CL 公司，作为"CL15 轮"的船东／管理公司，兹确认，自 2012 年 12 月 25 日起，委托诺亚经纪作为我司的独家保险经纪人，处理以上的船舶的船壳险事宜。该委托使之前签发的所有委托归于无效，且该委托至以书面形式被撤销为止，一直有效。诺亚公司被授权根据国际惯例，处理上述船舶的所有保险事宜"。该委托书中明确委托诺亚经纪为其保险经纪人，并授权根据国际惯例处理 CL15 轮的船壳险事宜。诺亚经纪也确实依照国际惯例，处理与 CL15 轮船壳险相关的投保、缴费等事宜。然而二审判决中，法官认为"根据上述委托书的内容，CZ 集团、CL 公司并没有明确将诺亚经纪作为其代理人的授权或意思表示，诺亚经纪是以保险经纪人的身份被授权处理船舶的保险事宜，诺亚经纪并无直接获得授权代表 CZ 集团签署或接收投保单等重要文件"。

首先，《保险法》中对保险经纪人的法律定位模糊，根据前文所述，保险经纪人虽然不完全是代理人，但通常代替投保人收取各种单证并转交、转缴纳保费、代替被保险人索赔及收取赔款，其许多行为带有代理的性质。本案中诺亚经纪即是如此。

其次，尽管委托书中并没有明确授权诺亚经纪作为 CZ 集团的代理人，并不当然表明诺亚经纪按行业惯例代表 CZ 集团接收投保单等重要文件后，只要 CZ 集团提出异议，该接受行为就无效。如果认同这样的逻辑，今后投保人／被保险人完全可以有恃无恐，对于有利的文件和条件，保险经纪人代表其接受即为有效，对于不利的文件和条件，当时不表示反对，事后声称保险经纪人无权代表其接受，该接受行为就无效。显然这违反了保险法中的"最大诚信"原则，同时也将给保险经纪业务带来混乱。

第三，上文已论述，保险人的合同解除权为单方法律行为，并不需要对方同意即可行使。保险人将解除合同通知和退保批单发给诺亚经纪并由其转交给 CZ 集团，符合实务习惯，也符合解除权的法定行使方式。该保单确实已经合法解除。

五、结论

综上所述，笔者观点总结如下：首先，该特别约定有效。保单中加上的特别约定，可以视作是对投保单未约定事项的补充。被保险人在收到保单后也没有提出任何异议，并按照约定缴纳了第一期保费，说明该特别约定是双方真实意思表示。同时该约定本身并不违反法律规定或损坏公序良俗，因此该特别约定是保险合同中有效的条款。其次，即使认为该特别约定不存在于保险合同中或者没有效力，保险合同作为双务性的有偿合同，在第二、三期保费到期而被保险人未缴纳保费的情况下，后履行义务方保险人享有先履行抗辩权，有权解除合同，不承担保险责任。最后，本案中的诺亚经纪，作为专业的保险经纪人，并非是仅仅介绍、撮合投保人和保险人订立保险合同的居间人，其行为更多地带有代理人的色彩。因此广东人保将退保通知发给诺亚经纪，而后诺亚经纪将退保批单正本转交被保险人，完全是合法有效的合同解除通知。事实上，被保险人在接到广东人保的退保通知后，还在其他保险公司进行询价，更说明其认可了广东人保已经解除保险合同的事实。

因而，该案判决尚存值得商榷之处。本文认为被保险人 CZ 集团不按期缴纳保费，广东人保根据合同约定和法律规定解除保险合同的行为有效，不应该承担该案的保险责任。

如今航运业整体低迷，经营压力巨大的船东在安排船舶保险时，通常对保险人多番挑剔，而保险行业竞争已经进入白热化，船舶保险人为争取业务，在与被保险人的关系中逐渐成为被动、弱势的一方。当由专业的保险经纪人代表船东投保时，保险人更无利用专业优势损害被保险人利益的可能性。此时，如果法院、仲裁机构等在审理船舶保险合同纠纷案件中，仍然先入为主地过度保护被保险人利益，未免有失公平。像本案中被保险人不支付保费，保险人仍要承担保险责任，既不符合法律规定，又不符合情理道德。笔者希望借此案呼吁司法界注重法律与实践相结合，能够更加公平合理地处理保险合同中双方权利义务关系。

参考文献

[1] 郑睿. 英国海上保险法律与实务 [M]. 上海：上海交通大学出版社，
 2014.

[2] 陈文涛. 论我国保险经纪人的法律地位 [J]. 武汉大学学报，2009，62
 （2）.

[4] 何美欢. 香港代理法 [M]. 北京：北京大学出版社，1996.

[5] 韩慧莹. 商事代理 [M]. 北京：法律出版社，2008.

浅析承租人以租赁物投保的
保险金请求权认定

刘光辉　刘春秀

摘要： 随着社会经济发展，承租人以租赁物为投保对象投保的现象愈来愈普遍。此类情形中，比起基于所有权人投保的情形，承租人是基于何种法律关系投保，出险时何种情形下能否得到赔偿，承租关系中财产保险利益如何认定等越来越复杂。本文选取了某保险公司一个典型案例，对其案情及两审法院观点进行分析，然后对承租人基于承租关系对承租物进行投保后的理赔争议进行阐述，结合笔者对财产保险利益认识，分析案件、提出问题并给出相应建议。

关键词： 租赁关系　保险利益　财产保险利益

一、案例分析

（一）案情简介

2013 年 8 月 10 日，山东某纸业有限公司将自有厂房租赁给济宁某包装制品有限公司使用，租期十年，自 2014 年 1 月 1 日起至 2024 年 1 月 1 日止。济宁某包装制品有限公司租赁后，为避免自身风险，在某保险公司投保了保险期间从 2015 年 4 月 15 日起至 2016 年 4 月 14 日止的企财险基本保险，其中包括租赁山东某纸业有限公司的厂房。缴费人、投保人及被保险人均为济宁某制品有限公司。2015 年 11 月 24 日，标的所在地发生暴雪灾害致投保厂

作者简介：刘光辉，中国平安财产保险股份有限公司山东分公司副总经理，山东省法学会保险法学研究会理事。刘春秀，女，中国平安财产保险股份有限公司山东分公司法律合规部经理。

房（车间及仓库）发生垮塌，经报案被告进行了现场勘验。期间，济宁某包装制品有限公司向某保险公司发出了《证明》和《转让合同权利及理赔索赔权通知书》。证明中声明涉案出险财产实际权利人、投保人、被保险人、受益人均为山东某纸业有限公司，并将索赔权转让给山东某纸业有限公司。某保险公司以山东某纸业有限公司没有保险利益为由，拒赔。山东某纸业有限公司起诉保险公司。

（二）争议焦点及一二审法院主要观点

山东某纸业有限公司是否享有对涉案保险财产损失的索赔权。

虽然保单记载的投保人、被保险人及受益人均为济宁某包装制品有限公司，但济宁某包装制品有限公司以证明及通知书的形式将涉保事故理赔权转让给山东某纸业有限公司。济宁某包装制品有限公司已经退出相应保险理赔关系，山东某纸业有限公司因而取得了该索赔权。保险公司称山东某纸业有限公司无权索赔的意见，理由不当，本院不予支持。

二审法院认为，依据《保险法》第12条第6款规定："保险利益是指投保人或者被保险人对保险标的具有的法律上承认的利益"，并没有将保险利益限缩为财产所有权。在财产保险中，非保险标的所有人基于租借、挂靠、保管等合同对保险标的享有占有、使用等权利而进行投保的，发生保险事故时，应认定其对保险标的具有保险利益。本案中被保险人亦即受益人新怡公司系租赁被保险的房屋从事生产经营，保险标的的安全与否影响着被保险人的经济利益，上诉人提出被保险人对保险标的不享有保险利益的主张不能成立。保险事故发生后，新怡公司将保险金请求权转让给被上诉人，依据最高人民法院关于适用《保险法》若干问题的解释（三）第13条之规定："保险事故发生后，受益人将与本次保险事故相对应的全部或者部分保险金请求权转让给第三人，当事人主张该转让行为有效的，人民法院应予支持……"，本院确认被上诉人享有保险金请求权。

二、笔者关于保险利益及财产保险利益的认识

（一）财产保险中保险利益概念

《保险法》第12条第6款规定：保险利益是指投保人或者被保险人对保险标的具有法律上承认的利益。我国《保险法》对保险利益概念的规定过

于模糊，实践性、应用性不强。

关于财产保险利益不同学者有不同观点。有学者提出，财产保险的保险利益是投保人或被保险人对保险对象具有的合法的经济利益；有学者提出，财产保险利益是投保人对于某种财产所具有的实际的和法律上利益。任以顺教授认为在财产保险中，保险利益是指被保险人对保险标的因保险事故发生保险标的遭受损失，或因保险事故不发生而免受损害的利害关系①。笔者同意此种观点，保险利益实质是一种经济利害关系。

明确财产保险利益内涵后，我们还需分析财产保险利益类型。财产保险利益范围如何确定，国内外学者有不同观点。有的学者认为财产保险利益包括所有权利益、占有权利益、股权利益、担保利益等，有的学者认为财产保险利益财产权利、责任权利及法律责任三大类，有的学者认为财产保险利益分为积极利益和消极利益两种②。但大部分学者将财产保险利益划分为三大类，即现有利益、期待利益和责任利益③。

1. 现有利益是投保人或被保险人对财产已享有且继续可享有的利益。投保人对财产具有合法的所有权、抵押权、质权、留置权、典权等关系且继续存在者，均具有保险利益。现有利益随物权的存在而产生。

2. 预期利益。预期利益是因财产的现有利益而存在，依法律或合同产生的未来一定时期的利益。它包括利润利益、租金收入利益、运费收入利益等。

3. 责任利益是指投保人或者被保险人因对第三人可能承担合同违约责任或侵权责任以及依法承担的其他责任而具有的一种不利益，它是基于法律上的民事赔偿责任而产生的保险利益，如职业责任、产品责任、公众责任、雇主责任等。根据责任保险险种划分，下述人员有责任保险利益：各种固定场所的所有者、经营者或管理者，制造商、销售商、修理商，雇主，各类专业人员等。例如，汽车在行驶中因驾驶员过错撞伤他人，加害人依法对受害人应负的赔偿责任以及医生行医因其过失对病人依法应负的赔偿责任等④。

---

① 任以顺：《保险利益研究》，中国法制出版社 2013 年版，第 193 ～ 194 页。
② 马宁：《保险法理论与实务》，中国政法大学出版社 2010 年版，第 60 ～ 72 页。
③ 任以顺：《保险利益研究》，中国法制出版社 2013 年版，第 198 页。
④ 任以顺：《保险利益研究》，中国法制出版社 2013 年版，第 199 ～ 201 页。

三、笔者基于对财产保险利益的认识展开案件分析

济宁某包装制品有限公司租赁山东某纸业有限公司自有厂房，租期十年，自 2014 年 1 月 1 日起至 2024 年 1 月 1 日止。租赁期间，济宁某包装制品有限公司为规避自身经营风险将租赁厂房在某保险公司投保财产综合险，缴费人、投保人、被保险人均为济宁某包装制品有限公司。济宁某是否对涉案厂房具有保险利益？

根据上述案情陈述，新怡达成与山东某基于租赁合同形成租赁关系，新怡达成对该厂房享有使用权。如果新怡达成因过错致使厂房受损，其应当承担赔偿责任。结合上述对于财产保险利益的定义可认定新怡达成对涉案厂房具有保险利益。其中，新怡达成基于使用权而产生的利益关系可被认定为现有利益，而基于合同责任可被认定为责任利益，存在保险利益类别的竞合。

如果按照现有利益来确定保险利益，新怡达成基于对厂房的使用权以己方名义投保财产综合险，在发生暴雪事故后，依据保险公司关于赔偿范围的规定，暴雪在理赔范围内，因而保险公司依照合同将赔款支付给新怡达成。

此推理看似有理，笔者认为是错误的。上述推理存在错误的关键点在山东某纸业有限公司与济宁某包装制品有限公司签订的房屋租赁合同上。房屋租赁合同中，约定承租方违约责任一般为承租方因过错导致房屋损失的情况下，承租方承担修复、重建或其他方式承担违约责任的义务。此案中，造成厂房倒塌的原因为暴雪及厂房本身质量存在问题，（推定厂房质量问题原因是因为此租赁厂房周边建筑均没有出现倒塌事故）。依据济宁某包装制品有限公司与山东某纸业签署的房屋租赁合同来看。发生厂房倒塌事故，济宁某包装有限公司不存在过错，不应当承担赔偿山东某纸业的责任。

如按照上述陈述，保险公司将赔款支付济宁某包装有限公司，而其又无需承担厂房倒塌责任。如保险公司赔偿其保险理赔款，则济宁某包装制品有限公司从此次事故中获取额外利益。与保险法利益损害补偿原则相违背。所以，济宁某包装制品有限公司是基于租赁合同约定由于其过错应当承担对山东某纸业有限公司赔偿责任而产生的一种消极保险利益。

通过上述论述，笔者认为租赁关系中承租人投保中的保险利益及分类已经比较明确。下面笔者开始分析山东某纸业有限公司诉某保险公司一审及二审法院判决。

四、笔者对一审法院及二审法院判决分析

一审法院认定了济宁某包装制品有限公司为投保人及被保险人，是保险合同一方的当事人，对此笔者认为一审法院对合同当事人的认定是准确的。

济宁某包装制品有限公司基于房屋租合同可能承担的对租赁厂房的损坏灭失而产生的赔偿责任而发生的经济上的损失。济宁某包装制品有限公司基于此种可能发生的损失而产生的法律关系来投保，其投保人及被保险人的地位是可以确认的。所以，一审法院在认定投保人及被保险人时是准确的。

一审法院认定济宁某包装制品有限公司出险时具有保险利益享有保险金请求权。笔者认为一审法院此认定是不准确的。济宁某包装制品有限公司依据与山东某纸业签订的租赁合同，事故发生时，济宁某包装制品有限公司没有产生需赔偿的合同责任。济宁某包装制品有限公司因此次事故不存在损失。所有此次事故中，济宁某包装制品有限公司没有保险利益，没有保险利益也存在索赔权问题。

二审法院认定：财产保险中，非保险标的所有人基于租借、挂靠、保管等合同对保险标的享有的占有、使用等权利进行投保的，发生保险事故时，应认定其对保险标的具有保险利益。本案中被保险人即受益人乙公司系租赁经营，保险标的的安全与否影响着被保险人的经济利益。保险事故发生后，乙公司将保险金请求权转让给甲公司的行为生效。二审法院也认定出险时，乙公司是真实的被保险人，享有保险金的请求权。

笔者认为二审法院认定保险人为济宁某包装制品有限公司的认定是准确的，而对于二审法院认定济宁某包装制品有限公司租借等对保险标的享有的占有、使用权利进行投保的，发生保险事故后，必然有保险利益的说法是不认同的。二审法院的这种认定，是想当然的把济宁某包装制品有限公司存在的保险利益按照现实利益来认定的。此种认定必然存在因此次事故额外获利方。违反保险法的补偿原则。

而且，笔者认为二审法院认为济宁某包装制品有限公司将保险金请求权转让给山东某纸业有限公司的行为有效的认定是错误的。济宁某包装制品有限公司在此次事故中不享有保险利益，既然没有保险利益，索赔权更无从谈起。

综上，笔者认为一审及二审法院对保险利益认定均有误。

五、此案件其他资深保险法律人员存在的不同看法及分析

1. 因济宁某包装有限公司投保险种为财产综合险，能否认定为济宁某包装有限公司与山东某纸业有限公司在投保上为事实委托关系，视为山东某纸业有限公司事实上授权济宁某包装有限公司以其名义投保并以其为被保险人投保？

《中华人民共和国民法通则》第六十三条规定：公民、法人可以通过代理人实施民事法律行为。代理人在代理权限内，以被代理人的名义实施民事法律行为。被代理人对代理人的代理行为，承担民事责任。如此案中，为有权代理满足的条件为：济宁某包装制品有限公司需取得山东某纸业授权并且以山东某纸业有限公司名义购买保险。此次保险中，没有任何材料能够证明济宁某包装制品有限公司取得山东某纸业有限公司授权。

如果济宁某包装制品有限公司称其为无权代理，根据《合同法》第四十八条规定，无权代理取得授权人追认的，合同有效。但此次保险合同关系中，保费缴纳人投保人及被保险人均为济宁某包装制品有限公司，没有任何证据能够证明其接受过山东某纸业委托，更谈不上超越代理权限的事情。

2. 如认定济宁某包装制品有限公司对租赁厂房是基于可能存在的责任利益投保，为何可以投保财产综合险，保险责任是否能完全弥补其基于对租赁厂房造成的损失而存在损失的经济利益？

根据保险公司条款第二条第三项规定本保险合同载明地址内的下列财产可作为保险标的：其他具有法律上承认的与被保险人有经济利害关系的财产。该保险公司的条款规定了与被保险人有利害关系的财产可以投保财产综合险。且该保险公司承保范围财产综合险范围涵盖：火灾、爆炸；雷击、暴雨、洪水、暴风、龙卷风、冰雹、台风、飓风、暴雪、冰凌、突发性滑坡、崩塌、泥石流、地面突然下陷下沉；飞行物体及其他空中运行物体坠落。除外责任第一条，被保险人或其代表的故意行为除外。综合来看，某保险公司的名称、约定等虽有小瑕疵，但基本可以涵盖基于合同责任需承担的损失。

六、笔者认为财产保险利益认定中暴露出的问题

（一）财产保险利益概念及分类法律没有明确规定

《保险法》最新修订关于保险利益的界定：保险利益是指投保人或者被

保险人对保险标的具有的法律上承认的利益。关于保险利益，仍是以法律上承认利益界定。界定过于原则、过于模糊。对于财产保险利益没有给出解释或划定财产保险利益的范围。规定的原则性导致实践中缺乏可操作性。给执法人员操作带来困惑的同时，也给法官裁判留有进一步解释空间。不同的主体站在不同的立场对保险利益及财产保险利益能给出不同的解释。在财产保险实践中，因财产保险保障的非财产本身，而是财产背后基于各种法律关系而产生的经济利益。不同的法律关系背后有不同的经济利益。对财产保险利益没有给予范围上的划分，投保人、保险人及被保险人在财产保险活动中基于自己对财产保险利益的认知，自由选择相应险种。出险后，很多事故会因为各方对财产保险利益的认知不同而产生大量纠纷。法官无论如何认知，其解释必然会与一方甚至两方存在差异。既达不到止纷息诉的社会效果，也有损法律的权威。

（二）基于财产保险利益不同认知，对保险活动的各方带来困惑

首先，出租人和承租人双方如没有充分沟通，承租人以自己为被保险人投保后可能会给出租人送去这样的信息：既然承租人投保了，我就无需投保，能节省一笔费用。但出租人基本意识不到，承租人投保是基于其可能承担的责任抑或承租人也不知道是为何投保，仅仅是因为其意识到投了保险买一份保障。

其次，保险人在财产保险利益范围不能划定的时候，相应险种设计缺乏理论基础。不利于保险产品的丰富。投保人投保时，保险人也不能准确划定其投保的财产是基于何种财产保险利益，可能就会存在推荐投保产品与投保人的保险意图存在差异。一方面导致投保人保障目的可能落空，另一方面带来后续大量纠纷。

七、笔者建议

首先，正确界定财产保险利益概念及范围划分。我国保险法对财产保险利益概念及范围划分均没有涉及，后续可通过司法解释对财产保险利益概念明确，对财产保险利益范围进行规范。明确财产保险利益的类型。在财产保险利益各类型下，进一步列举具体情形，采用有限列举式使财产保险利益这一抽象概念更具操作性。

其次，保险公司方面，应从总部层面组织专业人员对涉及财产保险利益方面纠纷案件进行汇总分析。找出经常发生纠纷的点。针对纠纷点，从险种涉及、条款涉及保险销售方面方面规范。险种方面，根据梳理的纠纷点，对责任没有涵盖或保险名称不符的险种，修改现有险种及推出新险种以应对客户需求。对有争议的条款本着公平原则通过精算设计进行修改。对保险销售人员进行专业培训，在租赁等财产保险销售中，做好给客户解释工作。

再次，同一财产所有权人与其他利害关系人，对于同一财产投保时，几方利害关系人尽可能同合同形式确认保费支付、投保人及被保险人等事项。并在投保时给保险公司说明，避免后续保险合同参与方意思表示不一致导致的纠纷。

最后，在法院系统中，建议以中院为单位组织财产保险利益研讨。对于此类纠纷汇总分析，形成统一事务裁判标准，维护法律权威。

参考文献

[1] 任以顺. 保险利益研究 [M]. 北京：中国法制出版社，2013.

[2] 马宁. 保险法理论与实务 [M]. 北京：中国政法大学出版社，2010.

我国侵权责任与工伤保险责任竞合法律现状及处理模式初探

摘要： 侵权责任赔偿与工伤保险待遇竞合，在理论及实务上存在巨大争议。解决此问题首先要明确竞合的两种情形，即第三人侵权导致的工伤和用人单位侵权导致的工伤。第三人侵权导致的工伤属于典型的竞合，理论及实务界主要有五种观点及做法，难以取得一致。比较而言，有限兼得模式目前更符合我国国情。用人单位侵权导致的工伤不是典型的竞合，严格来讲不属于竞合。

关键词： 侵权责任　工伤　竞合

一、案例介绍

2012 年 4 月 22 日，某公司职工王某在厂区内驾驶车辆行驶，突然另一职工马某某从路边绿化带出来横穿道路，被王某车辆碾压致死。肇事车辆在某保险公司投保交强险及商业险第三者责任险。本次事故被认定为工伤（亡）事故，死者家属获得工伤（亡）赔偿丧葬补助金、一次性工亡补助金、供养亲属抚恤金等 455 091.74 元。

后死者亲属以机动车交通事故责任纠纷为由起诉某公司及某保险公司要求赔偿死亡赔偿金、丧葬费、被扶养人生活费等共计 38 万余元。保险公司以本次事故属于工伤，不属于交通事故人身损害赔偿范围为由拒绝赔偿。最终一审法院认为本案工伤赔偿与交通事故赔偿不矛盾，原告已足额获得工伤

作者简介：罗健，安邦财产保险股份有限公司山东分公司理赔部法务。

赔偿并不丧失再以侵权责任主张双重赔偿的权利，遂判决某保险公司在交强险及商业险第三者责任险内赔偿原告 38 万余元。

保险公司不服提起上诉，二审法院认为本案的工伤赔偿与侵权责任赔偿虽然基于同一损害事实，但却是两个不同的法律关系，两者各自独立，不具有相互取代性，最终没有支持保险公司此上诉请求。

本案涉及工伤赔偿与侵权责任赔偿竞合，笔者认为一、二审法院判决均属错误。

侵权责任赔偿与工伤保险待遇竞合的问题，实践中屡屡发生，但我国立法上对如何处理规定并不明确，多年来在理论及实务上均产生了巨大争议。理论界有多种不同观点，很多省份对此也有不同的规定，人民法院更是有各种不同的裁判。笔者试图对此问题进行初步探讨。

二、侵权与工伤竞合分析

（一）侵权与工伤竞合的分类简述

笔者认为侵权与工伤竞合存在两种情形，第一种是第三人侵权导致的工伤，即伤害是由劳动关系以外的第三人所导致。此种情形下，受害人相对于用人单位而言属于劳动者，构成工伤。相对于侵权人而言属于被侵权人，属于侵权责任之债的赔偿权利人；第二种是用人单位侵权导致的工伤，即同样与用人单位建立劳动关系的侵权人在履行职务过程中对另一履行职务的劳动者产生侵权。此种情形属于工伤与侵权完全竞合。对于这两种情形，理论及实务中的认识均有很大不同，第二种情形争议较小，但司法实践中仍有不同类型的判例。而第一种情形更是争论不休。

（二）工伤与侵权完全竞合

本文开头的案例即属于此类，即上述的第二种情形，笔者称之为完全竞合或真正竞合。

此种竞合，理论及实务争议较小。《最高人民法院关于审理人身损害赔偿案件适用法律若干问题的解释》第十二条规定：依法应当参加工伤保险统筹的用人单位的劳动者，因工伤事故遭受人身损害，劳动者或者其近亲属向人民法院起诉请求用人单位承担民事赔偿责任的，告知其按《工伤保险条例》的规定处理。

对于此类情形，笔者认为其属于严格意义上的责任竞合。首先，赔偿责任主体同一。因侵权人和被侵权人均系用人单位的劳动者，均系在履行职务过程中，所以无论是侵权责任还是工伤保险责任，其赔偿主体最终都指向用人单位。其次，赔偿对象同一，即赔偿义务人同时也是劳动者。再次，内容基本达成统一。2010 年 12 月 20 日修订的《工伤保险条例》将一次性工亡补助金标准调整为上一年度全国城镇居民人均可支配收入的 20 倍。基本与侵权责任赔偿持平。总之，无论是工伤保险还是交强险、商业险等机动车保险，均有分散投保人风险的目的，不能因为购买了保险而否定用人单位的赔偿主体地位。在这种情况下采用双重赔偿将大大加重用人单位的责任，也与责任竞合理论相悖，司法解释将此情况排除出一般人身损害赔偿的范围之外，只能通过工伤赔偿途径予以解决。最高人民法院高级法官陈现杰认为，该司法解释"对工伤保险与民事损害赔偿的关系按照混合模式予以规范。混合模式的实质，就是在用人单位责任范围内，以完全的工伤保险取代民事损害赔偿。但如果劳动者遭受工伤，是由于第三人的侵权行为造成，第三人不能免除民事赔偿责任"。① 张新宝教授认为："我国法律和司法解释之规定的立场基本上是明确的：在发生工伤事故时，如果不存在第三人加害行为，权利人（受害人一方）只能依工伤保险制度请求工伤保险赔偿，属于替代模式。"② 所以，本文开头引用的案例一、二审法院判决均属错误。

（三）工伤与侵权完全竞合的例外

司法解释规定了工伤与侵权完全竞合时只能通过工伤赔偿处理，但也有例外。此种情况见于《安全生产法》及《职业病防治法》。《安全生产法》第 48 条规定：因生产安全事故受到损害的从业人员，除依法享有工伤社会保险外，依照有关民事法律尚有获得赔偿的权利的，有权向本单位提出赔偿要求（本条在 2014 年《安全生产法》修改后已改为第 53 条）。《职业病防治法》第 59 条规定：职业病病人除依法享有工伤保险外，依照有关民事法律，尚有获得赔偿的权利的，有权向用人单位提出赔偿要求。这两个规定的具体含义也存在一定争议，一种意见认为受害人有权获得双重赔偿，另一种观点

---

① 张新宝：《工伤保险赔偿请求权与普通人身损害赔偿请求权的关系（上）》，载《中国法学》，2007 年第 2 期，第 55 ～ 66 页。

② 张新宝：《工伤保险赔偿请求权与普通人身损害赔偿请求权的关系（上）》，载《中国法学》，2007 年第 2 期，第 55 ～ 66 页。

认为并非完全是双重赔偿，应为类似"补充模式"的处理方式，即通过工伤保险获得赔偿的，如根据有关民事法律仍可获得更高赔偿的，可以就差额再提出赔偿要求。

要明确这个争议，笔者认为首先要解决此两部法律规定与最高人民法院《关于审理人身损害赔偿案件适用法律若干问题的解释》第12条的冲突。无论按上述哪种观点解释，此二法的规定都与司法解释第12条第一款限定为工伤赔偿范围内不同，第一种观点双重赔偿，第二种观点是补充模式，可就高不就低选择。先抛开最高人民法院能否制定与法律规定相悖的司法解释，首先从制定时间看，两法一个是2002年，一个是2001年，而最高人民法院《关于审理人身损害赔偿案件适用法律若干问题的解释》是2003年制定，于2004年5月1日实施。一般来说，根据新法优于旧法的原则，各级法院均会适用最高人民法院的司法解释（实际上因法律的滞后性、修法的程序性限制，司法解释承担了很大的立法功能，往往能及时制定符合社会发展的规则，这些规则不免与现行法律规定相悖。当然最高人民法院这种做法是否符合宪法法律我们不做讨论）。但《安全生产法》于2009年、2014年，《职业病防治法》于2011年分别进行了修改，均未对原《安全生产法》第48条及《职业病防治法》第52条的内容进行修改。在这种情况下，上面提到的新法优于旧法的原则恐不能继续适用，明显要适用二法。其次，二法应属于特别法，在与普通法存在冲突的应优先适用。所以，笔者认为二法应优先于司法解释适用。解决了这个问题笔者才能解决是否双重赔偿的问题。

此两部法律的制定时间均是在《工伤保险条例》及《关于审理人身损害赔偿案件适用法律若干问题的解释》之前，当时仍然适用《企业职工工伤保险试行办法》，此两部法律直接作出与办法完全相悖规定的可能性不大，所以与办法相近的第二种意见更符合立法本意。全国人大常委会法工委副主任卞耀武主编的《中华人民共和国安全生产法释义》支持这一观点。2014年最新的由全国人大常委会法工委编、阚珂主编的《中华人民共和国安全生产法释义》支持这一观点，该书认为，用人单位为劳动者参加工伤保险，并不意味着免除了其在劳动者在遭受工伤时的民事赔偿责任。[①] 理由主要是工伤保险有确定的范围，有些赔偿项目赔偿标准不高，有些情况下劳动者通过工

---

① 阚珂：《中华人民共和国安全生产法释义》，法律出版社，2014年10月版，第156页。

伤保险不能得到充分的救济，而侵权损害赔偿可以更好地填补受害人及其亲属的相关损失。法工委的意见是准确、可信的。当然随着理论与实务的不断发展，这两条规定也可以做出不同的理解。

综上，对于这种情形，可以看出我国法律规定了两种并存的模式，即以工伤保险取代侵权责任模式和补充模式，前者是原则，后者是例外。笔者认为统一适用《安全生产法》规定的工伤保险先行、侵权责任补足差额的模式更有利于对劳动者的保护。这种模式类似于补充模式，但受害人无选择权，只能先通过工伤保险索赔，如工伤保险金额低于侵权责任的赔偿金额，则可通过追究侵权责任不足差额。

（四）工伤与侵权不属于真正的竞合，仅可称为准竞合

对于第一种情形，同时构成侵权与工伤，但这形成两个法律关系，即侵权法律关系和工伤法律关系。这两种法律关系有诸多区别，侵权法律关系，主体为受害人及第三人（侵权人），客体是受害人的人身权益，内容是人身权益不受侵犯、损害赔偿等。工伤法律关系，主体为职工（受害人）及用人单位（缴纳工伤保险的也包含社保机构），客体为劳动者的合法权益，内容为劳动者在劳动中的人身权益受法律保护等。二者相比较，仅主体中存在一个重合即受害人相同，客体及内容均存在很大不同，笔者认为将此视为侵权与工伤的竞合并不准确，参照侵权与违约请求权的竞合，即《合同法》第一百二十二条的规定，即主体完全一致，客体基本一致，仅内容不同。第一种情形不符合这一标准，有文章称之为部分竞合，因已形成习惯，权继续采用这一称呼。

1. 根据我国台湾地区学者王泽鉴教授的研究，此种竞合有以下几种立法模式。

（1）以工伤保险取代侵权责任模式。是指受到意外伤害的劳工，仅能按工伤保险请求保险补偿，而不能依侵权行为规定向加害人请求损害赔偿。即工伤保险范围内的工伤损害赔偿，只能依据工伤保险有关规定，获得工伤保险待遇，不能按侵权法的规定要求加害人承担侵权赔偿责任。采此种模式的国家有德国、法国、瑞士、南非、挪威等。

（2）选择模式。是指职业伤害的受害人，仅得于工伤保险赔偿和侵权损害赔偿之间选择其一。此种制度从表面上看，受害人可以选择对自己最有

利的救济方式，对受害人有利。但实质上此种制度对受害人不利。因为侵权赔偿数额虽然较多，但需要经过漫长、昂贵的诉讼过程。工伤保险所能获得的赔偿数额较少，但切实可靠，程序简单。受伤害的劳工通常急需救助以渡难关，故常被迫放弃前者而选择后者。另外，选择权行使的期间、撤回等问题，在实务上也存在许多困难。因此，此种模式曾仅在英国及英联邦国家一度实行，现在已被废止。

（3）兼得模式。是指受害人对于工伤损害得同时请求工伤保险赔偿和侵权赔偿，并可获得两种赔偿的赔偿金，即"得双份"。采此种模式的国家较少，主要是英国，但也有一定的限制。受害人受领侵权赔偿金时，须扣除5年内劳工伤害保险给付的50%。

（4）补充模式。是指受害人对于工伤损害，既可以主张侵权赔偿，也可以要求工伤保险赔偿，但其取得的赔偿金或保险金，不得超过其实际所受的损害。即受害人只能取得两种赔偿结合中最大利益，不能得双份。如果侵权赔偿额大于工伤保险赔偿额，须扣除已获得的保险赔偿；如果侵权赔偿额少于保险赔偿额，保险赔偿仅补足二者之间的差额部分。保险人在保险给付的范围内对加害人有求偿权。采此种模式的国家有日本、智利及北欧诸国等。

2. 我国的具体情况。目前我国法律对此没有明确的规定，大多数省份行政部门及司法机关制定了具体规则，但均有不同。

《安徽省高级人民法院关于审理劳动争议案件若干问题的意见》（2003年12月31日安徽省高级人民法院审判委员会第78次会议通过）第32条规定：劳动者的工伤系第三人侵权行为所致，劳动者先获得侵权损害赔偿的，用人单位承担的工伤补偿应扣除第三人已经赔偿部分。这一规定类似补充模式。浙江省高级人民法院也有类似规定。

《北京市高级人民法院、北京市劳动争议仲裁委员会关于劳动争议案件法律适用问题研讨会会议纪要》第34条，因第三人侵权而发生的工伤，如用人单位未为劳动者缴纳工伤保险费，应由用人单位按照《工伤保险条例》的有关规定向劳动者（或直系亲属）支付工伤保险待遇。侵权的第三人已全额给付劳动者（或直系亲属）医疗费、交通费、残疾用具费等需凭相关票据给予一次赔偿的费用，用人单位不必再重复给付。这一规定属有效兼得模式，对于某些赔偿项目不支持双重赔偿。广东省高级人民法院、江苏省高级人民法院、上海市高级人民法院、山东省高级人民法院等也有类似意见。这种处理方式可以说是原则上采取兼得模式，但对于实际消费型费用则不支持双重赔偿，笔者称之为有限制的兼得模式。

《湖北省高级人民法院关于审理劳动争议案件若干问题的意见（试行）》（2004 年 3 月 21 日）第 19 条第 4 款：劳动者的工伤系第三人侵权所致，用人单位以劳动者已获侵权损害赔偿为由拒绝承担工伤保险赔付的，人民法院不予支持。该条规定明显支持兼得模式。河北省高级人民法院也有类似规定，但同时又规定医疗费、住院费等费用不可兼得。

可见，我国主要有兼得模式、补充模式及有限兼得模式，并无统一的规定。

3. 导致这一问题的原因。这个问题在我国的争议由来已久，按 1996 年原劳动部制定的《企业职工工伤保险试行办法》第 28 条规定，由于交通事故引起的工伤，应当首先按照《道路交通事故处理办法》及有关规定处理。工伤保险待遇按照以下规定执行：（一）交通事故赔偿已给付了医疗费、丧葬费、护理费、残疾用具费、误工工资的，企业或者工伤保险经办机构不再支付相应待遇（交通事故赔偿的误工工资相当于工伤津贴）。企业或者工伤保险经办机构先期垫付有关费用的，职工或其亲属获得交通事故赔偿后应当予以偿还。（二）交通事故赔偿给付的死亡补偿费或者残疾生活补助费，已由伤亡职工或亲属领取的，工伤保险的一次性工亡补助金或者一次性伤残补助金不再发给。但交通事故赔偿给付的死亡补偿费或者残疾生活补助费低于工伤保险的一次性工亡补助金或者一次性伤残补助金的，由企业或者工伤保险经办机构补足差额部分。（三）职工因交通事故死亡或者致残的，除按照本条（一）、（二）项处理有关待遇外，其他工伤保险待遇按照本办法的规定执行。（四）由于交通肇事者逃逸或其他原因，受伤害职工不能获得交通事故赔偿的，企业或者工伤保险经办机构按照本办法给予工伤保险待遇。（五）企业或者工伤保险经办机构应当帮助职工向肇事者索赔，获得赔偿前可垫付有关医疗、津贴等费用。按此规定，应先行通过交通事故侵权纠纷处理，将侵权请求权前置，对于已经通过侵权请求权获得的赔偿不能再通过工伤保险重复索赔。对于专属于工伤保险待遇的赔偿项目可以申请。为保障受害人的权益，第四项规定了对于致害人逃逸等原因致使受害人不能获得侵权赔偿的，可以通过工伤保险获得赔偿。这种方式不完全属于上述五种模式的任何一种，虽有不足，但应当说规定较为详细，是综合考量各方面利益的结果。

但 2004 年开始施行的《工伤保险条例》却没有了上述规定，且《劳动和社会保障部关于废止部分劳动和社会保障规章的决定》（发布日期：2007年 11 月 9 日，实施日期：2007 年 11 月 9 日）废止。争议随之而来，既然《企业职工工伤保险试行办法》已经失效，则其第 28 条规定的处理模式自然不再适用，工伤保险条例对此又没有限制性规定。且当年实施的《最高人民法院关于审理人身损害赔偿案件适用法律若干问题的解释》第 12 条依法应当参加工伤保险统筹的用人单位的劳动者，因工伤事故遭受人身损害，劳动者或者其近亲属向人民法院起诉请求用人单位承担民事赔偿责任的，告知其按《工伤保险条例》的规定处理。因用人单位以外的第三人侵权造成劳动者人身损害，赔偿权利人请求第三人承担民事赔偿责任的，人民法院应予支持。此条也未对此问题作出明确规定，于是兼得模式开始出现，争议随之而来。

4. 观点之争。支持兼得模式观点的主要认为二者法律关系不同，性质、功能归责原则不同、责任主体不同、救济程序不同、赔偿标准和项目不同。法律依据主要是以《工伤保险条例》没有了《企业职工工伤保险试行办法》第 28 条的类似规定、《最高人民法院关于审理人身损害赔偿案件适用法律若干问题的解释》第 12 条、《安全生产法》第 48 条、《中华人民共和国职业病防治法》第 59 条（此为 2012 年新实施的条文，原 2001 年法条文为第52 条），以及最高人民法院行政庭关于因第三人造成工伤的职工或其亲属在获得民事赔偿后是否还可以获得工伤保险补偿问题的答复等。

否认兼得模式的主要认为其违反了民法的填平原则、增加社会负担等。法律依据是 2011 年实施的《社会保险法》第 42 条的规定由于第三人的原因造成工伤，第三人不支付工伤医疗费用或者无法确定第三人的，由工伤保险基金先行支付。工伤保险基金先行支付后，有权向第三人追偿。有人说这个规定是指只有医疗费不能重复赔偿，而其他赔偿项目则可以，实际上是最终肯定了双重赔偿。黎建飞教授主编的《社会保险法释义》认为，本条的内容说明了本法否定工伤事故中的第三人赔偿与工伤保险基金支付的"双重赔偿"[①]。由于第三人的原因造成工伤的，最终责任在于该第三人，最终的赔偿义务落脚点亦在该第三人身上。但笔者以为不能这样理解。从文意来理解，

---

① 黎建飞主编：《社会保险法释义》，中国法制出版社，2010 年版。

此条仅是对医疗费的赔偿问题作出的明确规定，对于其他赔偿项目未予明确，不能扩大解释为完全肯定重复赔偿。这从全国人大法工委行政法室主编的《社会保险法释义》中可以得到证明。该释义认为：由于对这一问题分歧较大，本法对此亦未作出明确规定，工伤职工可以分别按照侵权责任法和社会保险法要求侵权赔偿和享受工伤待遇，但是，由于实际发生的医疗费用数额明确，且费用凭据只有一份，因此职工只能享受一份。另外，由全国人大常委会法工委、国务院法制办及人力资源和社会保障部组织编写的《社会保险法释义》对第 42 条的解释也是认为至于第三人的原因造成工伤的，工伤保险基金除了先行支付工伤医疗费用之外，对于支付的其他费用能否向第三人追偿，本法没有规定 ①。笔者认为全国人大常委会法律工作委员会主编和参与编写的两本《释义》均认为第 42 条仅是明确规定了医疗费不能双重赔偿，而未明确其他赔偿项目能否双重赔偿的问题，作为立法机关专门从事立法的下属委员会的意见应该是准确的。可见《社会保险法》并未肯定双重赔偿，也回避了这一问题，争议将继续存在下去。从这个角度来看，社会保险法的进步极为有限，仅仅是对于目前全国基本形成共识的医疗费问题作出了明确规定，对双重赔偿的问题未能起到定纷止争的作用。

综上所述，赞同双重赔偿的理论依据主要是二者法律关系不同，性质、功能归责原则不同、责任主体不同、救济程序不同、赔偿标准和项目不同。不赞同双重赔偿的观点主要是违反民法的填平原则、增加社会负担等。

对于此情形，笔者因学力及资料的不足难以做出论证。综合考虑，虽然兼得模式更为理想，但可能并不适应我国国情，西方发达国家也已经很少采用此模式，对于我国这个发展中国家来说，人口老龄化逐渐严重，完全采用此模式将有沉重的压力。笔者倾向于逐步采用补充模式，但因工伤赔偿与侵权责任赔偿在金额上的已基本持平，且许多省市采用有限兼得模式，不失为一折中的处理模式。

结语

对于本文开头的案例，一、二审法院未能准确区分与把握工伤与侵权两

---

① 全国人大常委会法工委、国务院法制办及人力资源和社会保障部组织编写，尹蔚民主编：《中华人民共和国社会保险法释义》，中国劳动社会保障出版社 2010 年版。

种竞合类型，导致适用法律错误，最终做出了错误的判决。笔者认为，目前能够得出的基本共识应该是：对于完全竞合，适用《最高人民法院关于审理人身损害赔偿案件适用法律若干问题的解释》第十二条的规定，原则上仅适用工伤赔偿。最高人民法院应当予以强调，避免地方各级人民法院适用法律错误。对于不完全竞合，原则上适用双重赔偿，但对于医疗费、误工费、护理费、残疾辅助器具费、丧葬费等费用则只能赔偿一份。而下一步的立法及司法解释可在此基础上再予以明确、完善、修改，最终结束多年的争议。

参考文献

［1］张新宝 . 工伤保险赔偿请求权与普通人身损害赔偿请求权的关系（上）
［J］. 中国法学，2007（2）.

［2］阚珂 . 中华人民共和国安全生产法释义 ［M］. 北京：法律出版社，
2014.

［3］黎建飞 . 社会保险法释义 ［M］. 北京：中国法制出版社，2010.

［5］尹蔚民 . 中华人民共和国社会保险法释义 ［M］. 北京：中国劳动社会保
障出版社，2010.

浅析多角度破解保险人说明义务之困境

田仕杰

摘要： 我国保险法明确规定了保险人在保险合同订立时对免责条款应履行说明义务，但目前保险人说明义务的履行实际上已陷入履行困难、举证也困难的境地。说明义务履行困境主要表现在投保流程设置先天障碍、现有履行方式不尽完美、法定履行标准模糊、保险人即便履行了义务也举证困难四个方面，此外还涉及到了投保人反证困难的问题。分析可见，说明义务履行困境的发生原因主要有保险行业法制不健全、投保流程不合理、保险公司对保险合同的销售理念不当三个方面。对此，从保险人说明义务的履行时间、履行方式、履行标准、取证方法、保险业务员培训和佣金提取方式、保险公司的宣传定位等几个方面探讨破解保险人说明义务的困境，有助于真正实现保险合同的最大诚信特征。

关键词： 保险人　说明义务

一、主要案情及引出的问题

2011 年 9 月 29 日，投保人郑仁泽在中国平安人寿保险股份有限公司日照中心支公司为自己投保包括多项身故保险在内的人寿保险一宗，受益人约定为其妻任年兰。2015 年 8 月 8 日，郑仁泽无证驾驶二轮摩托车发生单方事故死亡。郑仁泽死亡后，任年兰向中国平安人寿保险股份有限公司日照中心支公司申请身故理赔金，遭拒，遂向山东省日照市东港区人民法院提起诉讼，请求法院依法判决中国平安人寿保险股份有限公司日照中心支公司支付

作者简介：田仕杰，女，日照市中级人民法院民四庭审判员，山东省法学会保险法学研究会理事。

多项身故保险金 110 000 元，并承担诉讼费用。

中国平安人寿保险股份有限公司日照中心支公司辩称，涉案保险合同投保流程要求投保人在签字之前根据电子投保步骤一步步阅读保险合同条款，最后由投保人签字。投保人郑仁泽已在投保提示书、投保申请确认书、电子保单回执上签字，足以证实保险人已送达保险合同条款并履行完毕提示说明义务。故根据保险合同条款的约定，无证驾驶发生保险事故的，保险人不负担理赔责任。

一审法院经审理查明，2011 年 9 月 29 日，投保人郑仁泽在中国平安人寿保险股份有限公司日照中心支公司处为自己投保包括多项身故保险在内的人寿保险一宗，受益人约定为其妻任年兰，保险合同上载明业务员为"任年营"。合同成立后，投保人郑仁泽以银行扣款方式每年皆如约按期缴纳保费。2015 年 8 月 8 日，郑仁泽无证驾驶二轮摩托车发生单方事故死亡。

任年兰申请证人任年营出庭作证，主张任年营系涉案保险合同业务员。任年营作证称，其在办理涉案保险时，只是让郑仁泽在各项单证上签字，合同成立后仅交付了收费单据和一页保单，并没有交付合同条款，其对于合同免责条款自己都不清楚，不可能向投保人进行提示说明。中国平安人寿保险股份有限公司日照中心支公司主张证人任年营并非涉案合同上所载明的业务员"任年营"。

一审查明以上事实的证据有当事人陈述、山东省日照市五莲县许孟镇吴家官庄村民委员会证明、死亡证明书、火化证明、注销证、中国平安人寿保险股份有限公司电子保单凭证、发票、郑仁泽邮政储蓄银行账户交易明细清单、结婚证、询问笔录、投保提示书、电子投保申请确认书、电子保单回执、任年营证人证言、理赔决定通知书等。

一审法院认为，投保人为自己投保人身保险且将其妻设定为受益人符合法律规定，双方当事人对保险合同的成立和保险事故的发生无异议，法院予以认定。本案争议焦点为中国平安人寿保险股份有限公司日照中心支公司是否已履行完毕提示说明义务。虽然中国平安人寿保险股份有限公司日照中心支公司主张根据其投保流程设置，投保人需要一步步根据流程步骤阅读保险合同条款、并最后在各项确认书中签字确认，但中国平安人寿保险股份有限公司日照中心支公司并无证据证实按步骤阅读免责条款的流程完成人确系投保人郑仁泽。虽然中国平安人寿保险股份有限公司日照中心支公司还主张投保人郑仁泽也在投保提示书、投保申请确认书、电子保单回执上签字即可证实保险人已履行完毕提示说明义务，但证人任年营已出庭作证称其未向投保人送达保险条款、也未履行提示说明义务，在无证据证实证人任年营并非保险合同上所载明的保险业务员"任年营"的情况下，一审法院确认证人即为涉案合同业务员，对其证言予以采信，对中国平安人寿保险股份有限公司日照中心支公司已履行完毕提示说明义务的主张不予支持。故涉案免责条款不能生效，中国平安人寿保险股份有限公司日照中心支公司应负担保险金给付义务，故一审判决中国平安人寿保险股份有限公司日照中心支公司向任年兰支付多项身故保险金共计 110 000 元，并负担一审诉讼费用。

一审判决后，中国平安人寿保险股份有限公司日照中心支公司不服该判决，上诉至山东省日照市中级人民法院。二审法院查明事实与一审相同，维持一审判决。

本案中涉及到的是保险人提示说明义务的履行问题，该问题一直是保险纠纷司法实务中的热点，更是保险销售中的一个难点。从笔者所处理的保险合同纠纷案件中来看，几乎所有保险合同纠纷案件都要提及保险人的提示义务和说明义务问题。在《保险法司法解释（二）》出台后，保险人提示义务的履行已经不再是难点，但《保险法司法解释（二）》对保险人说明义务的规定仍然不够明确，导致保险人履行说明义务在实务操作中重重困难。同时，投保流程的设置、保险人对保险合同的宣传误导也导致保险人在履行说明义务时存在诸多先天不足的问题。在此，对于保险人如何合法、高效同时低成本地履行说明义务这个问题，以真正实现保护合同双方当事人的立法目的，笔者尝试从保险销售源头来探索，提出了一些初步、粗浅的建议。

二、保险人说明义务的困境

保险人的说明义务来源于《保险法》第十七条的规定：订立保险合同，采用保险人提供的格式条款的……保险人应当向投保人说明合同的内容。对保险合同中免除保险人责任的条款，保险人在订立合同时应当……对该条款的内容以书面或者口头形式向投保人作出明确说明；未作提示或者明确说明的，该条款不产生效力。

为了更好地审理保险合同纠纷案件，《保险法司法解释（二）》对于保险人的说明义务做出了进一步的规定：第 11 条……保险人对保险合同中有关免除保险人责任条款的概念、内容及其法律后果以书面或者口头形式向投保人作出常人能够理解的解释说明的，人民法院应当认定保险人履行了保险法第 17 条第 2 款规定的明确说明义务。第 12 条……通过网络、电话等方式订立的保险合同，保险人以网页、音频、视频等形式对免除保险人责任条款予以……明确说明的，人民法院可以认定其履行了提示和明确说明义务。第 13 条……保险人对其履行了明确说明义务负举证责任。投保人对保险人履行了符合本解释第 11 条第 2 款要求的明确说明义务在相关文书上签字、盖章或者以其他形式予以确认的，应当认定保险人履行了该项义务。但另有证据证明保险人未履行明确说明义务的除外。

从以上规定可以看出，保险人说明义务的履行由以下几个要素组成：第一，履行时间在合同订立时，以已送达合适恰当的书面保险合同条款为基础。第二，说明方式可以采取书面方式也可以采取口头方式。第三，说明标准为常人能够理解。第四，举证责任在保险人，证明方式为投保人在相关文书上的签字、盖章。投保人有相反证据时可推翻其签章确认。以下简要分析各要素在实践中的问题。

第一，保险人说明义务的履行时间困境。

保险人说明义务的履行时间为合同订立时，即应在投保人在投保单上确认签字之前，在保险人已送达能够切实达到提示程度的保险合同条款、已切实履行完毕提示义务为基础。目前我国对保险人提示义务只承认书面提示，因此只有保险人在送达了能够履行提示义务的书面合同条款、具体解释说明清楚了合同的内容尤其是免责条款的内容之后，投保人才能根据自身需要来确定是否要投保以及要投保何种类型、何种内容的保险。然而在笔者审理保险合同纠纷案件的过程中，有不少保险业务员承认，保险人说明义务的完成，从保险合同签订流程上就存在障碍。

在实践中，除采取新送达办法的公司及其他特殊情况外，保险合同的成立一般有如下五个步骤：第一步，保险业务员向投保人推销产品；第二步，投保人填写投保单；第三步，投保人交付保费，根据保险法司法解释二第四条的规定，在符合承保要求的情况下，保险合同此时成立；第四步，保险业务员将投保单上的信息录入电脑，保险公司出具制式的保险合同正本及保险合同条款；第五步，保险公司将保险合同正本及条款交给保险业务员，再由业务员将合同正本和条款送达给投保人。从这五个步骤来看，业务员将合同正本和完整条款送达给投保人的最快时间也已是在保险合同成立的若干天之后——遑论并未及时甚至根本就不送达条款的业务员也不在少数。说明义务的履行前提是独立设置的提示义务的履行，提示义务的履行以合同订立时已提交条款为必要，因此，从该流程看，保险业务员履行提示义务就已经存在流程上的不可能，则说明义务的履行更无从谈起。

要破解该问题并不困难，只要在投保时即送达保险合同条款并进行说明即可，但目前大多数保险公司操作流程并非基层公司所能决定，即使该流程与保险法的规定存在冲突，并且导致了在诸多诉讼中败诉，只要总公司未更改该流程，基层公司就不得不将这种错误的工作流程继续延续下去。

第二，保险人说明义务的履行方式困境。

从我国法律规定来看，保险人说明义务的履行方式有两种：口头方式和书面方式。口头履行方便、灵活、快捷，书面方式完整、详细、易取证，各有各的优势。但是在保险实务中，笔者认为，该两种方式都存在一定缺陷。

首先是口头方式。口头说明的方式初看起来成本很低，只需要业务员采用聊天对话的方式即可。但实际上口头说明对于保险业务员来说要求很高，这要求保险业务员对保险业务尤其是其公司的合同条款有全面而正确的了解，还要有较高的口才来条理清晰、明白无误地向投保人传达清楚，同时还要有充足地销售经验来根据投保人的不同需求使用不同的说明技巧、推荐不同的合同内容。要达到以上诸多要求，靠保险业务员的自我学习和自然经验积累是完全不够的，这就要求保险公司对其业务员加大培训力度。而培训即代表着成本的增高，同时培训的效果也不一定尽如人意。因此，单纯靠保险业务员履行完毕说明义务可能并不理想。

其次看书面方式。目前多有保险公司主张其已通过书面方式履行了说明义务，主张保险合同条款便是其书面说明的方式。但笔者对该观点并不能认同。书面说明方式是以书面为载体进行的解释说明，其实际上是合同条款之外的、单独的一份说明书，书面说明里要对保险合同条款的各种专业名词、法律关系、法律后果等内容进行详细的、充分的解释说明。将保险合同条款等同于保险合同条款书面说明的行为，这就等同于将保险法法律条文等同于保险法教材书，是错误且不负责任的。然而从书面说明需要单独设置的逻辑出发，保险人如果要采用书面方式进行说明，那么就必然导致一个结果：本就已经是"一本书"一样的保险合同条款变为"一本厚书"。初步看，书面方式的成本在于印刷，对于业务量巨大的保险公司来说，即使是"一本厚书"，印刷成本也是很低的。然而这本"厚书"的形成却并不容易，因为这本"厚书"的编纂、解释和说明，要明白、浅显、全面无遗漏同时又要重点突出，这样的编写难度，恐怕不低于编写一本保险法教材。对于投保人来说，是不可能有耐心看完这本"厚书"的，阅读成本过高使投保人拒绝阅读，也使这种书面方式也难以发挥作用。

第三，保险人说明义务的履行标准困境。

与其他几点相比，保险人说明义务的履行标准是目前争议最大的部分，虽然《保险法司法解释（二）》第11条的要求是以常人能够理解的标准为说明标准，但这个标准略笼统。在笔者接触的保险合同纠纷中，保险人认为其提供的保险合同条款已经十分简洁明确，完全达到了"常人能够理解的标准"，因此合同条款就是他们的书面说明方式。而对于投保人而言，投保单或者保险单、合同条款都与天书无异，只是"投保人""被保险人""保险标的""保险金""保险金额""免责条款"等基本保险术语就已经让人十分难以理解，哪怕是业务员进行讲解也不一定是他们能够理解的了的，所以保险人的说明基本上不能达到投保人心中的"常人能够理解的标准"。而作为居中裁判的法院，没有任何一条指导性意见可以明确指出什么叫做"常人能够理解的标准"，这就等于要求法院通过自由裁量权来解决问题，而法院自由裁量权的大量使用必然导致同类型案不同判和当事人对法院判决难以信服的结果。

第四，保险人说明义务的证明方式仍然较为单一。

《保险法司法解释（二）》第13条规定通过投保人声明栏处的签章可以证明保险人说明义务的履行，这个规定的意义是很大的，在很大程度上遏制了《保险法》第十七条被滥用的情形。但是第十三条的出台仍然不能彻底解决保险人说明义务的证明问题，其中一点就是该规定下的证明方式仍然较为单一，若出现投保人恶意联络保险业务员虚假作证的情形，则投保人在声明栏处的签章则可十分容易被推翻。

第五，投保人声明栏陷阱和投保人反证困难问题。

严格来说，这两个问题并不是保险人履行说明义务的困境，而是《保险法司法解释（二）》第13条出台给投保人带来的问题，但该问题是与保险人提示说明义务的履行相辅相成、不可分割的。投保人声明栏陷阱下投保人反证困难，而投保人反证困境又恶化演变为保险人提示说明义务新困境，因此，对于投保人声明栏陷阱和投保人反证困难问题，笔者在此也略作讨论。

首先是投保人声明栏陷阱问题。根据《保险法司法解释（二）》第 13 条的规定，投保人在投保人声明栏处一旦签章就意味着认可保险人履行完毕了提示说明义务，这个本身没有问题，但是这个逻辑成立的前提是投保人能够清楚保险人履行完毕了提示说明义务是什么意思。然而目前没有任何法律规定要求保险人对投保人声明栏处的签章效力进行提示说明。虽然对于目前投保人的知识水平而言，阅读投保人声明栏处的文字绝大多数情况下不成问题，但阅读并不等同于理解。比如某保险合同投保单在投保人声明栏处载明："贵公司已向本人详细说明了××保险条款的内容，特别就各条款中有关责任免除、赔偿处理和投保人、被保险人义务的内容作了明确说明。"在这一段文字中，出现了保险专业名词"责任免除"，但并没有出现签字的后果说明，这段文字本身不能起到任何提示作用，如果没有保险人的说明，投保人对其签字所带来的重大后果完全无从了解，这就给投保人设下了投保陷阱。保险人提示说明义务的存在意义就是对抗保险合同中的免责条款、约束保险人、提醒投保人审慎投保，而一旦投保人签字即会失去该权利。投保人知道并能够合理行使该权利依赖于保险人的主动说明，而保险人在追求利益的目标下，必然会尽量使投保人放弃该对抗权，所以，在没有明确规定的情况下，寄希望于保险人会主动告知投保人有要求保险人履行提示说明义务的权利并不现实。这就相当于在投保时"我保险人要求你解除约束我的枷锁"，但是不告诉你"你投保人原本有权约束我"以及"放弃约束权的后果"，这个问题不仅仅是在保险合同中，在目前大量格式合同都会存在这个问题，只是保险合同作为最大诚信合同，该问题更加突出罢了。

其次是投保人的反证困境。虽然《保险法司法解释（二）》规定投保人有相反证据时可以推翻其在投保人声明栏处的签字确认，这一条是对投保人在投保人声明栏处的错误签字确认进行的救济，但作用较为有限，因为投保人的这个"相反证据"的取得并不容易。保险人履行提示说明义务是一项积极作为的行为，保险人对其行为的举证是对积极事实的举证，取证渠道多样，可以直接证实"有"。而投保人证明保险人未履行提示说明义务是对消极事实的举证，这种对"无"的状态的取证无法直接证明，而只能通过其他的、第二手的、间接的证据，但是这第二手的间接证据，无论是在取证难度上还是在证明力大小上，都必然不如第一手的、直接的证据。《保险法司法解释（二）》第十三条设置反证规定的目的就在于确保维护投保人在误签投保人声明栏之后不至于失权，然而在保险投保过程中，投保人往往因为信息不对称而处于被保险人引导的情形下，加之投保人的取证意识淡薄，几乎没有投保人能有意识的对投保过程进行取证留存，一旦因保险业务员的欺骗性宣传而在投保人声明栏处签章，再配合其根据保险业务员的授意而进行了虚假回答的"电话回访"，其很难再有对抗投保人签名栏处签章的第一手、直接的证据。

目前，从笔者审理的保险合同纠纷来看，投保人得以对抗其在投保人声明栏处的签章的证据，目前仅发现一种，即该份保险合同的保险业务员的证言。无论是到庭作证的，还是投保人偷拍偷录的，除了保险业务员对于未履行说明义务的自认外，目前笔者没有见到其他的证明方式。这种业务员自认的作证方式，起到了一定的正面作用，但其负面效果已经开始显露，此时，投保人的反证困境开始恶化演变为保险人的提示说明义务新困境。保险业务员的从业并不稳定，替换率较高，辞职之后，保险公司就难以对该业务员产生影响，此时该业务员出庭为投保人作证，尤其当该业务员与投保人有利害关系时，业务员的证言真实性就值得斟酌，不能不考虑有业务员和投保人联合来侵犯保险人合法权益的情况存在。但是也不能因为有怀疑就排除业务员的证人证言，因为业务员与投保人有利害关系、已从保险公司辞职等因素只能说是引起法院的怀疑，不能就此排除该证言。投保人提供"相反证据"的渠道本已十分狭窄，再对此进行门槛提高，恐怕法律事实认定上很难与自然事实相匹配，在保险业务员并不履行说明义务的情况大量存在的现实下，投保人的权利将更加难以保障。

以上五点即是笔者对保险人说明义务困境的一点总结，无论是投保人，还是保险人，甚至包括法院，目前都深陷其中。在此情况下，保险合同双方当事人没有明确的行为指导，必然将大量矛盾推向法院，而法院无法通过明确标准来说服案件当事人，最后也使当事人难以服判。

三、 保险人说明义务困境的发生原因

保险人说明义务困境的出现并不是新问题，而是从保险行业在我国出现

伊始就存在着。随着保险行业的发展和保险法律法规的完善，时至今日，虽然困境的破解有了长足的改善，但仍然没有达到真正破解僵局的目标。对此，笔者认为有以下三个方面的原因。

第一，法律规定不够完善。

（1）法定履行标准模糊不清。法律有关保险人说明义务履行标准的规定失于笼统。目前对于保险人说明义务的履行标准，仅有《保险法司法解释（二）》第十一条中的"常人能够理解"的标准，对于该标准应如何适用，并没有比较明确、清晰的指导意见。

（2）法定履行方式单一。法律对于投保人在投保人声明栏处签章即意味着保险人已履行完毕提示说明义务的规定失于简单化，导致保险人只求达到该形式要件，而对其中所要求的真正进行说明的实质要件没有履行动力。

第二，行业经营模式导致履行不到位。

（1）保险人自身业务流程设置导致履行提示说明义务困难，或即使履行之后亦自证困难。本文一开始引用的案例即存在保险公司因其自身业务流程设置不当导致其无法自证提示说明义务已履行、无法对抗业务员反证的问题。

（2）保险行业重销售轻理赔的保险业务销售模式，导致保险公司不会、甚至回避对如何履行好保险人说明义务进行研究和努力，保险人缺乏关注保险人说明义务的动力。

（3）保险行业的对外宣传不足、定位错误，只一味宣传投保即可获保障，回避宣传保险亦有免责内容，导致投保人误以为保险即是任何损失都应全额理赔，易产生纠纷。

第三、对保险业务员的管理存在缺陷。

（1）保险业务员签单即获提成的奖励方式，导致保险业务员只求销售更多产品，不会或者回避向投保人解释保险合同中的免责条款，甚至为了签单存在欺骗投保人的情况，对履行说明义务没有动力。

（2）保险公司缺乏对未履行提示说明义务的业务员的惩罚措施，保险业务员不履行说明义务、甚至与投保人串供提供虚假证言不需要付出代价，反而会有利于其可以签订更多保险合同以获取更多签单佣金，不履行说明义务的后果对其没有威慑力。

四、保险人说明义务困境的破解初探

当前我国都是从保险人说明义务履行后保险人的证明角度来解决该问题，但笔者认为，解决一个问题，不仅要从出现问题后如何解决考虑，还应从问题的出现原因、甚至是从问题的受害方入手，通过全面的考虑，多管齐下，或许能取得更好的效果。因此，笔者试图从不同角度分析破解保险人说明义务困境的方法。

第一，从流程上确保保险人说明义务的履行和自证方面具备现实基础：将保险合同条款的给付从跟随合同正本送达投保人变更为在投保时由业务员提供给投保人、并由投保人签收，将保险人履行提示说明确认书的签署从投保后设置到投保前。在合同条款的送达时间上，笔者发现中国人民财产保险股份有限公司和中荷人寿保险有限公司的操作流程值得借鉴。中国人民财产保险股份有限公司在机动车保险合同中，将合同条款采用大字体、免责条款加粗加黑、最后一页再附上投保单的方式印刷，在投保人阅读、并由保险人履行完毕提示说明义务之后，将合同条款最后一页的投保单填写完毕然后撕下，由业务员带回保险公司，以此确保了投保人在投保时即可看到保险合同条款，但笔者认为，如果能在撕下的部分在撕开的断口处由投保人骑缝签名，更可证实合同条款已送达投保人。中荷人寿保险有限公司在人寿保险中，其操作流程是提取合同条款中的重要内容尤其是免责内容，按照《保险法司法解释（二）》的要求单独印刷成合同说明书，在投保人投保时将合同说明书及投保单一并交予投保人，然后保险人再履行提示说明义务，最后保险合同的完整合同条款随合同正本一并寄给投保人。在保险人履行提示说明义务确认书的签署环节上，笔者从审理的保险合同纠纷案件中发现，大部分保险公司的设置还是较为合理的，即设置在投保时签署，但并不是没有设置不到位的，比如在一例保险合同纠纷中，太平人寿保险有限公司山东分公司将投保人签署保险人提示说明义务履行完毕确认书的环节设置在投保人签订投保单并缴费之后，即失去了自证其在合同订立时即已履行完毕提示说明义务的功能，较为少见。

第二，保险人说明方式可以口头方式为主，书面方式为辅，要在投保人签字前履行完毕。保险公司可以为业务员编制专门的书面说明手册，载明对合同条款的解释内容，也可以在合同条款后载明书面解释的内容，但务必

要浅显、直白、明确。其实目前在合同条款中的"释义"部分也可以看做一定程度上对保险合同的说明，但仍然太过专业化，并不能真正起到说明的作用。以书面说明为蓝本，保险业务员主要采用口头方式向投保人进行解释说明，投保人也可以在保险业务员口头说明的同时阅读书面说明，双管齐下，灵活运用。要注意的一点是，该书面说明手册如果要作为书面说明方式提交给投保人，需要在投保人签字之前连同保险合同条款一起提交。

第三，明确何为"常人能够理解"的标准，虽然何为"常人能够理解"标准不可能做出具体细化，但是可以通过举例方式，列举出一些"非常人能够理解"的情况进行指导：如保险专业术语"保险人""投保人""被保险人""保险标的""保险金额""保险价值"等，即应属于保险人需要进行说明的内容。尤其是对"免责条款""免赔率""绝对免赔率""折旧率""不足额投保"等涉及保险免赔的专业术语应着重强调说明，对于"直接损失""无证驾驶""重大疾病""癌症"等与日常理解有偏差、或者容易产生争议的内容，也应当对于其在保险合同中的特殊、明确含义专门进行解释。除此之外，保险合同条款专业性太强、内容也较多，真正全面的解释说明并不现实，对于哪些内容也需要说明，哪些不需要特别说明，应当给予保险人充分的自由选择权。但是该自由选择权只是为了避免保险人陷入冗长的说明、导致客户流失而采取的一种权宜之法，保险人选择最容易出现纠纷的条款内容进行说明、放弃不易出现纠纷的条款的说明，可以降低说明成本，但其放弃说明不代表经过了投保人的同意。若在投保人未同意的情况下，因保险人为了降低说明成本而未说明的条款产生纠纷的，保险人应继续负担未说明的后果，即该未说明的条款对投保人不生效。

第四，明确保险人对投保人声明栏也有提醒的义务，该声明栏内容应包含已送达合同条款、已履行说明义务两部分，说明应以简洁、通俗、易懂的方式将其要表述的内容陈述完毕，避免出现法律或者保险专业术语，并着重明确指出签字的后果。比如可以有"本人已收到共 ×× 页的保险合同条款"的内容，以提示投保人应在签字前即看到合同条款。可以有"同意在 ×× 等 ×× 种情形下保险人少理赔甚至不理赔"的说明，其中避免出现"免责条款""概念""内容""法律后果""保险人的明确说明"等具有专门法律含义的词语，而采用"少理赔甚至不理赔"这种较为通俗易懂的表述，并且明确具体的提出诸如无证、驾驶证不符、驾驶证超期、超速、超载等 ×× 种少理赔或者不理赔的情况，以提醒投保人这些免责内容的存在，同时也可以有效遏制保险业务员所谓的"什么损失都赔"的欺骗性推销。而对于投保人声明栏中的内容，还可以要求投保人不仅要签字还要投保人朗读一遍来做进一步的提醒，此时保险人也可以借助录音方式来进一步自证。

第五，要求保险人采取更全面的方式来证实其已履行完毕说明义务，不仅仅是投保人签字即可。对于保险人说明义务的证实，最方便的在于保险人而不是投保人。随着智能手机的普及，录音录像取证的方式并不困难，而各类公司的电话服务全程录音也已成为常态，保险业务员完全有能力将其推销合同、履行说明义务的方式进行全过程录音录像、取得完整的第一手资料。但是投保人往往没有这个取证意识，一旦要取证，恐怕会被保险业务员拒绝，或者在保险业务员的欺骗性宣传下放弃取证，最终导致自身权益无法保障。因此，如果要求保险业务员来主动取证，既可以敦促保险业务员主动履行说明义务，又可以保护投保人的利益，不存在投保人拒绝业务员取证的问题，因此，将多媒体取证证实说明义务履行情况的责任明确归于保险人、而非仅作为一种鼓励和提倡，更方便保护双方当事人的正当权益。同时，在实践中，确实也存在保险业务员主动要求履行说明义务而投保人拒绝的情形，有多媒体取证手段做辅助，在保险业务员多次要求而投保人一再明确拒绝的情况下，有助于认定投保人已放弃其对保险合同免责条款的抗辩，以真正实现合同双方当事人的公平。

第六，变更保险业务员的佣金提取方式，将签单完毕即一次性提取佣金，变更为分次提取。对于短期保险业务，业务员在合同签订并且提交已履行完毕说明义务的证据后，可提取小部分佣金，在合同期届满后，若未曾因保险人说明义务的履行产生纠纷，则可提取剩余的全部佣金。而对于合同期较长的人寿保险合同，可以对业务员放宽要求，允许其在相对较短的期限内提取全部佣金，但需明确，一旦因为其未履行说明义务而产生纠纷、且最终被认定业务员未能恰当履行说明义务的，业务员应当承担相应后果，比如返还佣金，或者赔偿保险公司的损失。

第七，改进对保险业务员的培训机制，赋予保险人对说明内容的自由选择权。对于投保人和法院而言，从法律角度，有可能合同内容100%是需要保险业务员进行说明的，然而从现实角度分析，全部说明既费时间又重点不明，那么就应当允许保险人从效率和效果相结合的角度考虑，选择一个折中方案，即仅履行部分说明义务。保险公司在进行培训时，即应当明确这个必须说明的内容和可以选择进行说明的内容之间的区分，以方便业务员开展业务。对于业务员按照公司要求履行了部分内容的说明义务、却因未履行另外一部分免责条款的说明义务而败诉的，虽然最终是未履行说明义务的结果，但只要不是保险业务员根据具体情况明知应说明而故意不说明、或因重大过失而未说明，就不应启动公司内部责任追究机制，以免挫伤业务员开展保险业务的积极性。

第八，建立完善的业务员违规操作追究机制。近日，笔者在与保险公司沟通时发现，有保险公司明知其业务员违规操作导致公司利益受损，却碍于没有对应的惩罚机制公司内部无法追责的问题出现。在有该漏洞可钻的情况下，甚至已经出现专门违规操作的保险业务员，一类是从该保险公司辞职后恶意作证，哪怕签订保险合同时已履行完毕提示说明义务，也做出不利于该保险人的证言；另一类是签订保险合同时明确要求投保人不在投保单上签字，并在保险合同纠纷诉讼中主动为投保人作证其作为业务员并没有履行提示说明义务。该两类保险业务员都以此来帮助被保险人获取不该获取的保险理赔款、以换取更多保险合同、获得更多提成佣金。对于该类违规未恰当履行保险人说明义务的业务员，应当有诸如取消佣金甚至追偿的的惩罚机制，以给进行欺骗性销售甚至是恶意假证的业务员以威慑力。

第九，改变保险合同的宣传方式，将投保人"损失多少赔多少"的观念转变为"根据合同条款赔付"，将保险人"以销售理赔情况为标准"转变为"以低纠纷率为标准"，并将保险人观念从"签合同时说的越少越好"转变为"出现纠纷越少越好"。目前，保险人为了争取到更多的保险合同，往往采取回避免责条款的方式，甚至是欺骗性宣传的方式诱导投保人投保，比如"只要出事故什么都赔"这种不负责任的宣传，虽然暂时获得了更多的保险合同，但给投保人种下了"只要交钱保险公司就得赔偿全部损失"而不区分险种、条款内容的心理印象，投保人在畸高的心理期待下，一旦有保险人赔付达不到其心理预期的情况——哪怕保险人是按照正常情况理赔——投保人就会对保险人心生不满，从而产生纠纷。而这个纠纷的根源不在投保人，是在保险人。

五、结语

保险人说明义务困境是困扰当前保险业的一大难题，不解决好这个问题，投保人与保险人之间的心理期待落差会一直存在，一些因为观念错误而产生的保险合同纠纷依然将大量出现，最终影响保险行业的健康发展。我们建立保险人说明义务制度的目的不在于苛求保险人，更不在于无限度保护投保人，而在于打造投保人和保险人的平等地位。不够有力的规定不利于保护投保人利益，而过分严格的要求同样会侵犯保险人的合法权益，都有损保险行业的发展。因此，笔者尝试从多方面考虑破解保险人说明义务困境的可能，以期待能为我国保险行业的发展起到一点绵薄之力。

浅析船舶碰撞责任划分原则
及其在保险理赔中的综合应用

王海梅　王迎军

摘要： 船舶碰撞作为一种侵权行为，通行的归责原则为过错原则，即以碰撞双方的过失作为划分碰撞责任的基础。海事局、海事法院判定船舶碰撞责任、划分碰撞责任比例，直接影响到各方包括海上保险人的最终应承担的赔付责任和损失数额。英国海事法庭在各个时期的判例中主要应用近因原则、合理性原则、推定原则等划分船舶碰撞责任的原则，司法实践和保险理赔实务中需要综合应用这些原则进行责任判定并划分出各方应承担的责任比例。深入研究责任划分原则具有重要的理论研究价值，同时也有利于处理保险理赔中的纠纷。

关键词： 船舶碰撞　近因原则　划分比例　保险理赔

船舶碰撞行为，从本质上说是一种侵权行为，因此对于碰撞责任的认定也属于对侵权责任的认定。认定侵权责任，就需要以归责原则为基础。[①] 归责原则是认定侵权方损害赔偿责任的一般准则，是在损害结果已经发生的前提下，认定侵权方对本方行为所造成的损害结果是否需要承担民事赔偿责任的原则。

普通法系对于船舶碰撞的归责原则，经历了从"平分损害原则"到"过

作者简介：王海梅，女，中国大地财产保险股份有限公司山东分公司财产险部总经理。王迎军，中国大地财产保险股份有限公司山东分公司财产险部水险理赔主管。

① 王利明：《侵权行为法归责原则研究》，中国政法大学出版社 1992 年版，第 17～18 页。

错责任原则"的一个发展过程。1910 年《碰撞公约》确立了过错责任原则，即船舶碰撞双方以过错责任为归责原则，有过错应承担责任，没有过错则免除责任，双方均有过错则按比例承担责任。我国《海商法》也以过错责任原则为归责原则。

以过错责任为归责原则必然涉及对过错或过失的认定。确定船舶碰撞的过失程度，是一个确定每一船舶的过失、过失对于碰撞及损失的发生是否产生作用，以及所产生作用大小的过程[①]。英国 1945 年 *The Law Reform*（*Contributory Negligence*）*Act* 中就涉及到，在侵权诉讼中，如果受害方自己有部分过失，就不能向侵权方完全索赔损失。英国法院通过事实发现（Finding of the fact），首先确定各方行为与损害结果的关系，继而推断出各方行为对于损害结果产生作用力的主次顺序，这既要依赖于法官本人的法律职业素养与渊博的知识，某些时候还需要借助于专家证人的意见，并综合考量事件发生过程中各种要素。

下文将通过研究一起真实案例探讨如何判定碰撞各方的过失程度以划分其承担责任的比例。

案例：2016 年山东某港附近船舶碰撞案

2016 年山东某港附近发生一起甲乙两船碰撞事故，事故导致甲船船首轻度碰损，乙船船首右侧水线以上出现一个较大破口，事故中无人员伤亡和油污损害。当地海事局简单调查后支持双方和解，为避免影响船期碰撞双方船东及各自保险人均积极介入和解协商，各方均认可碰撞双方均有责任，但对于责任比例的划分存在较大争议。具体为：甲船自烟台驶往该事发港准备装货，为空载进口；乙船载货出口，航道为狭水道，并实施分道通航制。事发当时天气海况良好，视线大于 5 海里，平潮，水流流速小于 0.5 节，甲船航速 10 节，乙船航速 6 节。双方船舶距离 3 海里时通过 VHF 联系红灯通过，后在距离 2 海里时乙船发现甲船偏向分道通航航道的中心，对乙船的安全航行构成威胁，乙船通过 VHF 呼叫甲船要求保持安全距离，甲船回复是因为避让小渔船而偏离航线，会马上恢复航线，但直到两船距离小于 0.5 海里时甲船仍偏离航线，双方船舶均采取倒车转舵等避让措施，仍然发生碰撞。

案例中，甲船违反保持瞭望、安全航速及分道通航制等国际避碰规则中

---

① 胡正良主编、韩立新副主编：《海事法》，北京大学出版社 2009 年版，第 60 页。

的条款，乙船也有未及早采取避让措施的过失，甲船的过失大于乙船没有争议，但对于双方承担责任比例多少无法达成一致。乙船认为甲船空船进口，船舶操纵性优于乙船，且偏离航线，甲船的过失是导致事故的近因，应承担超过 80% 的责任；甲船认为虽然本船偏离航线，但导致事故的近因是双方在碰撞前各自均存在过失的避让行为，综合考量双方的过失程度，甲船仅应承担不超过 60% 的责任。

通常在保险理赔实务中，作为保险人的保险公司对于船舶碰撞的责任划分没有主动权，往往需要等海事局、海事法院对船舶碰撞双方进行责任划分后才能介入确定各方的赔付比例和金额，而我国海事局往往仅对双方的责任进行简单的划分，或一方全责一方无责；或一方主责一方次责；或双方均无责任，各自承担自身损失；或双方平均分摊责任。对于一方全责一方无责或双方均无责任，往往案情较明显，各方一般没有争议；但对于双方分摊责任，尤其是一方主责一方次责具体比例多少，极大影响到碰撞双方及其保险人的利益。实务中海事局一般都不会明确主次责任划分比例，诉至法院等待判决又会导致极大的诉累，而对于碰撞导致的后果并不太严重的事故，比如损失并非很大、没有人员伤亡、未发生油污等恶性事故的情况，海事局也会让双方协商解决，考虑到如果等海事局出具事故责任认定书拖延导致扩大的损失，保险人往往也同意双方协商解决。但事故双方的分歧如何解决，比如本案中甲乙双方对于承担责任比例的分歧，这就需要了解船舶碰撞责任划分原则及其在案例中的应用。英国海事法庭在各个时期的审判实务中总结出了近因原则、合理性原则、推定过失原则等，以下将参考劳氏报告中案例予以简要介绍。

一、近因原则及其应用

近因原则是英国法下确定碰撞双方过失比例的最主要的原则，其源自于碰撞行为的侵权性而需要在损害后果与碰撞行为之间确定因果联系。"因果联系作为侵权行为的构成要件之一，在确定船舶碰撞责任时同样适用，对此，任何一个国家的立法均不否认。"[1] 以下为英国海事法庭"THE DA YE"[2]

---

[1] 傅廷中：《海商法律与实务丛谈》，大连海事大学出版社 2001 年版，第 281 页。
[2] ［英］劳氏法律报告，1993 年版第 1 卷第 30～40 页。

一案的案情和法官判决摘要。

　　1987 年 12 月 9 日原告船舶"Professor Vladimir Popov"（以下简称"Popov"轮）装载货物从罗马尼亚驶往香港，事发当时，"Popov"轮由该轮 Alexey Li 船长驾驶。被告船舶"Da Ye"轮装载货物从南斯拉夫普洛切港驶往中国。该轮计划在塞得港加油，并由 Zhu Xie Ming 船长驾驶。在碰撞前大约 3 分钟，"Da Ye"轮向右改变航向。"Da Ye"轮没有按其驾驶职责要求发出一短声汽笛通告该轮的转向举动。"Da Ye"轮以从船首开始 054 度的角度撞击了"Popov"轮的右舷。"Da Ye"轮的球鼻艏穿透了"Popov"轮的水线以下部分并导致了严重的损害。

　　海事法庭 SHEEN 大法官判决认为：

　　（1）"Da Ye"轮没有保持有效的雷达瞭望，过快的航速和可悲地没有保持正规的瞭望是两个独立的过失，即便保持良好的雷达瞭望该轮航速也是不安全的，并且没有保持良好的瞭望导致了另一个严重的过失。（2）"Popov"轮没有保持正规的雷达瞭望，如果该轮保持了正规的瞭望，就会看到尽管紧迫局面正在形成，但两船将会右对右各自通过并且没有必要动车避让。在 C-6 时"Popov"轮几乎处于"Da Ye"轮的正前方，并且要么正在横越"Da Ye"轮到其右船首要么将会这样，如果"Da Ye"轮没有向右改变几度航向的话（见第 38 页）。（3）C-6 时存在的安全局面因为"Da Ye"轮无法解释的向右转向的原因而转变为非常严重的局面；这完全没法解释，因为 Zhu 船长对于碰撞前最后四分钟发生的事情的解释不准确；是该航向的改变导致了碰撞危险；这是一个非常严重的过失并且看起来是不良瞭望导致的。（4）尽管"Popov"轮在碰撞前十分钟期间没有保持正规的瞭望，但不能对该轮在 C-3 时之前的驾驶有抱怨；如果"Da Ye"轮没有向右改变航向局面将是安全的并且碰撞将不会发生；在 C-3 时之前"Popov"轮没有必要降速；"Popov"轮应该以间隔不超过两分钟发出一长声的汽笛信号，但是被告没有声称这个过失是碰撞的原因。（5）"Da Ye"轮驾驶上的过失毫无疑问的是碰撞的支配性原因；该轮在能见度不良时以 14 节的航速通过锚地，而安全航速应该是 6 节；该轮航速的结果之一就是导致了一个轻率的和错误的向右改变航向的决定；那个决定是轻率的是因为该轮没有保持正规的瞭望并且"Da Ye"轮错误地向右转向因而产生了一个危险的交叉局面；没有船舶有权在面对一条看到的靠近的船舶时，有权转到一个交叉航向上以迫使另一条船让路。（6）"Popov"轮在驾驶上的过失是对于强加在其身上的紧急情况的不正确的反应；原告应承担碰撞责任的 20%，被告应承担 80%责任。

在上述"THE DA YE"①一案中，海事庭的 SHEEN 大法官认为碰撞双方都没有保持正规的视觉及雷达瞭望，但"'Da Ye'轮驾驶上的过失毫无疑问的是碰撞的支配性原因。首先，该轮在能见度不良的情况下以 14 节的航速通过锚地，而其安全航速为 6 节。可以肯定的是该轮 14 节航速产生的后果之一是导致了一个轻率和错误的向右转向的决定。该决定是一个轻率的决定也是由于'Da Ye'轮没有保持恰当的瞭望。最后，'Da Ye'轮在向右转向上存在过失并因此产生了一个危险的交叉相遇局面。没有船舶有权在面对一条看到的靠近的船舶时，有权转到一个交叉航向上以迫使另一条船让路……"而对于原告"Popov"轮，他认为"the fault in the navigation of Popov was not reacting correctly to the emergency thrust on her；Her master is entitled to be judged leniently"，也就是说"Popov"轮在驾驶上的过失是对于强加在其身上的紧急情况的不正确的反应，该轮船长应得到宽容判决。既然危险是被告船舶导致的，被告理应承担更大比例的责任。

二、合理性原则及其应用

合理性原则是英国司法审查时通常采用的一个原则，其法理依据是根据法治原则，任何授权行使的公共权力应是受约束、有限度的，没有绝对的自由裁量权，法官裁量权的行使必须合理。根据著名的温斯伯利原则的解释，"合理"是指排除不相干的考虑，按照有正常理智的人的正常思维行事。英国法院在遇到案情复杂、时间久远、证据可信度存疑的情况下，在事实发现和责任认定上也经常采用合理性原则。以下是英国海事法庭"THE KAPITAN ALEKSEYEV"②一案中的案情及法官判决摘要。

1979 年 11 月 29 日夜间叙利亚塔尔图斯港，"Kapitan Alekseyev"轮（以下简称"Alek-seyev"）、"Nordmark"轮和"Panagiotis Xilas"轮（以下简称"Xilas"）三条船都按地中海系泊模式系泊，每条船船尾对着西防波堤的部分。风力大风，北向，给港内的船舶带来很大的破坏。第一次碰撞发生

---

① ［英］劳氏法律报告，1993 年版第 1 卷，第 30 ～ 40 页。
② ［英］劳氏法律报告，1984 年版第 1 卷，第 173 ～ 183 页。

在"Alekseyev"轮的右船首和左边的浮筒，随后导致"Xilas"轮系泊在左边浮筒的缆绳断裂，之后大约在当"Alekseyev"轮离港时，"Xilas"轮系在其右边浮筒上的缆绳断裂，并导致"Xilas"轮向右移动，并由于与其它一些驳船发生碰撞的原因而受到损害。

高等法院王座法庭（海事法庭）的 SHEEN 大法官判决认为：

（1）根据事实，"Nordmark"轮安全地系泊妥当并将一直保持这种状态，如果不是因为"Alekseyev"轮的移动该轮将不会妨碍到"Xilas"轮；"Nordmark"轮船长的行为从没有低于能够合理预见到的谨慎注意的标准；他没有忽略采取任何他能够预见到的合理的预防措施并且他这一方没有采取可能将被视为过错的行动；在这种情况下"Nordmark"将不对所发生的事件承担任何责任。（2）"Alekseyev"轮和"Nordmark"轮之间发生的碰撞是由于"Alekseyev"轮走锚并且使其被吹向"Nordmark"轮导致的。"Alekseyev"轮船长在未能使其船舶离开港口方面犯有疏忽，并且给其它船舶带来会导致损害的完全不公正的风险（当时该轮装载有爆炸性货物），当他不能阻止他的船头倒向"Nordmark"轮时将会发生这样的危险状况；因此，"Nordmark"船东向"Alekseyev"船东提起的索赔获得成功。（3）对于"Xilas"船东提起的索赔，根据法庭所得的整个证据可知，毫无疑问，从"Xilas"系到其右侧浮筒上的缆绳断裂是由于"Alekseyev"轮的运动导致的。这可能是当时"Alekseyev"轮未能阻止自己既与浮筒接触又与缆绳接触导致的，但是发生这样的情况是由于"Alekseyev"在早期当其能够并且应该这么做时没有离开泊位导致的，并且，"Xilas"轮船东有权从"Alekseyev"船东处获得损害补偿。

在上述案例中，SHEEN 大法官认为，"Nordmark"轮船长 Richards 先生的行为从没有低于能够合理预见到的谨慎注意的标准；他没有忽略采取任何他能够预见到的合理的预防措施并且他这一方没有采取可能将被视为过错的行动。"我现在必须反过来考虑'Nordmark'轮上发生了什么。该轮 Richards 船长通过打入压载水以降低该轮的风压值。根据他提供的证据他往船上打入 1 500 吨的压载水（或者依据大副的证据显示为 1 300 吨），这样就将该轮的吃水增加了接近 5 英尺。接着船长就感到他的船是安全的，因为他的船尾稳稳地固定住并且每个锚链都放出 7 节长。但是当北风风力增加到 30 节时，船长给机舱下达命令备车，并命令大副派遣船员到前后甲板待命。船长被一个事实所困扰，即'Alekseyev'轮非常轻并因此有一个很大的风压值。当'Alekseyev'轮靠近时 Aderey 船长要求 Richards 船长离港。Richards 船长拒绝这样做，但为了尽可能地协助'Alekseyev'轮他指示他的大副放松锚链。大副 J. E. Stafford 先生地放出锚链直到每条锚链都是七节半甲板。这已经足以在当天剩下的时间内阻止'Alekseyev'轮与'Nordmark'轮之间发生碰撞。"[1]

对于"Alekseyev"轮船长 Aderey 先生关于该轮由于装载货物具有爆炸性的解释，SHEEN 大法官的推论是："Aderey 船长一次又一次地寻求向我解释他之所以不情愿移泊他的船是因为他害怕会由于爆炸导致一个大的灾难。我试图从 Aderey 船长处获得一个解释即他怎么会认为这样一个爆炸将会发生。他的回答仅仅导致加强了我的观点，即他的害怕是不当的并且他的情绪态度是不理智的。

被告律师 Steel 先生在本案中曾非常恰当地（quite properly）提醒 SHEEN 法官，当在任何特别的时刻考虑 Aderey 船长的行为时，必须谨慎地在心中形成对现在所了解的特殊时刻之后所发生一切事实的认识；必须仅仅根据该船长当其采取每一个决定时所有的或应该所有的知识来判断船长的指挥行为。Steel 先生也提醒法官不要通过参考一些完美主义的顾问意见，而仅仅应该参考能对一名适任船长所能合理期望的船艺标准来评判 Aderey 船长。虽然 SHEEN 大法官最终并没有支持被告的主张，但也明确表述："I bear both of these points well in mind."[2]

三、 推定过失原则及其应用

推定过失原则是根据船舶是否违反相关的航行规则来判断该船是否承担碰撞责任的原则，免责的条件是该船能够证明当时违反规则是必要的，或即便违反规则，该船的行为也不是碰撞发生的原因。以下是英国海事法庭"THE TOPAZ AND IRAPUA"[3] 一案的案情和法官判决摘要是：

1991 年 5 月 6 日晚上，原告船舶"Topaz"轮和被告船舶"Irapua"轮在巴西东海岸外靠近 Ubu 港处发生碰撞，事发当时天气良好，夜间但能见度良好。这是一起交叉相遇案件；"Topaz"轮是直航船，"Irapua"轮是一条

---

① ［英］劳氏法律报告，1984 年版第 1 卷，第 179 页。
② ［英］劳氏法律报告，1984 年版第 1 卷，第 179 页。
③ ［英］劳氏法律报告，2003 年版第 2 卷，第 19 ～ 31 页。

让路船。碰撞的角度一致认为大约 51 度，"Irapua"轮的右船首碰到"Topaz"轮左舷第 4/5 货舱的边舱。

各方达成共识的是"Irapua"轮在碰撞前既没有看到"Topaz"轮，也没用通过雷达观测到该轮，并且被告承认"Irapua"轮上的船员违反了 72 年避碰规则第 5 条，即未能保持正规的瞭望，并且导致他们也违反了规则第 7、8、15、16 条，这是一个严重的过失，是导致碰撞发生的重要的原因。

原则问题是是否"Irapua"轮单独承担碰撞责任或是否"Topaz"轮也有过失，以及如果这样的话"Topaz"轮的过失程度。

海事庭大法官 GROSS 先生判决认为：两条船对于碰撞都要承担责任；不能说"Topaz"轮的过失太小因此就只承担很少的责任；这些是实际过失，依据规则 17（a）（ii）的决定性的措施，或者根据规则 17（b）采取更早的措施将能避免碰撞；然而，"Topaz"轮的过失来自于强加于它的条件，是由于"Irapua"轮方面在碰撞前对"Topaz"轮的观察或采取措施以避免碰撞的完全过错而可悲地导致的；"Irapua"轮上的船员的这些严重过失是无法争辩的并且导致该轮对碰撞承担主要责任；公平的责任分配是对"Topaz"轮有利的 80% 对 20%。

大法官 GROSS 先生在上述案例中基本上是遵照规则《1972 年国际海上避碰规则》（以下简称《规则》）对碰撞双方的责任予以划分。首先法官根据案情，判断出碰撞事故发生之前两条船处于《规则》第十五条所定义的交叉相遇局面。而《规则》第十五条明确规定："当两艘机动船交叉相遇致有构成碰撞危险时，有他船在本船右舷的船舶应给他船让路，如当时环境许可，还应避免横越他船的前方。"另外，被告"Irapua"轮在碰撞前既没有看到"Topaz"轮，也没用通过雷达观测到该轮，并且被告承认"Irapua"轮上的船员违反了规则第 5 条，即未能保持正规的瞭望，并且导致他们也违反了规则第 7、8、15、16 条，这是一个严重的过失，是导致碰撞发生的重要的原因。"他们承认他们应当承担碰撞责任的主要比例。"为了避免疑问，在庭审中，Russell 先生解释了"主要的"不是意味着"压倒性的"或任何类似的意思。

英国海事法庭在处理船舶碰撞责任划分时除了以上三个基本原则，还有诸如平衡可能性原则（balance of probability），是指在法庭的事实发现及原因分析中，对于不确定的事实，通常将可能性较高的事实认定为法庭所承认的事实，以及紧急情况下的过失原则、最后机会原则等，本文不再详述。

四、 责任划分原则在保险理赔实务中的综合应用

确定船舶碰撞事故中各方是否具有过失及过失程度，主要就是考虑过失与碰撞结果之间的因果关系和过失对碰撞结果产生的影响。《1972 年国际海上避碰规则》生效之前，法庭通常适用近因原则等其他原则来判断导致事故发生的原因。在《1972 年国际海上避碰规则》生效之后，法院更多地适用以该规则为基础的推定过失原则来判断双方的过失及事故的成因。当然，这两个原则的适用并不是非此即彼的关系，往往可以在案件的事实调查和责任判定中同时适用，尤其在事故成因复杂的案件中。对于合理性原则和平衡可能性原则，也是在案件的事实调查和责任判定上出现了很大的争议时予以适用。通过适用上述判定责任的主要原则后，多数案件的审理都可以达到主要事实基本清楚，主次责任基本明确的程度。在此基础上，法庭通常紧扣"各自过失的相对的应责备性和成因效力"这两个要点，对各方的责任比例最后予以确定。英国海事法庭 CLARKE 大法官在"THE ALEKSANDR MARINESKO AND QUINT STAR"[1] 中的总结："过失划分依据于各自过失的相对的应责备性和成因效力。"（The apportionment of that fault depends upon the relative blameworthiness and causative potency of the respective faults.）。根据责任比例划分双方应承担的责任，无非是以下几种情况：一方负全责，另一方不负任何责任；双方负均等的责任；一方负主要责任，另一方负次要的责任。其中划分为主次责任的一种需进一步细化各方所应承担的责任比例，例如是划分为四六开、三七开还是二八开。这其中法庭的裁量权较大，不同法官的划分结果都可能不尽相同。总结过往案例，许多法官会选择通过判定承担主责的一方应承担的责任是否大于承担次责一方应承担责任的两倍的方法予以进一步细化。

综合分析本文所列英国案例可知，对于船舶碰撞责任的划分原则主要就是近因原则、合理性原则、推定过失原则以及平衡可能性原则等，其它诸如紧急情况下的过失原则、最后机会原则等要么与上述原则部分重叠，要么已经因其本身的不合理而不再援引。船舶碰撞责任划分过程基本分为两大步

---

① ［英］劳氏法律报告，1998 年版第 1 卷，第 276 页。

骤，即先在事实发现中适用责任划分原则对各方的过失予以判断，然后通过确定各方过失的应责备性和成因效力判断出各方过失程度的大小。如果发现很明显某一方应负全责或压倒性（overwhelming）责任，即可判定该方负100%的责任或90%以上的责任；如果双方过失程度均等或无法区分双方过失程度的大小，可判定双方各负50%的责任；如果双方均有过失，但并非均等责任或某一方负压倒性责任，法官此时就需要合理利用裁量权予以判定双方的责任比例，如同本文中所提到的一个参考负主要责任的一方应受责备程度是否两倍于负次要责任的一方的标准，如果是，主要责任方将负70%到80%的责任；如果不是，主要责任方将负60%的责任。

具体到前文所述发生在山东某港的案例中，甲船违反了保持瞭望、安全航速及分道通航制等国际避碰规则中的条款，甲乙两船也都有未及早采取避让措施的过失及所采取的措施存在不合理之处，如何判定甲乙双方的责任比例，就需参考双方过失的应受责备的程度。甲船在进口航行且处于分道通航制区域，船舶航行密度大，其保持的10节航速显然超过该水域中应有的安全航速。同时该轮在面对需要避让小渔船时又轻率地采取转舵避让而不是减速等合理措施，导致甲乙两船处于一个紧迫局面，因此从近因原则判定，甲船的行为是导致最终碰撞事故发生的主要的和直接的原因，理应承担主要责任。至于乙船的过失，如同在"Da Ye"轮与"Popov"轮碰撞案中SHEEN大法官所认为的，"Popov"轮在驾驶上的过失是对于强加在其身上的紧急情况的不正确的反应，该轮船长应得到宽容判决，也就是说乙船碰撞前所采取措施不合理的过失程度理应得到宽容判决。而根据推定过失原则，双方均不同程度违反《1972年国际避碰规则》的条款，均存在过失。由于甲船在未保持安全航速和遵守分道通航制的方面其因受责备程度明显大于乙船，因此可以判定甲船作为主责方，根据各自过失的相对的应责备性和成因效力，甲船应承担的责任比例应该在70%到80%，本案碰撞双方最终据此达成责任划分及赔偿协议，及时解决纠纷并避免产生扩大损失。

学习借鉴并合理、综合地适用英国法下的船舶碰撞责任划分原则，不仅具有极高的理论研究价值，且有利于解决海事权威部门包括保险人在事故原因判断、责任划分、保险理赔方面的实际问题，达到定纷止争，推动海上保险业的健康发展目的。

参考文献

［1］王利明．侵权行为法归责原则研究［M］．北京：中国政法大学出版社，1992．

［2］胡正良、韩立新．海事法［M］．北京：北京大学出版社，2009．

［3］傅廷中．海商法律与实务丛谈［M］．大连：大连海事大学出版社，2001．

［4］［英］劳氏法律报告，1993 年版第 1 卷．

［5］［英］劳氏法律报告，1984 年版第 1 卷．

［6］［英］劳氏法律报告，2003 年版第 2 卷．

［7］［英］劳氏法律报告，1998 年版第 1 卷．

浅析财产保险合同中特别约定的法律效力

魏芩芹

摘要： 保险合同特别约定是指保险合同中缔约双方经平等协商，在格式条款的基础上，对于未尽事宜进行书面约定，以此提示、限制或变更格式合同中规定的双方权利义务的补充约定。本文针对一起保险合同诉讼案件，结合特别约定的类型、商业车险中特别约定的生效要件及保险人规避特别约定效力风险的途径分析了财产保险合同中特别约定的法律效力。

关键词： 财产保险合同　特别约定　效力

一、案情介绍

2013 年 9 月 1 日，灵宝二小作为投保人及被保险人在某保险公司办理了校方责任保险，并在该保险单特别约定中附加了校方无过失责任保险，同时约定该附加险保费已含在主险中，校园方责任险评残标准参照《道路交通事故受伤人员伤残评定》。保险期间内，该校学生介某某在跑早操时，摔倒在校园内水泥地上，致上前牙三颗牙冠根折。事发后，介某某到医院检查治疗，并于 2014 年 3 月 21 日向经三门峡桃林法医临床司法鉴定所申请鉴定，最终鉴定为十级伤残（依据《劳动能力鉴定职工工伤与职业病残疾等级》标准）。因被保险人与保险人未能就保险赔偿金额达成调解意见，灵宝二小向灵宝市人民法院起诉请求判令保险人支付诊断费、交通费、鉴定费、伤残赔偿金、精神损害抚慰金共计 51 796 元。

在庭审中，原被告双方的争议焦点主要集中在双方在保险合同中约定的

作者简介：魏芩芹，女，中国大地财产保险股份有限公司山东分公司理赔部诉讼追偿岗职员。

"校方责任险评残标准参照《道路交通事故受伤人员伤残评定》"这一特别约定是否有效。被告认为双方在特别约定中已约定校方责任险评残标准参照《道路交通事故受伤人员伤残评定》，而原告则主张该规定系格式条款，发生争议，应做出对提供格式条款方不利的解释。

二、 保险合同特别约定的类型

保险合同特别约定是指保险合同中缔约双方经平等协商，在格式条款的基础上，对于未尽事宜进行书面约定，以此提示、限制或变更格式合同中规定的双方权利义务的补充约定，是格式条款的必要补充。笔者认为，要分析保险特别约定的效力，首先需了解保险特别约定的类型。在财产保险业务实践中，特别约定的内容丰富多样，归纳起来，大致能分为如下几类。

1. 提示性条款。用于提示或告知客户格式条款中未约定的，但依据法律法规或相关政策规定在合同履行中双方当事人必须遵守的规范。如："根据监管规定，赔款资金实行非现金支付，方式有：网上银行付款、银行汇兑付款以及转账支票付款。"此类特别约定由于仅是对法律法规的规定进行提示，其法律效力通常没有争议。

2. 变更性条款。通过特别约定直接变更主合同的相应约定。如保险条款中规定发生保险事故时违反安全装载规定的，加扣10%绝对免赔。而在特别约定中，保险人对该条款约定作出如下变更："发生保险事故时，保险车辆违反安全装载规定的，保险人增加30%的绝对免赔率，因违反安全装载规定导致事故发生的，保险人不承担赔偿责任。"该特别约定所约定的情形虽然在主合同中也有约定，但约定的免赔比例较低，而特别约定则进行了变更，增加了免赔比例，所以被称为变更性条款。此类特别约定的法律效力在诉讼中也往往会出现争议。

3. 限制性条款。用于限制保险合同当事人主张的权益或加重其应履行的义务。通常该特别约定所约定的情形在主合同中并未出现，特别约定直接限制被保险人的相关权益，是诉讼中出现争议最多的一类特别约定。如本文开头所述案例中约定的"校方责任险评残标准参照《道路交通事故受伤人员伤残评定》"即属于此类条款。因主合同中并未约定评残标准，而在实践中，《道路交通事故受伤人员伤残评定》中规定的定残标准较《劳动能力鉴定职工工伤与职业病残疾等级》的定残标准较宽松，所以特别约定中将评残标准约定为《道路交通事故受伤人员伤残评定》实际上确实限制了被保险人的相应权益。

三、保险合同特别约定的生效要件

（一）通用生效要件

特别约定作为缔约双方的意思表示，是保险合同的有机组成部分，对合同效力会产生重要的影响。但在保险实践中，由于双方对既有条款理解方面存在差异，仍有可能导致缔约方在特别约定中无法佐证真实的意思表示，进而引发特别约定的效力问题。笔者认为，无论是什么类型的特别约定，都不应违反如下生效要件。

第一，特别约定应符合法律法规的规定。

《合同法》第52条规定，违反法律、行政法规的强制性规定的合同无效。因此，虽然基于自愿原则，特别约定可以最大限度地实现意思自治，但作为格式合同的补充约定，缔约双方也不得以意思自治为由，利用特别约定对抗法律法规的相关规定，否则当与法律法规发生冲突时，特别约定将失去其法律效力。

第二，特别约定应符合公序良俗。

公序良俗是公共秩序与善良风俗的简称。公序一般指社会一般利益，包括国家利益、社会经济秩序和社会公共利益。良俗指一般道德观念或良好道德风尚，包括社会公德、商业道德和社会良好风尚等。违反公序良俗的特别约定常常表现为"射幸性"。如保险人和投保人约定"若本年度未发生保险事故，则保险人给予投保人25％的保费返还"。经此约定，原本的补充合同变为附条件的奖励合同，保险合同的性质也随之变化，在实务中，此类约定不予保护。①

第三，特别约定应不存在重大误解或显失公平情形。

《合同法》规定因重大误解订立的或在订立合同时显失公平的的合同，当事人一方有权请求人民法院或者仲裁机构变更或者撤销。笔者认为，保险特别约定也应将不存在重大误解或显失公平的情形作为特别约定的生效要件之一。例如在吊车的车辆第三者责任保险中约定"因车辆吊起货物造成第三

---

① 田帆："保险合同中特别约定的效力问题研究"，载《浙江省2011年保险法学学术年会论文集》。

者损失的，保险人不承担赔偿责任"。因保险车辆即吊车，其主要的作用即吊装货物，其可能出现的主要损失风险之一也是出现在吊装货物中，而该特别约定将吊装货物造成第三者的损失进行免除，实际上是免除了保险人的主要责任，违背了投保人订立保险合同的本意，使得投保人订立该保险合同的目的无法得以实现，显然是显失公平的，对于这样的特别约定，笔者认为是没有法律效力的。

（二）免除保险人责任性质特别约定的生效要件

对于特别约定的生效要件，笔者认为，除特别约定应符合法律法规的规定、符合公序良俗、不存在重大误解或显失公平情形等特别约定通行生效要件外，对限制性及变更性条款类的特别约定而言，还应符合一些特殊的要求。

由于限制性及变更性条款中可能出现免除保险人责任的特别约定，例如车辆商业保险特别约定中约定："发生保险事故时，未经保险人同意，被保险人擅自撤离现场的，保险人增加30%的绝对免赔率，直至拒赔。"该约定免除或减轻了被保险人出险后未经保险人同意擅自撤离现场情形下保险人的赔付义务。再如本文开头所述案例，保险人通过在特别约定中限定伤残鉴定的定残标准来限制被保险人伤残赔偿金的赔付。

由于此类特别约定往往是保险人以其自己事先拟定的条款形式，约定免除自己责任的条款，通常由保险人事先统一制定，而且在订立保险合同时，除少数合同外，大多数保险合同的特别约定内容保险人往往不会与投保人进行口头协商，而是保险人在特定险种中统一应用、统一附加的条款。笔者认为，虽然从形式上看，此类条款是在特别约定中，但从本质上看，此类条款也应属于格式条款的范畴。同时，由于这些条款均在基本条款外设定了保险合同当事人的实体权利义务，限制和排除被保险人实体权利，同时免除保险人实体义务的约定，对投保人关系着其投保合同的目的能否实现，会直接影响双方当事人的实体权利义务关系。因此。笔者认为对于此类特别约定保险人也应履行提示及明确说明义务。

根据《保险法》第 17 条第 2 款的规定："对保险合同中免除保险人责任的条款，保险人在订立合同时应当在投保单、保险单或者其他保险凭证上作出足以引起投保人注意的提示，并对该条款的内容以书面或者口头形式向投保人作出明确说明；未作提示或者明确说明的，该条款不产生效力。"这主要是由于保险人与投保人在合同订立过程中所处地位不同所致，保险人在订立保险合同过程中处于优势地位，并有较丰富的实践经验，可能事先拟订一些不利于被保险人的格式条款，为保护不特定多数投保人的利益，平衡保险人与投保人在合同订立中所处的不同地位，因此保险法要求保险人对保险合同条款履行说明义务，在订立保险合同时，保险人应当向投保人说明保险合同条款的内容，保险合同中规定有关保险人免除责任条款的，保险人应当向投保人明确说明。因此，此类免除保险人责任的特别约定，笔者认为保险人也应履行明确说明义务，否则特别约定内容无效。

如本文开头所述案例，最终一审法院认定"因被告保险公司在订立保险合同时，向投保人出具的该保险单将所有校园内发生的事故评残标准一律适用《道路交通事故受伤人员伤残评定》，而该评残标准通常是指发生在道路交通事故中适用的评残标准，本案中第三人系在校园内摔倒致伤，应适用《劳动能力鉴定职工工伤与职业病残疾等级》，但保险单的特别约定与实际发生的事故不相符合，实际上是保险公司明显减轻自己责任的条款。依据有关法律规定，保险单中该规定并未用足以引起投保人注意的文字、字体、符号或其他明显标志作出提示说明，应认定被告保险公司对该条款未履行明确说明的义务，该条款对原告不产生效力"。法院判决经保险人上诉后，被二审法院维持原判。

四、保险人规避特别约定效力风险的途径

（一）严格术语定义

特别约定作为格式合同的补充，应尽可能如实、准确地反映缔约双方的真实意图，文中的用语应清楚明了无歧义。在特别约定中使用术语，且该术语可能产生歧义时，应对其进行严格定义，从而增加可操作性、避免潜在的争议。尤其是在免责性特别约定中，应逐一定义首次出现的涉及保险责任认定是术语，便于事故发生后，分清缔约双方的责任。[①]

（二）充分履行说明义务

保险人在做限制性、变更性特别约定，涉及到免除保险人责任的内容时，

---

① 田帆："保险合同中特别约定的效力问题研究"，载《浙江省 2011 年保险法学学术年会论文集》。

要严格按照法律规定，对特别约定内容进行解释说明。另一方面，保险人应加强对展业环节的管控，确保业务员按既定的制度，在展业过程中提示投保人注意特别约定内容并对相关内容进行明确说明，从而从源头上避免特别约定实效的风险。

（三）对既有特别约定进行梳理，避免出现特别约定与法律法规相冲突

近年来我国的保险事业得到了迅猛发展，但与发达国家相比，保险的投保数量仍不算高，加之多种因素的影响及保险赔偿和保险成本的提高，部分保险企业出现了亏损。保险人为防止亏损，规避高额的索赔，在签订保险合同时，通过特别约定增加免责条款，降低损失，这种方式可以理解。但若出现特别约定于法律法规相冲突或者特别约定内容显失公平的情形，一方面特别约定的效力不能得到认可，另一方面也会影响社会对保险行业的看法，造成保险行业得不到社会的认可和尊重。因此笔者认为，有必要对既有特别约定进行梳理，避免出现特别约定与法律法规相冲突、显失公平等情形的发生。

（四）调整不同类型特别约定的使用场合，灵活应对风险

在多元化经济的现在，被保险人及投保人的需求往往也是多样化的，投保人和被保险人的活动特性往往不尽相同，在这种情况下，保险人可以根据被保险人的特殊活动特性，调整不同类型特别约定的使用场合，量身定制承保方案，而不一定非要采用限制性条款的特别约定降低风险，以更为灵活的方式承保相关业务，反而可能取得更有效的成果。若简单地将风险约定为除外责任，一方面不能满足投保人和被保险人的真实需求，另一方面也不利于发挥保险的作用。

保险合同目的解释探析

——以一起"马蜂蛰死人案"切入

王思华　王　群

摘要：保险合同解释，作为保险合同纠纷解决和诉讼判决的重要手段和方法之一，在处理保险合同争议中起着重要作用。而我国保险合同解释制度在立法上存在一定缺陷，解释过程中不能对保险合同作出公平合理解释的现象屡屡发生。在解释保险合同时，应首先适用文义解释原则，按照合同明确的书面内容解释。如果合同内容不明确，语义不清或有歧义的，应再结合上下文使用体系解释方法。仍无法解决纠纷的，再尝试适用目的解释这一原则和方法。当然，各种法律解释的原则和方法的适用并非机械和孤立，应充分考虑保险合同的源头因素即合同成立时的各种因素，并同时对保险合同的内容作全面的整体评价，灵活、全面整合多重法律解释方法，并使之有效串联，以尽力参透合同制定之真意，真实、有效地解释保险合同。文章以一起"马蜂在车内致人死亡"案为例，将保险合同解释与实务紧密结合，以求更好的促进对保险的理解和适用，并对保险目的的实现有所裨益。

关键词：保险合同　目的　法律解释

保险合同解释，作为保险合同纠纷解决和诉讼判决的重要手段和方法之一，在处理保险合同争议中起着重要作用。而我国保险合同解释制度在立法上存在一定缺陷，解释过程中不能对保险合同做出公平合理解释的现象屡屡发生。本文以一起"马蜂在车内致人死亡"案为例，将保险合同解释与实务

作者简介：王思华，菏泽市中级人民法院副院长，山东省法学会保险法学研究会常务理事。王群，菏泽市中级人民法院商二庭法官，法学硕士。

紧密结合，以求更好的促进对保险的理解和适用，并对保险目的的实现有所裨益。

一、由一案例说起

刘某于 2009 年 6 月购买了半挂牵引车一辆，登记车主为某运输公司，使用性质为化学品运输。2012 年 6 月 18 日，刘某将其所有车辆在某保险公司投保机动车保险，保险单载明在出具保险单前已经交纳了保险费，被保险人王某，承保险种包括机动车损失保险、第三者责任保险、车上人员责任险、不计免赔险。其中车上人员责任险驾驶员保险金额 10 万元 / 座 *1 座，乘客保险金额 10 万元 / 座 *1 座，保险期间自 2012 年 6 月 20 日 0 时起至 2013 年 6 月 19 日 24 时止。合同约定，在保险期间内，被保险人或其允许的合法驾驶人在使用被保险机动车过程中发生意外事故，致使车上人员遭受人身伤亡，依法应由被保险人承担损害赔偿责任，保险人依照本保险合同的约定负责赔偿，对属于保险责任的，保险人应在与被保险人达成赔偿协议后十日内支付赔款。

2013 年 5 月 21 日，刘某指派其所雇用的驾驶员姚某、李某驾驶投保车辆自张家港市出发到南通中石化工厂运输货物，行驶途中该车辆由姚某驾驶，李某坐在副驾驶座上同行，行驶至苏通大桥收费站附近时，李某被马蜂蜇伤，姚某遂通知了刘某，并拨打"120"急救电话，将李某送往南通瑞慈医院进行抢救，但抢救无效李某死亡。经公安部门调查，认定李某系因被马蜂蜇伤后意外死亡，排除李某系他杀的可能。事后刘某经与李某的家人协商，双方达成了协商意见，由刘某赔偿李某的家人死亡补偿金、丧葬费共计 26 万元，刘某已经支付了赔偿款 26 万元。刘某赔偿后电话要求某保险公司支付保险赔偿金，某保险公司拒绝赔偿。

争论焦点与判决如下。

刘某诉称，请求法院判令某保险公司支付保险赔偿金 10 万元。

某保险公司辩称，从保险法的原理角度考虑，车上人员责任保险设置的初衷应是车辆在合法驾驶人使用过程中发生交通事故或意外交通事故，致使车上人员遭受人身伤亡，且被保险人对车上人员应承担赔偿责任的情况下保险人才应赔付的责任保险。另外，保险合同第四条亦约定，保险期间内驾驶员在使用被保险机动车发生意外事故致使车上人员遭受人身伤亡，依法应当由被保险人承担责任，保险人依法以合同约定赔偿。

而在本案中，涉案车辆的驾驶员在使用被保险机动车过程中未发生意外事故，受害人死亡的原因是被马蜂蛰伤后意外死亡，不是车辆发生意外所导致。不属于保险合同的责任范围，据《保险法》第16条第7款的约定，保险事故是指保险合同约定的保险范围内的事故，而该事故不在该保险范围内。该事故不是保险事故。

最终，某一审法院依据保险合同目的解释原则最终判定某保险公司于判决生效后十日内向刘某支付保险赔偿金10万元。案件受理费2300元，由某保险公司负担。一审判决后，某保险公司不服提起上诉，后调解结案，由某保险公司一次性支付刘某7万元。

二、 保险合同的主流解释方法

（一） 文义解释

文义解释是指依据保险合同条款语句的通常含义进行解释，以阐明保险合同条款的内容，探求保险合同当事人的真意[①]。

根据文义解释的定义，不难发现，由于这一解释的依据是最原始的保险合同文本，因此在一般情况下也最接近保险合同双方当事人的真实意图——除非有其他显著证据显示合同中的句子、词语并非双方当事人的原始、真实意思表示。英国法院在保险法判例中认为：保险单条款都由专家拟定，无论用词造句都极为严谨，对于保险单上的用语，自然应该按照其文法上的意义加以解释。由于文义解释的目的是探寻最原始的意思，所以在法律适用中该方法也是最基本方法。而在保险实务中，鉴于合同法的强制性要求——即保险合同必须采用书面形式，所以保险合同的所有条款，应当尊重保险合同中所列语句的基本涵义，在所列语句并无歧义的情况下——当然，有无歧义应站在诚实信用第三人的立场来加以判断——则不允许扩大或缩小语句的意思[②]。

同时，进行文义解释应当注意四点：一是保险合同条款所用文字应当按照其具有的通俗语义加以解释，不得局限于保险合同条款用语的哲学或者科

---

① 杨人寿：《法学方法论》，中国政法大学出版社2004年版，第248页。

② 温志芳、籍雁东：《试论合同目的具体适用与法律意义》，载《忻州师范学院学报》2006年6期，第121～123页。

学上的语义；二是除非有强有力的理由作其他解释，保险合同条款用语应当按照其表明语义或者自然语义进行解释； 三是保险合同条款所使用的法律术语或者其他保险专业术语，应当按照该等用语所特有的意义进行解释。四是如果保险单用语十分清晰与明确，仅容许作一种解释的，则不论此种解释合理与否，法院应受此种解释的约束[①]。

对于格式保险单，投保人可以选择增加或减少保险人已经拟定的条款，保险人则可以通过批注、加贴或者附加条款、特约条款以增加或减少格式保险单的内容。因此，格式保险单条款的增加或减少，应按照保险惯例，批注、加贴或附加条款和保险合同原有条款具有相同的效力；但是，当批注、加贴或者附加条款和保险合同原有条款发生冲突时，保险合同条款的手写或打字批注优于印刷批注，打字批注优于加贴批注，加贴批注优于基本条款，旁注附加优于正文附加；在明确其优先地位的条款后，再进行文义解释。[②]

当然，我们需注意的是，在采用文义解释这一方法时，如果一项词汇既有普通含义，又包含专业含义时，我们通常应首先使用其普通含义。但是，值得注意的是，如何根据上下文或其它方面的内容可以显示应使用其专业含义时，我们应尊重其本意，即此时应选择其专业含义。

（二）体系解释

体系解释，又称整体解释、上下文解释。因同一词语或词句在不同的场合使用会有不同的含义，甚至会因此导致保险合同条款含义冲突，此时须寻求体系解释。体系解释是指将词语或条款放置在整个保险合同文本中进行合理斟酌的解释规则，而不是割裂地、孤立地断章取义[③]。如《法国民法典》第 1461 条规定：契约的全部条款得相互解释之，以确定每一条款在全文整体上获得的意义。由于上下文往往会约束或限制合同语句、措辞的含义，因此体系解释亦是探寻立法者原意的有效手段之一。[④]

从原则上来说，保险合同的条款在效力上平等，并无显著的地位高低差别。每一个条款在解释时，也平等的与其他条款共同适用。然而，值得注意的是，在出现内部矛盾和歧义时，如果合同双方当事人未对保险合同效力作

① 杨人寿：《法学方法论》，中国政法大学出版社 2004 年版，第 249 页。
② 齐瑞宗、肖志立著：《保险法律与实务》，法律出版社 2005 年版，第 128 页。
③ 杨人寿：《法学方法论》，中国政法大学出版社 2004 年版，第 251 页。
④ 王成军著：《保险合同》，中国民主法制出版社 2003 年版，第 323 页。

182

明确界定，可以依据下列规则予以解释：一是特殊列举词语与不能尽举的一般概括词语连在一起，概括性词语外延应视作仅包括与特殊列举事务相类同的事务。例如，投保人甲向保险人乙申请投保流动资产（包括原材料、低值易耗品）火险保险单。尽管流动资产也包括了投保人甲持有的股票、债券等有价债券，但这些资产并不在保险乙的承保范围内。但是仅有特殊列举词语而无概括词语应作文义解释。二是特殊条款和词语的特殊含义是一般条款和词语一般含义的例外。如果保险合同中两个条款互不一致，而且其中之一是一般条款，其内涵是不包容特殊条款的，那么特殊条款应视作是对一般条款的例外，从而使特殊条款有效；词语一般含义与特殊含义类同。三是分合同应视为总合同的例外。当投保人与保险人除了签订总的保险合同以外，还就具体细节签订分合同时，当分合同条款的意思与总合同不一致时，分合同条款效力优先。①

作为西方先进法治国家的代表，英国在体系解释的经验值得借鉴，尤其是其在保险法实践中确立的"保险合同整体解释规则"。这一解释规则指出，由于保险合同使用的条款紧密相扣、整体逻辑性严密。因此，在解释保险合同时，不能仅仅片面地适用或倾向于某一节或某句特定条款，而必须着眼于合同的整体，从全局角度来确定条款的涵义。具体来说，英国法院在保险合同条文出现歧义或无法确定内涵时，一般采用下列原则作为解释的依据：第一，限制解释。即当一般句子之后出现限定词语的，则改变原有句子的意思，意思开始以限定用语为准，如一般机动车是指使用内燃动力行驶的车辆，但部分电力驱动用车在某些情况下也可理解为机动车，但书后面的意思就对原句意思进行了部分改变。第二，同类解释。保险单条款所列举的事项如属于同一类的，则紧接列举事项后的用语，其所表示的也属同一类，而不属于另一类，此即所谓的同类解释原则。如保险单规定保险人对于钟表、首饰、照相机、望远镜及其他易碎或高价物品的意外损失负赔偿责任。其中的"易碎或高价物品"就是指与前文中所列举的同类物品而言，并非兼指其他不同类的物品。

（三）目的解释

目的解释一词由德国学者耶林首次提出，至今已二百余年，目的解释日

---

① 史卫进，孙洪涛著：《保险法案例教程》，北京大学出版社 2004 年版，第 92 页。

益成为法律解释学中的一门"显学"并被广泛运用于法律和合同领域。值得注意的是，在法律领域，由于立法者在制定法律时往往目的明确且制定群体庞大，因此探寻立法目的相对较为容易；但是在合同领域，由于合同一般仅仅为双方当事人，人数偏少且双方当事人的目的并不一致，所以在合同领域找寻目的则存在一定困难。不过，即使如此，由于无论是法律的制定抑或是合同的签订均离不开目的的"注入"，因此在解释保险合同时对于通用的、普适性的目的仍然可以探寻。

另外，保险合同目的究竟是事实上的目的抑或是法律赋予的目的，英国19世纪支配各法院的理论认为是事实上的目的。因为保险合同双方订立一项保险合同条款是当事人意思表示的表现，在法院的职责之外。而英国著名法官丹宁勋爵在其判例中指出目的是法律赋予的目的，是法官为了做到公平合理，为双方维持公平正义，法院可以归纳出或硬加上一项条款。这事实上是对合同内容的补充，是法院对当事人意思自由的限制。现在英国法院流行的是折衷的"假定意图"理论，即合同的目的是根据假定的双方意图产生，依靠把一种公正的解释加到合同上而得到的。目的解释即指依照当事人所欲达到的经济目的或社会的效果而对保险合同进行的解释。如果保险合同的目的是确定的，那该目的在保险合同解释中起到举足轻重的作用。保险合同解释应着重为当事人实现其愿望服务。因此，如果当事人达成合意，那么就应该依据它们所合意的目的进行。通常法院或仲裁机关是从书面合同文本中去发现当事人的目的。如果这不足以发现当事人交易的目的，则要参考各种交易证据，同时在具体的保险合同中还应注意保险合同文句、词语等。通常在保险合同中有表明合同目的的句子，其提示词为"为了""由于"等。这种条款或文句在保险合同双方当事人商谈中一般不是谈判对象，当事人通常也未尽注意之责，但在保险合同中它会起到重要的作用，因而应在保险合同实践中加以注意。①

保险合同目的可以分为抽象目的和具体目的。抽象目的是当事人订立保险合同所有的促使保险合同有效的目的，是合同效果意思的目的，也是保险合同解释的粗略方向。如果保险合同中条款相互矛盾，有使保险合同有效或无效两种解释，那么应先从使保险合同有效的方向解释。解释应使保险合同

---

① 齐瑞宗、肖志立著：《保险法律与实务》，法律出版社 2005 年版，第 130 页。

有效是保险合同解释原则之一，符合保护交易安全原则。在起草保险合同时当事人一般不会漫无目的地使用词语，因此对意思不清楚的保险合同条款的解释应尽量能使所有的条款具有效力，不能致使其中一部分无效。具体目的是指保险合同本身所欲追求的具体的经济或社会效果，这是保险合同目的的意思的内容。如果保险合同条款文字含义与当事人明示的目的相背离时，应以保险合同目的解释它，不应拘泥于文字，这正是"合同解释应探求真意，不拘泥于文字"原则的具体表现。[①]

保险合同具体目的可以分为下述几种情况而定：（1）合同目的应是保险合同订立时双方于保险合同中共同的意思表示而确定的目的；（2）双方内心所欲达到的目的不一致时，则从双方均已知或应知的表示于外部的目的探知；（3）保险合同目的不仅指保险合同整体目的，还可以分为部分目的和条款目的。

目的解释功能还在于它的解释结果可以用来印证文义解释、系统解释、习惯解释的结果是否正确。当事人的合同目的应被视为是当事人真意的核心，是决定当事人合同具体条款内容的指针。如果目的解释结果与其他解释结果基本一致，则不必寻求目的解释方法；如果不一致，应寻求目的解释而抛弃文义解释、整体解释、习惯解释方法，也可以认为是当事人订约时不愿依文义解释、整体解释、习惯解释方法，可以认为是当事人订约时不愿依文字通常含义或习惯确定的意思[②]。

三、 保险合同解释规则的适用顺序

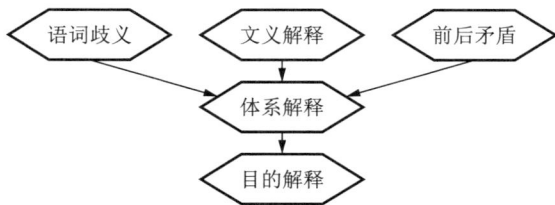

解释方法适用流程

在大陆法中，探求当事人的真意是合同解释的基本目的，法官应当依照

---

① 齐瑞宗、肖志立著：《保险法律与实务》，法律出版社 2005 年版，第 131 页。

② 赵明昕著：《机动车第三者责任强制保险的利益衡平问题研究》，载《现代法学》2011 年第 4 期，第 153 ～ 165 页。

法定的要求去发现当事人的共同意思。我国《合同法》和《保险法》规定了相关的解释规则，但是解释规则的适用顺序，即它们的位阶，在立法上并没有明确规定。

对于这一点，学术界已经形成了初步的共识。保险合同解释的目的在于探求投保人、保险人通过保险合同表现出来的真实意思，因而各解释规则的适用也应以何种解释规则更能接近当事人的真意为准。学界认可文义解释具有优先性，因合同是用语言文字表示出来的法律文件。如果通过文义解释即能判明真意，那么就排除其他规则的适用。否则才考虑体系解释。当这些解释结果都不能明显成立时，才可以考虑目的解释[①]。

四、法院裁判结果与推理过程的思考

法院经审理认为，首先，刘某将其自有的号牌为鲁RD××××、鲁RB××××挂危险品运输车辆挂靠在某运输公司从事危化品运输，2012年6月19日刘某与某保险公司所签订的保险合同，是双方当事人在平等自愿的基础上经协商一致所达成的，双方当事人意思表示真实，内容不违反法律、行政法规等强制性规定，依法为有效合同，应受法律保护。

其次，我国民法通则对雇佣关系损害进行了规定。所谓雇员在执行职务中受损害，指雇员在受雇完成所委办的事务中受到人身伤害或财产损害。对于这种损害，雇主应当承担赔偿责任。其理论依据在于雇主是受益人，根据报偿理论，利之所在，损之所归。雇员为雇主完成一定工作，雇主有提供安全工作环境的义务。根据这一民事关系，在刘某所雇用的驾驶员李某跟随投保车辆履行运输任务期间，在车上被马蜂蜇伤后意外死亡，对此雇主刘某应承担赔偿责任。本案中李某死亡后，刘某向李某的近亲属支付赔偿款26万元，已经履行了赔偿义务，而其要求某保险公司根据保险合同支付保险赔偿金10万元的请求正是基于履行义务的完成而引起。

再次，《保险法》第十四条规定："保险合同成立后，投保人按照约定承担交付保险费，保险人按照约定的时间开始承担保险责任。"双方当事人均应按照合同约定履行其义务。刘某根据合同约定履行了向某保险公司支付保险费的义务，某保险公司在合同约定的保险期间应对投保车辆所发生的保

---

① 齐瑞宗、肖志立著：《保险法律与实务》，法律出版社2005年版，第135页。

险事故承担给付保险赔偿金的责任。

那么，在车内被马蜂蜇死是否属于保险事故，保险公司是否应给与赔偿呢？按照保险合同解释的适用顺序，首先适用文义解释，根据保险合同第四条的约定，"在保险期间内，被保险人及其允许的合法驾驶人在使用保险车辆过程中发生意外事故，致使保险车辆车上人员遭受人身伤亡，对依法应由被保险人承担的经济赔偿责任，保险人按照本保险合同的规定负责赔偿"。但本案中，受害人死亡的原因是被马蜂蜇伤后意外死亡，那么这一情形是否属于在使用保险车辆过程中发生意外事故，致使保险车辆车上人员遭受人身伤亡呢？仅从字面来看，似乎解释为属于抑或不属于均可成立，因此，依据文义解释该案无法得出结论。

体系解释的适用也不能给出结果，由于本案是对被马蜂蜇伤是否属于保险事故产生疑问而引起的纠纷，纵观保险合同、保险法，并未对这一疑问情形有所规定，因此适用体系解释亦无法得出结论。

再次，由于设立保险法、订立保险合同的目的是保障被保险人的生命、财产安全，抵消因意外事故带来的财产损失——或者保障被保险人从一地到另一地路途中的安全。本案运输过程中因意外——马蜂蜇死人应当属于不可预见之情形，属于意外情形——造成了被保险人的死亡，带来了被保险人的财产损失，且根据合同与保险法条款无法对保险人的义务进行免责。为此，根据保险目的，保险公司应当承担赔偿义务。

五、总结与展望

我们认为，由于先前的保险合同并不能完全将形形色色的保险纠纷类型一一罗列，因此必要的保险合同解释必不可少。但是，法律合同的解释并不能恣意，在解释保险合同时，应首先适用文义解释原则，按照合同明确的书面内容解释。如果合同内容不明确，语义不清或有歧义的，应再结合上下文使用体系解释方法。仍无法解决纠纷的，再尝试适用目的解释这一原则和方法。当然，各种法律解释的原则和方法的适用并非机械和孤立，应充分考虑保险合同的源头因素即合同成立时的各种因素，并同时对保险合同的内容作全面的整体评价，灵活、全面整合多重法律解释方法，并使之有效串联，以尽力参透合同制定之真意，真实、有效地解释保险合同。

参考文献

[1] 杨人寿. 法学方法论 [M]. 北京：中国政法大学出版社，2004.

[2] 齐瑞宗，肖志立. 保险法律与实务 [M]. 北京：法律出版社，2007.

[3] 梁彗星. 民法解释学 [M]. 北京：中国政法大学出版社，1995.

[4] 梁慧星. 民法解释学 [M]. 北京：中国政法大学出版社，2000.

[5] [美]卡多佐. 司法过程的性质 [M]. 北京：商务印书馆，2002.

[6] [美]博登海默. 法理学—法律哲学与法律方法 [M]. 邓正来译. 北京：
中国政法大学出版社，1999.

[7] [美]波斯纳. 法官如何思考 [M]. 苏力译，北京：法律出版社，2009.

[8] [美]詹姆斯·安修，黎建飞译. 美国宪法解释与判例 [M]. 北京：中国
政法大学出版社，1994.

论损失补偿原则在医疗保险中的适用

王艳玲

摘要： 损失补偿原则是保险的基本原则之一，但是否能够适用于人身保险，尤其是医疗保险，目前虽有监管部门的部门规章及最高人民法院的司法解释规定，但因缺乏法律层面的明确规定，在理论界及实务界有较大争议。本文旨在根据现有规定及实践做法进行法律分析，从而得出损失补偿原则应适用于医疗保险的结论，并据此提出立法建议。

关键词：医疗保险 损失补偿原则 人身保险

一、问题的提出

商业医疗保险是否适用损失补偿原则，是一个理论争议大、实践做法不统一的问题。近年来全国各地法院针对同类案件出现结果截然相反的判决，严重影响了司法公正及统一，带来保险市场的混乱，也制约了行业发展。

案例一[①]：某保险公司（上诉人，一审被告）与王某（被上诉人，一审原告）人身保险合同纠纷案【云南省曲靖市中级人民法院民事判决书（2015）曲中民终字第 776 号】。

原告王某向某保险公司投保了主险两全保险（分红型），附加意外伤害保险，附加意外伤害医疗保险。双方就保险期间、保险金额、保险责任、责任免除、申请领取保险金、支付保险费等事项作了约定。后原告王某的同村李某家发生火灾，原告在参加救火时受伤，在医院住院治疗花费医药费 4 417.2 元。后来，原告王某的医药费 4 417.2 元由某村民小组实际支付。原

作者简介：王艳玲。女，德华安顾人寿保险有限责任公司法律部总经理。
① 该案例刊登于中国裁判文书网，http://wenshu.court.gov.cn/

告后再要求保险公司支付医药费，保险公司拒赔，产生争议。

一审法院认为，原、被告双方已建立合法的保险合同关系，投保人在向保险人支付了保险费后，保险人应当对合同约定的可能发生的事故因其发生所造成的损失承担赔偿保险金的责任。对于村民小组为其垫付 4 417.2 元的医药费，属村民小组对其行为积极肯定，是其自愿给付行为，被告不能以此作为不予赔付的抗辩理由，且也不符合合同约定及法律规定的责任免除事项。原告的行为应是社会积极鼓励的行为，不宜适用合同约定的补偿原则。判决由被告于判决书生效之日起 10 内在附加意外伤害医疗保险范围内赔付原告王某医药费 4 417.2 元等。宣判后，某保险公司不服，提起上诉。

二审法院认为，上诉人与被上诉人签订的人身保险合同附加意外伤害医疗保险为商业保险合同，被上诉人因救火而受伤并产生相应损失，符合合同约定的医疗费用保险金给付条件，上诉人应当按照合同约定支付保险金。被上诉人基于其他法律关系获得的赔偿费用，并不影响其基于双方的商业保险合同主张保险金。上诉人的上诉理由不能成立，判决驳回上诉，维持原判。

案例二①：王某诉某保险公司意外伤害医疗保险合同纠纷案【河南省济源市中级人民法院（2011）济中民三终字第 43 号民事判决书】。

2008 年 6 月，王某向某保险公司投保了主险及附加险人身意外伤害医疗保险合同。2009 年 3 月，王某在工作单位因意外伤害造成中指不全离断伤，右环指脱套离断伤。济源市社会医疗保险中心工伤科支付其住院医疗费用 12 982.63 元后，王某向某保险公司主张再次赔偿其医疗费用，保险公司拒赔，形成争议。

一审法院认为，王某所支付的医疗费用已经得到补偿，再要求保险公司支付其意外医疗保险金的诉讼请求不予支持。

王某不服提起上诉，二审法院认为：双方签订的保险合同系双方真实意思表示，不违反法律、行政法规定的有关规定，为有效合同，双方在合同中约定适用损失补偿原则，即某保险公司对王某的医疗费用通过其他途径不能得到赔偿的部分承担保险责任，应从其约定，驳回上诉，维持原判。

上述两个案例均为意外伤害医疗保险合同纠纷，被保险人均通过第三人获得了医疗费用的补偿，但在保险公司是否应再次赔偿上却出现完全相反的

---

① 该案例刊载于《保险诉讼典型案例年度报告》第四辑，第 168 ～ 170 页。

两种结果。通过上述案例可以看出，虽有法律及监管规定，但因为各级法院掌握判决标准不统一以及案件情况的多样化及复杂化，导致有的法院判决医疗合同纠纷适用损失补偿原则，有的法院则判决不适用损失补偿原则。本文旨在梳理相关法律规定及实践做法，从法理及立法本意出发进行分析论证得出结论，同时提出立法建议。

二、现行法律及监管规定

（一）法律规定

2009 年，《保险法》进行了第二次修订，将"保险合同"一章划分为三节，即一般规定、人身保险合同、财产保险合同。被业界及司法人士广泛关注的保险补偿原则体现在第三节"财产保险合同"内[①]，而在第二节"人身保险合同"中则规定"被保险人因第三者的行为而发生死亡、伤残或者疾病等保险事故的，保险人向被保险人或者受益人给付保险金后，不享有向第三者追偿的权利，但被保险人或者受益人仍有权向第三者请求赔偿"。这一规定也被广泛引申理解为人的生命是无价的，故人身保险不存在重复获得赔偿并额外获利的情况。

同时，《保险法》第 95 条第 1 款规定："保险公司的业务范围包括：（1）人身保险业务：包括人寿保险、健康保险、意外伤害保险等保险业务；（2）财产保险业务：包括财产损失保险、责任保险、信用保险、保证保险等保险业务。"第 95 条第 2 款规定："保险人不得兼营人身保险业务和财产保险业务。但是，经营财产保险业务的保险公司经国务院保险监督管理机构批准，可以经营短期健康保险业务和意外伤害保险业务。"

（二）监管规定

中国保险监督管理委员会于 2006 年发布部门规章《健康保险管理办法》（保监会令 2006 年第 8 号），第 2 条规定："健康保险是指保险公司通过疾病保险、医疗保险、失能收入损失保险和护理保险等方式对因健康原因导致的损失给付保险金的保险"。第四条规定："医疗保险按照保险金的给付性质分为费用补偿型医疗保险和定额给付型医疗保险。费用补偿型医疗保险是指，根据被保险人实际发生的医疗费用支出，按照约定的标准确定保险金

---

① 详见《保险法》第 56 条、第 60 条、第 61 条规定。

数额的医疗保险。定额给付型医疗保险是指，按照约定的数额给付保险金的医疗保险。费用补偿型医疗保险的给付金额不得超过被保险人实际发生的医疗费用金额"。

《健康保险管理办法》认可和支持医疗保险产品存在两种类型，即费用补偿型和定额给付型，但该办法关于健康保险及医疗保险的种类细分并未体现在《保险法》内。作为监管部门的部门规章，保险行业对该规定均予以遵守，在产品设计以及核保核赔方面均按照该文件要求开展工作。但通常来讲，因《健康保险管理办法》仅是效力等级较低的部门规章，审理保险合同纠纷案件的人民法院不会将该办法作为审理人身保险合同纠纷案件的直接依据。

（三）司法解释

为解决司法审判实践中的难题，最高人民法院于 2015 年出台《关于适用〈中华人民共和国保险法〉若干问题的解释（三）》（以下简称《保险法司法解释（三）》），并于 2015 年 12 月 1 日起施行。《保险法司法解释三》第十八条规定："保险人给付费用补偿型的医疗费用保险金时，主张扣减被保险人从公费医疗或者社会医疗保险取得的赔偿金额的，应当证明该保险产品在厘定医疗费用保险费率时已经将公费医疗或者社会医疗保险部分相应扣除，并按照扣减后的标准收取保险费。"

从条文字面意思上来看，《保险法司法解释（三）》原则上认可了《健康保险管理办法》对医疗保险的分类，并且从实务角度对费用补偿型医疗保险的理赔进行了规定，但对保险公司提出了举证方面的严格要求。

综上，虽有保险监督管理机构对医疗保险的细分，也有作为审判机关的最高人民法院的司法解释，但因部门规章和司法解释效力问题以及实际操作过程中的可执行性问题，理论上的争议和实践做法的混乱并不能完全终止。造成争议和混乱的根源在于立法层面，《保险法》并未从立法层面对此问题作出明确规定，这也成为理论界和保险业界对此问题进行持续探讨、研究的原因。

三、理论争议及实践做法

（一）理论基础

所谓损失补偿原则，最早起源于海上借贷，是指当被保险人因保险事故而遭受损失时，其从保险人处所能获得的赔偿只能以其实际损失为限，以使被保险人在经济上恰好能恢复到保险事故发生以前的状态，既不遭受损失也不得获得额外的收益。保险法上的损失补偿原则目的在于禁止获得不当得利的行为以防范道德风险。综合世界各国保险法规定，对于财产保险适用损失补偿原则是一致的做法，理论界及实务界对此并无异议。

对于人身保险是否能够适用损失填补原则，各国的立法及实践态度不完全一致。以德、日为代表的大陆法系国家，禁止被保险人基于同一保险事故向对方请求理赔，禁止被保险人因此获得超出其实际支出的费用补偿，应适用损失补偿原则。美国各州对保险代位权的规定存在一定差异。总体来看，损失补偿原则是否能适用于人身保险，在全世界范围内也是一个有争议的问题。

理论界关于医疗保险是否适用损失补偿原则有争议，"肯定说"与"否定说"同时存在。"肯定说"认为医疗费用保险具有典型的损失补偿性质，应适用补偿原则，从法律适用来看，我国《保险法》也并未禁止损失补偿原则在人身保险中的应用，法无禁止即许可。"否定说"则主张按照《保险法》规定人身保险不适用损失补偿原则，隶属于人身保险的医疗保险当然不能适用损失补偿原则，发生保险事故后，被保险人有权获得双重赔偿制度。近年来，又出现一种"折中说"，认为应该根据保险合同条款的约定进行判断，如果条款中区分了医疗费用的性质，即区分为费用补偿型和定额给付型的，按照合同条款执行，尊重合同双方当事人的意思表示，如果未做区分，则不能适用损失补偿原则。

（二）司法实践

司法实践中，针对同样的案情，各地法院则出现了截然相反的判决。有的法院认为，根据《保险法》规定，保险合同分为财产保险和人身保险合同两种，意外伤害保险属于人身保险合同范畴，在《保险法》中关于人身保险合同的条款中并未规定人身保险不得重复保险、不得重复获赔，保险事故发生后即使已经从其他第三方或社保机构获得赔偿，仍有权要求保险公司赔偿。有的法院认为，医疗费用保险的保险标的是被保险人在保险期间内因疾病或伤害而产生的必要的、合理的医疗费用，故属于财产保险，只要保险合同中明确约定适用补偿原则，即保险公司只对被保险人的医疗费通过其他途径不能得到赔偿的部分承担保险责任，应适用私法自治原则，按照保险合同约定处理。

在《保险法司法解释（三）》出台前，各地法院对此问题在司法实践中也进行了不同的探索，山东省高级人民法院在《山东省高级人民法院关于审理保险合同纠纷案件若干问题的意见（试行）》中规定："投保人投保多份商业医疗费用报销型保险的，因同一保险事故被保险人要求各保险人支付的保险金超过实际发生的医疗费用的，人民法院不予支持。除保险合同另有约定外，各被保险人按照其保险金额与保险金额总和的比例承担支付保险金的责任"。

最高人民法院出台的《保险法司法解释（三）》原则上采取了上述"折中说"的做法，即与《健康保险管理办法》的规定保持一致，区分费用补偿型医疗保险与定额给付型医疗保险，对于费用补偿型医疗保险适用于损失补偿原则，对于定额给付型医疗保险不适用于损失补偿原则，但如果保险公司主张适用损失补偿原则，即主张在保险理赔时扣除公费医疗或社会保险取得的赔偿金的，应举证证明在产品费率厘定时已将公费医疗或社会医疗保险部分相扣除，并按照扣除后的标准收取保险费。此条规定实际上仅通过举证责任分配意图解决公费医疗、社会保险和商业医疗保险的关系问题，但未提及保险人进行赔偿时是否可以扣除被保险人已从第三方获得的赔偿，并未从根本上解决损失补偿原则在人身保险的适用问题。

四、分析论证

在健康保险及意外伤害保险的产品设计及理赔实务中，经常会出现前文所述争议，各家保险公司的做法也不尽相同。笔者认为，损失补偿原则应该可以在费用补偿型医疗保险中适用。只要保险条款中明确约定保险公司对于被保险人已经实际获得补偿的费用支出不承担赔偿责任，且保险公司亦已履行告知及明确说明义务的，该条款即应对保险合同双方当事人具有法律约束力。

首先，从法理及立法本意上来看，保险的基本职能是分散风险和补偿损失，从其起源及风险管理的职能上来看，保险本质上就是一种经济补偿手段，通过合同的形式将风险从被保险人转移至保险人。损失补偿原则的本质在于有损失则赔偿，无损失则不赔偿。损失可分为可量化的损失和不可量化的损失，对于可量化的损失，应完全适用损失补偿原则，使被保险人因损失所获得的补偿，不能超过其所遭受的实际损失，使被保险人只能获得与损失发生前相同程度的赔偿，防止被保险人利用保险而额外获利，抑制道德风险的发生。

在医疗保险理赔中，被保险人遭受的损失即为因保险事故而已经实际支出的医药费用，具体金额应以医疗机构有效单据为准，应归属于可量化的损失。被保险人发生医疗保险事故时遭受的损失有固定的金额，其从第三方包括侵权责任人、社保机构、保险公司等获得赔偿的金额不得高于其实际支出的医药费用，否则即违背民法意义上的基本原则。

其次，从法律规定内容来看，1995 年《保险法》规定"同一保险人不得同时兼营财产保险业务和人身保险业务。"，但在后来修订时进行了变更，2002 年及 2009 年《保险法》均规定"保险人不得兼营人身保险业务和财产保险业务，但是，经营财产保险业务的保险公司经国务院保险监督管理机构批准，可以经营短期健康保险业务和意外伤害保险业务"。推究这一变化的原因，应该是鉴于短期健康险业务和意外伤害保险业务在某种程度上具有财产险性质，故而允许财产险公司经营这两种业务。从这个角度上来讲，也可以解释医疗费用保险应与其他财产险一样适用损失补偿原则。

第三，从行业发展来看，近年来社会工作压力加大，生活习惯改变，生存环境进一步恶化，老年人口不断增加，导致各种重大疾病尤其是恶性肿瘤发病率持续增高，医疗技术的发展也带来客户对健康需求的关注。随着重疾发生率的不断攀升以及现代医疗技术的进步、医改的推动，高端医疗服务的日益丰富，医疗费用将进一步上涨，人们对医疗保障的需求也不断升温，下一步保障型产品如医疗类产品将更加受到广大民众的青睐。如果允许获得医疗费用获得重复赔偿，有可能导致过度或不合理治疗，既浪费了医疗资源，也引发道德风险，背离保险制度的初衷，甚至对整个社会秩序造成不良影响。

第四，从社会保险与商业保险的关系来看，社会保险是国家强制的社会保障，不以盈利为目的，商业保险是保险公司的经营活动，以盈利为目的，并根据保费决定保额，即"投多少，保多少"。在我国多层次社会保障体系中，商业保险是对社会保险的有力补充，二者是相辅相成、不可分割的，它们共同构成完整的社会保障体系。在民众保险意识逐渐提升的情况下，同时拥有社会保险和补充商业保险的人数在逐年提升，在进行商业保险产品开发、销售、理赔过程中，不可避免地与社会保险相关联，就此问题作出明确规定，既有利于保险公司业务发展，也能最大限度保护消费者合法权益。

最后，从实践做法来看，尽管各地法院判决不尽相同，通常来讲，只要保险公司在设计费用补偿型医疗保险产品时区分被保险人是否拥有公费医疗、社会医疗保险的不同情况，在保险条款、费率以及赔付金额等方面予以区别，按照法律规定履行了明确说明义务的，大多数法院会支持在医疗保险中适用损失补偿原则。但现实问题是，保险公司如何证明在厘定费用时已经扣除公费医疗、社会保险相应部分，并没有明确的标准，这也必将导致各式各样的行业做法出现，不能从本质上解决问题。另外，《保险法司法解释（三）》第 18 条仅仅涉及了公费医疗、社会保险的处理，并未提及被保险人从负有赔偿责任的第三方获得补偿的情况下，是否有权要求保险公司重复赔偿的问题，这也有可能会成为未来保险合同纠纷的潜在风险源。

五、立法建议

保险合同是投保人与保险人为设立保险法律关系、确定双方权利义务而订立的协议，购买商业保险是一种自愿行为，属于私法调整范畴，应遵循私法自治原则。既然法律并未禁止交易双方在合同中就损失补偿原则的适用作出特别约定，如果在合同中有这样的约定，就应该得到双方的共同遵守，作为裁判机关的法院也不宜在没有法律明确规定的情况下强行改变双方已达成合意的权利义务约定。

新常态下经济发展形势发生变化，法律规定需相应进一步完善。目前，《保险法》第四次修订已经被立法机关提上日程。笔者建议在修订《保险法》时，充分考虑保险原理及现有司法实践，借鉴《德国保险法》的规定，对保险类别做出细化规定，将医疗保险区分为定额给付型和费用补偿型，明确规定在费用补偿型医疗保险中适用损失补偿原则。如果不宜在《保险法》中对保险产品类别作出特别细化规定，建议出台配套行政法规予以明确，而不应仅仅是监管机构的部门规章，或者是司法裁判机关的司法解释，提高规定的普适性，减少不必要的理论及司法争议，避免浪费社会资源，同时促进保险行业的健康发展。

另外，如果在法律层面规定损失补偿原则适用于医疗保险，即允许保险公司实际理赔时扣除被保险人已从公费医疗、社会保险或其他有责任的第三方获得的赔偿，为保护消费者合法权益，同时也促进保险行业的有序竞争、协同发展，应同时明确被保险人在未向有赔偿责任的第三方行使索赔权的情况下向保险公司索赔的，保险公司理赔后是否可以行使代位求偿权。

保险合同特别约定条款的效力认定

陈思贤

摘要： 保险合同中特别约定条款的法律效力如何认定，在司法实践及法学界中一直存在争议。对特别约定条款的效力认定，应当通过其形式与内容两方面进行分析，内容方面综合考量其合法性与合理性。

关键词： 特别约定　保险单　格式条款　效力认定

一、案情梗概

2010 年 11 月 1 日，王某为其所有的挂靠在临沂市 SC 公司名下的的鲁 Q×××/鲁 Q×× 挂号车辆向 A 保险公司投保交强险及商业险。被告承保后，为王某出具涉案车辆机动车保险单两份，被保险人均为临沂市 SC 公司，其中鲁 Q××× 号车承保险种为：车辆损失险（不计免赔）保险金额为 230 000 元；第三者责任险（不计免赔）保险金额为 500 000 元；车上人员责任险（司机）（不计免赔）保险金额为 150 000 元；车上人员责任险（乘客）（不计免赔）保险金额为 150 000 元 *2 座等，保险期限自 2010 年 11 月 4 日零时起至 2011 年 11 月 3 日二十四时止。鲁 Q×× 挂车承保险种为：车辆损失险（不计免赔）保险金额为 96 000 元；第三者责任险（不计免赔）保险金额为 500 000 元；车上货物责任险（不计免赔）保险金额为 100 000 元等险种，保险期限自 2010 年 11 月 4 日零时起至 2011 年 11 月 3 日二十四时止。保险单特别约定栏内记载："各种玻璃、玻璃制品、陶瓷制品、石膏制品……不在本保险责任范围。"

作者简介：陈思贤，临沂市罗庄区人民法院院长，山东省法学会保险法学研究会常务理事。

2011 年 8 月 4 日 15 时 30 分，王某驾驶投保车辆因操作不当造成车辆所载货物受损的交通事故，王某承担事故的全部责任。王某向货主支付了货物损失 25 632 元。王某起诉后对投保车辆所载货物损失价值提出申请进行评估，经评估，原告投保车辆所载货物损失为 23 496 元，评估费 500 元。一审法院判决 A 保险公司赔付王某保险金 23 996 元。A 保险公司不服一审判决，上诉至临沂市中级人民法院。其上诉理由是根据保险法中车上货物责任险条款及保险条款的特别约定，王某驾驶的车辆所载运的货物为陶瓷制品，不属于保险责任范围，且保险公司已就特别约定、免责条款向被保险人进行了明确解释说明，其已完全理解并已签章。因此对王某的损失不承担保险赔偿责任。

二、裁判观点

临沂市中级人民法院经审理认为，本案争议的焦点是保险合同特别约定的效力问题。本案中，作为上诉人的保险人在保险单的特别约定栏内打印"各种玻璃、玻璃制品，陶瓷制品、石膏制品……不在本保险责任范围"的字样，该特别约定是保险人在法定条款之外，以自己事先拟定的格式条款的形式，约定免除自己的赔偿责任，应为无效条款，不能据此免除上诉人的保险赔偿责任。临沂市中级人民法院依照《中华人民共和国民事诉讼法》第 152 条、第 153 条第 1 款第 1 项、第 158 条的规定，判决如下：驳回上诉，维持原判。

笔者赞同临沂市中级人民法院的裁判结果，认为本案中的特别约定条款为无效条款，不能免除保险公司的保险赔偿责任。

从以上的案情陈述，我们不难看出，前述案件指向的争议焦点：保险单中特别约定条款的效力认定。笔者从以下两个方面对这个问题进行论述。

第一，从特别约定条款的表现形式上看，记载于保险单上的特别约定条款能否作为保险合同内容的组成部分，对合同双方产生约束力。在实践中，保险公司通常将特别约定条款作为基本条款的补充条款记载于保险单上。特别约定条款未包含在保险公司向投保人出示的保险条款中，只作为附加条款记载于保险单中。因此保险单这一载体的性质决定了特别约定条款能否构成保险合同的条款内容。《保险法》第 13 条规定："投保人提出保险要求，经保险人同意承保，保险合同成立。保险人应当及时向投保人签发保险单或者其他保险凭证。保险单或者其他保险凭证应当载明双方约定的合同内容。当事人也可以约定采用其他书面形式载明合同内容。依法成立的保险合同，自成立起生效。投保人和保险人可以对合同的效力约定附条件或者附期限。"由此规定可以看出，保险合同是诺成合同、非要式合同，投保人提出保险要求后，经保险人同意承保即成立。保险单并不是保险合同的成立要件，只是保险合同成立后保险公司发放给投保人的权利凭证。因此保险单上的"特别约定条款"实质上是保险公司单方附加的条件，应当认定为"要约"，未经投保人"承诺"不构成合意，不能作为合同内容。所以，笔者认为特别约定条款作为保险中保险人的单方意思表示，并不对保险合同相对人产生法律效力。

第二，从特别约定条款的要件特征来看，应认定其为格式条款，按照格式条款进行效力认定。

我国台湾著名学者王泽鉴先生指出，任何人在解释法律时，须考虑的基本问题是：法律何以设此规定，其立法目的何在？[①] 格式条款是当事人为了重复使用而预先拟定、并在订立合同时未与对方协商的条款。从格式条款的定义可以看出，格式条款是单方预先拟定、面向不特定大多数重复使用、未经协商且不可更改的合同条款。在实践中，特别约定条款通常是由保险公司预先印制在保险单上，目的是对某类不特定群体进行权利的限定和自身责任的免除。保险合同相对人只能选择接受或者不接受，并无进行协商或者变更的权利。例如本文案例中，保险公司在保险单中特别约定栏内所载的"各种玻璃、玻璃制品，陶瓷制品、石膏制品……不在本保险责任范围"是保险公司针对投保货物损失险的货运车辆预先拟定的具有普遍适用性的条款。综上，特别约定条款属于格式条款。

为了防止格式条款提供一方利用己方优势对接受条款一方做出违背公平、诚实信用原则的行为，我国法律对格式条款无效情形进行了规定。根据《合同法》的规定，作为格式条款的提供一方有提示、说明义务，应当按照对方能够理解、认知的方式提请相对方注意限制其权利、免除提供者责任的条款；提供格式条款一方免除主要义务、排除对方主要权利的条款无效；条款内容存异议时作不利于提供格式条款一方的解释原则；违反法律、行政法规中的强制性规定的格式条款无效等。

保险合同特别约定条款作为格式条款，应当按照格式条款无效的情形进行效力审查。

---

① 梁慧星：《裁判的方法》，法律出版社，2003 年版，第 118 页。

从形式上看，特别约定条款提供一方是否尽到了说明义务决定了特别约定是否有效。根据《保险法》第十七条第二款的规定："对保险合同中免除保险人责任的条款，保险人在订立合同时应当在投保单、保险单或者其他保险凭证上作出足以引起投保人注意的提示，并对该条款的内容以书面或者口头形式向投保人作出明确说明；未作提示或者明确说明的，该条款不产生效力。"投保人向保险人投保的目的是为了将来发生保险事故时获得赔偿，保险人有义务向投保人作全面、真实、客观的说明。保险人作出说明时，不仅要提醒投保人阅读有关保险人的责任免除条款或者限制条款，而且应当对该条款的术语、内容、适用以及法律后果等按照投保人能够理解的方式作出最大诚意的说明。在本文列举案例中，保险公司作为格式条款提供一方负有举证责任来证明其尽到了全面、真实、客观的说明义务，否则应当承担举证不能的法律后果。

从实质上看，特别约定条款如果限制或者排除了被险人的主要权利、免除了保险人主要义务，则为无效条款。特别约定条款往往产生实体权利义务变更的效果，直接影响投保人的投保合同的目的能否实现。只有保险人向投保人明确说明，使投保人明确其投保的法律后果和法律意义，由投保人做出是否投保的决定，才能真正反映投保人的真实意思，否则，就违背了保险合同公平、诚实信用原则，也违背了投保人投保的真实意思。[①]根据条款内容是否排除被保险人主要权利，免除保险人主要义务来认定特别约定条款的效力，可以从合法性与合理性两方面来分析。

首先从合法性方面来看，根据《保险法》第十九条的规定："采用保险人提供的格式条款订立的保险合同中的下列条款无效：（一）免除保险人依法应承担的义务或者加重投保人、被保险人责任的；（二）排除投保人、被保险人或者受益人依法享有的权利的。"《保险法》第一百一十四条第一款规定："保险公司应当按照国务院保险监督管理机构的规定，公平、合理拟订保险条款和保险费率，不得损害投保人、被保险人和受益人的合法权益。"中国保险监督管理委员会令（2010）3号文件《财产保险公司保险条款和保险费率管理办法》第五条规定："关系社会公众利益的保险险种、依法实行强制保险的险种的保险条款和保险费率，保险公司应当依照本办法的规定报

---

① 张立明：《保险合同特别约定的免责条款未明确说明的无效》，http://www. civillaw.com.cn/，访问日期 2015-05-20。

中国保监会审批。其他保险险种的保险条款和保险费率，保险公司应当依照本办法的规定报中国保监会备案。"由此可以看出，保险条款应当经保监会审批或备案，未经保监会审批或备案的条款属于无效条款。对未经保监会审批或备案的特别约定，应认定为无效条款。本文案例中，投保人运输的货物并不属于法律、法规禁止运输的货物，保险人在特别约定中关于货物种类免责方面的约定排除了保险人对于几大类常见货物的损失赔偿责任，未经保监会批准备案，不符合相关法律规定，应认定为无效条款。

其次从合理性方面来看，评价特别约定条款是否有效应当分析其是否遵循了公平原则、诚实信用原则；是否平衡了保险人与被保险人双方的权利义务；是否对风险和利益进行了合理分配；是否能兼顾保险人合理经营需要与投保人的合理期待。如果特别约定条款从实质上能够遵循公平、诚信原则，平衡保险人与被保险人的权利与义务、利益与风险、经营需要与合理期待，那么就是有效条款，反之亦然。本案案例中特别约定条款的除外财产内容排除了保险人对于几大类常见货物的损失赔偿责任，过分减轻了自身的赔偿义务、限制和排除了投保人的获赔权利，破坏了双方在保险合同中权利义务关系的平衡，认定为无效条款。

在追求社会正义及实质契约自由之理念下，若保险条款内容和一般法律之规定有所偏离，且依诚实信用原则对被保险人产生不合理之利时，其条款无效。[①]

综上所述，认定保险合同中特别约定条款的法律效力，应当通过其形式与内容、合法性与合理性多方面逐一分析、综合考量。

参考文献

[1] 梁慧星. 裁判的方法 [M]. 北京：法律出版社，2003.

[2] 江朝国. 保险法基础理论 [M]. 北京：中国政法大学出版社，2002.

[3] 任以顺. 保险法理论与实务 [M]. 济南：山东人民出版社，2015.

[4] 刘宗荣. 新保险法：保险契约法的理论与实务 [M]. 北京：中国人民大学出版社，2009.

---

① 江朝国：《保险法基础理论》，中国政法大学出版社 2002 年版，第 40 页。

保险合同成立的诸法律问题研究

史卫进

摘要： 我国保险法特别规定，投保人提出保险请求，保险人同意承保的，保险合同成立。在这一规定为强制性规定的前提下，即产生了保险合同的成立是否适用合同法的要约承诺规则，保险合同是否如同一般合同适用合同法的推定成立规则等问题。为解决司法中存在的问题，笔者在总结各国保险法理论的基础上，对保险合同成立中适用要约承诺和保险合同推定成立的内涵及原理进行了系统的论述，以期解决保险实务中存在的疑难案件。

关键词： 保险合同成立　要约承诺　推定成立

一、保险合同成立中关于要约、承诺的适用

讨论下文案例的关键是保险合同成立时点是否适用要约和承诺规则？对本案的保险合同成立时点的判断，其目的在于确定关于格式保险合同的免除保险人责任条款，保险人是否是在保险合同成立时履行保险人的提示和明确说明义务。

（一）典型案例

法院经审理查明，甲客运承运人的鲁Y××××号宇通牌客车前一次在乙保险人处投保的客运承运人责任保险，保险期限为 2011 年 1 月 6 日零时至 2012 年 1 月 5 日 24 时止。在客运承运人责任保险期限到期前，乙保险人以续保方式请求与甲客运承运人续保客运承运人责任保险合同。其续保

作者简介：史卫进，烟台大学法学院副教授，硕士生导师，中国保险法学研究会理事，山东省法学会保险法学研究会常务理事，研究方向：保险法、公司法、证券法。

过程是：（1）承保：2011 年 12 月 26 日由乙保险人向甲客运承运人签发保险单承保客车的 2012 年度的客运承运人责任保险。乙保险人签发保单号为66702120520120000336《客运承运人责任保险单》包括："明细表、保险条款、投保单及其附件，投保与保险人达成的其他书面约定以及财产保险有限公司今后以批单形式增加的内容。"（2）投保：甲客运承运人同意续保客运承运人责任保险，于 2012 年 1 月 5 日在填写了投保单后向乙保险人提交投保单。双方确认按保险单条件投保，续保的保险期限自 2012 年 1 月 6 日至 2013 年1 月 5 日，被上诉人缴纳此次保费的日期截止时间为 2012 年 1 月 5 日。

审理法院经审理认为，根据《保险法》第 13 条规定："投保人提出保险要求，经保险人同意承保，保险合同成立。保险人应当及时向投保人签发保险单或其他保险凭证"。本案中的乙保险人是于 2011 年 12 月 26 日向甲客运承运人签发和出具保险单，该保险合同成立的时点为 2011 年 12 月 26日"；甲客运承运人同意续保客运承运人责任保险，于 2012 年 1 月 5 日在填写了投保单后向乙保险人提交投保单的行为不构成合同成立的时点。

法院对本案所涉及的保险合同成立时点的判断，其目的在于确定关于格式保险合同的免除保险人责任条款，保险人是否是在保险合同成立时履行保险人的提示和明确说明义务。

（二）案件评析

本案中法院的判决是错误的。判断保险合同的成立时点，应当根据要约和承诺来判定合同成立时点，而不是根据投保和承保来机械地加以确定。保险合同的本质是合同关系，民法上有关法律行为之一般规定，尤其是意思表示及契约之规定亦适用之。[①] 保险合同的成立是以投保和承保方式完成，但是保险合同的订立通常也须经过要约承诺两个步骤。保险合同的要约通常是投保人的投保行为……，保险合同的承诺是保险人的承保行为……[②] 在本案中，根据一审法院已经查明的事实，乙保险人为续保而于 2011 年 12 月 26日向甲客运承运人签发保险单的承保行为，是保险人以承保方式提出保险合同订立的请求是要约。法院在判决中认定，承保就是承诺，承保后保险合同的成立，是完全错误的。甲客运承运人在 2012 年 1 月 5 日填写并提交投保

---

① 江朝国著：《保险法理论基础》，中国政法大学出版社，2002 版，第 165 页。

② 奚晓明主编：《最高人民法院关于保险法司法解释（二）理解与适用》，人民法院出版社 2013 版，第 123 页。

单是投保行为，相对于乙保险人的承保后的投保人作出的投保意思表示，应当认定为承诺。法院认定甲客运承运人的投保行为并不能导致保险合同的成立，是完全错误的。因此，保险合同适用要约和承诺的规则。笔者认为，本案中的保险合同成立于 2012 年 1 月 5 日即投保人填写投保单作出投保的意思表示时是一种承诺行为。

（三）保险合同适用要约、承诺关系的法理分析

保险合同的成立是指保险合同的投保人与承保人就保险合同的主要条款达成一致。我国《保险法》第 13 条规定："投保人提出保险要求，经保险人同意承保，保险合同成立。保险人应当及时向投保人签发保险单或其他保险凭证。"因此，保险合同的订立方式是投保和承保。然而，《合同法》第 13 条又规定，"当事人订立合同，采取要约、承诺方式。"保险合同的成立是否适用要约和承诺的问题上现已经有定论，但在保险实务中和保险司法中，应当如何以要约和承诺来解释保险合同的投保和承保，则是一个理论问题。现将保险合同成立的要约承诺的适用作如下分析。

1. 投保与要约承诺的关系。所谓投保，是指投保人以订立保险合同为目的，向保险人提出要求订立保险合同的意思表示。投保人可以自行向保险人投保、也可以委托其代理人向保险人投保，保险经纪人也可以根据投保人的委托，代理投保人与保险人进行保险合同的谈判与磋商。投保应当是投保人的自愿行为，不受任何他人的干涉。除了法律和行政法规规定的强制性保险以外，保险人和其他单位不得强迫投保人订立保险合同。

在保险法上，保险合同的订立是由投保人提出投保请求，要求与保险人订立保险合同，保险人在接收到投保请求后，通过核保后作出同意承保的意思表示。因此，在一般意义上，投保人作出的投保行为可以理解为要约，具有合同法上的要约属性。基于要约的可撤回规则，投保人提出投保请求后，在保险人作出承保前，投保人可以随时撤销投保请求。但因人身保险合同中约定有犹豫期[①]或因保险合同的投保人有权随时解除合同，投保请求的撤销（要约撤回）变得没有实际意义了。

投保人的投保性质不能等完全同于要约。在下列情况中，投保人作出的

_____

[①] 犹豫期，指自投保人收到保险合同并签字之日起可以随时撤销保险合同的期间，通常犹豫期为 10 日。我国保监局规定，投保人在犹豫期内可以请求撤销保单，收回全部已缴纳保费，保险人只收不超过 10 元的工本费。

投保行为不是要约而是承诺，而保险人的承保则构成了要约。一是保险人以柜台销售保险的，如机场代销的航空旅客意外伤害保险、客运机构代销的乘客意外伤害保险等，代销机构出售保险单为要约，乘客出资购买的投保行为为承诺。二是保险人向投保人作出放弃核保权的续保保险单，即在保险期间届满前，保险人向投保人发出续订通知的，该续订通知即为要约，投保人对续订通知的接受为承诺。[①]

通常，投保行为表现为投保人填妥书面投保单并将投保单交付给保险人或保险人的代理人。法律亦允许投保人采用书面形式以外的其他投保方式，如投保人可以口头、电话、互联网或其他电子数据传输等方式向保险人提出投保请求。投保人通过填写和交付投保单的方式，向保险人提出投保请求，投保单中应当载明相关保险合同的基本内容，如保险险种、保险标的、保险金额、保险期间、投保人和保险人的基本情况等。

投保单是由保险人事先印制，投保人按要求自行填写和签字盖章后向保险人提交。但以下情况也应当认定为投保人投保，如保险人或者保险人的代理人代为填写保险单证后经投保人签字或者盖章确认的，代为填写的内容视为投保人的真实意思表示；再如投保人或者投保人的代理人订立保险合同时没有亲自签字或者盖章，而由保险人或者保险人的代理人代为签字或者盖章的，对投保人不生效。但投保人已经交纳保险费的，视为其对代签字或者盖章行为的追认。[②]

2. 核保与要约承诺的关系。核保是指保险人在对保险标的的信息全面了解和核实的基础上，对风险进行评判与分类，进而决定是否承保和适用何种费率的审核行为总称。在保险营业中，核保是保险人决定是否承保的核心环节。在保险实务中，保险人主要是通过了解和掌握以下信息来完成核保工作的。

一是投保人在投保时告知的资料，其中投保单和风险询问表是作为最原始的保险记录，保险人可以从投保单和风险询问表的填写事项中获得信息，以对风险进行选择。二是保险人的业务员或代理人销售过程中，所获取的大量有关保险标的情况，实际上其寻找准客户和进行销售的活动实际上就开始了核保过程，可以视为外勤核保。所以必要时核保人员可以向销售人员直接

---

① 韩长印、韩永强：《保险法新论》，中国政法大学出版社，2010版，第93页。

② 参见《保险法司法解释二》第3条。

了解情况。三是对于投保单上未能反映的保险标的物和被保人的情况，可以进一步向投保人了解。四是对保险标的、被保险人面临的风险情况进行核定和查勘，称为核保查勘。在人身保险中是指委托或指定医疗机构对被保险人健康状况进行医学体检。用以了解和掌握保险标的和被保险人的实际情况。

保险人通过建立核保制度，对投保人的投保进行审核，一方面可以排除不合格的保险标的，防止带入不具有可保性的风险，从而有效控制保险人所转嫁的风险水平；另一方面，可以辨别保险标的的危险程度和危险类别，按不同标准进行承保和适用费率，保障保险人的营业收益。保险人专设核保机构对投保人和保险标的进行核保，除个别短期险险种外，核保是保险人承保前的必经程序。

核保在保险合同订立中的功能是，根据保险人的核保机构作出的核保结论，对于不符合承保条件的予以拒保，并通知投保人不予承保；对符合承保条件的作出承保的决定，或对基本符合承保条件的作出加费承保决定，承保后应签发保险单或保险凭证送达投保人。因此，核保是保险合同成立前的保险人对保险标的已存在的风险进行审核，它不是要约和承诺的内容；同时，核保结论不属于承保行为，也不构成要约和承诺的内容。

3. 承保与要约承诺的关系。所谓承保，是指保险人对投保人的投保请求表示接受的行为。承保可以口头、书面方式做出，也可以其他明示的方式做出。多数情况下，保险人作出的承保可以构成合同法上的承诺，保险人承保的法律后果可以致保险合同成立；如果保险人在承保时修改或增减了投保人的投保事项或条件而予以承保，因其修改或增减了投保人的投保事项或条件部分的承保应属于保险人提出的反要约，应当由投保人作出承诺。同时，应当说明的是，在前述案例中如因续保或推销保险原因，保险人以签发保险单先予承保的方式先提出根绝，而后由投保人作出投保的意思表示为承诺。因此，不能将保险人的承保一概认定为合同法上的承诺，在许多情况下，保险人承保具有要约的属性。

二、保险合同的推定成立

讨论下文案例的核心在于，保险人接受了投保人提交的投保单并收取了保险费，尚未作出是否承保的意思表示，发生保险事故，保险人是否应当承担保险责任？其所涉及的法律问题有，一是保险合同是否成立？二是保险人是否应承担保险责任。

（一）典型案例

法院经审理查明，2000 年某日，经某人寿保险某县支公司业务员张某的推荐，梁某在张某处以其丈夫韩某的名义购买了一份定期人身保险，投保人与被保险人均为韩某，受益人为梁某。梁某当场缴纳了首期保费，张某为其出具了公司的暂收款收据。一年之后，韩某因车祸不幸去世。过后，梁某想起曾办保险一事，遂到保险人索赔。然而保险人经电脑查询并没有该单保险记录，找到业务员张某并经公司核实后，梁某被告知该笔保险因投保单没有其丈夫韩某的签名而未被保险人承保，故该保险合同并未成立，保险人不予理赔。梁某不服，即起诉至法院，要求保险人依保险合同的规定赔付 25 万元。

原告梁某认为：原告已经填写投保单，并缴纳了首期保险费，保险人业务员开出盖有保险人公章的暂收款收据，已各自完成了要约与承诺，合同已然成立。虽然《保险法》规定以死亡为给付条件的人身保险合同须经被保险人签字方为有效，但原告对此并不知晓，因业务员并未告知，被告保险人关于该险种的宣传单上亦未说明。虽然在保险人出具的暂收款收据上标明有保险人核保后开出正式保单该保险方告成立的备注条款，但在长达一年多的时间里，保险人并未向原告表示拒保，亦未退还原告所缴保费，故应视为对其权利的放弃。因此该合同应有效成立，被告应按合同予以赔付。被告保险人辩称：保险合同的成立须经保险人核保，符合承保条件的方能承保，保险合同须经承保才能成立，这是保险法所规定的。暂收款收据并不能作为合同成立的依据，且在收据的备注栏上亦写明了以核保后的正式保单为合同成立的条款。另外，该定期保险是以死亡为给付条件的保险，根据旧《保险法》第 56 条"以死亡为给付保险金条件的合同，未经被保险人书面同意并认可保险金额的，合同无效"的规定，该案的投保单未经被保险人即原告的丈夫韩某签字，因此该合同并未成立。

被告保险人还出具了该公司业务员张某的书面证言，证明其已多次找过原告的丈夫韩某，韩某不愿买这份保险，且其已经接受韩某之托付将原告所缴的保险费挪作其它续期保费的缴付，因韩某说找不到原来的暂收款收据，故张某未能按照保险人的规定收回该收据。法院认为，保险人业务员张某的书面证言有前后矛盾之处，且其未出庭，无法质证，故对其证词法院不予采信。

法院基于最大诚信原则，判决该保险合同成立且有效，被告保险人依据合同规定赔付原告 25 万元。[①]

（二）案件评析：

本案是在保险法尚未作出明确规定情况下的司法尝试，人民法院的判决结论是正确的，但根据最大诚信原则认定保险合同成立的判决理由上并不充分。笔者认为，保险人应当承担保险责任的理由如下。

1. 推定保险合同已经成立。法院查明的事实是，投保人填写了投保单并缴纳了首期保险费，保险人开具了暂收款收据，该收据的备注栏中写明："经保险人核保后开出正式保单为保险合同成立。"但经长达一年之久，保险人未作出拒保的意思表示，但也未进行承保。原告主张，该合同应有效成立，被告应按合同予以赔付。笔者认为，根据《合同法》第 37 条的规定的"采用合同书形式订立合同，在签字或者盖章之前，当事人一方已经履行主要义务，对方接受的，该合同成立。"在本案中，虽然保险费暂收款收据中明示以"正式保险单的出具作为保险合同成立的条件"，但是保险人在合理时间内并未作出承保或拒保的意思表示。保险人的代理人与投保人已经完成保险合同订立的磋商，投保人业已向保险人交纳了首期保险费，保险人出具了暂收款收据，这证明投保人已经履行了缴纳保险费的主要义务。在美国法中，如果承保人没有及时拒绝或接受投保人的申请，致使投保人相信他已经受保从而不去寻找别的保险，那么承保人就会被推定他默示接受了投保人的申请。其依据是如果权利人合理地相信了义务人的行为，就会产生不容否认的义务。[②] 据此，法院认定保险合同成立是正确的。

2. 保险人超过合理时间没有作出承保或拒保的意思表示，应当视为保险人已经放弃了合同无效的抗辩权利。本案中的保险合同属于人身保险合同，其含有死亡为给付保险金条件的约定。根据旧《保险法》第 56 条规定，以死亡为给付保险金条件的合同，未经被保险人书面同意并认可保险金额的，合同无效。保险人据此主张保险合同中以死亡为给付条件的合同因无被

---

① 黎宗剑：《保险案例汇编》，中国时代经济出版社，第 100 页～101 页。

② ［英］MALCOLM A. CLARKE 著，何美欢、吴志攀译：《保险合同法》，北京大学出版社，第 269 页。

保险人的签字同意而无效。但是本案中，保险人经长达一年之久未作出拒保的意思表示，其行为已经表示保险人放弃了法律赋予其的合同无效的抗辩权。

（三）保险合同推定成立的法理分析

1. 保险合同推定成立的概念与渊源。保险合同推定成立，是指依据法律规定的经验法则，根据投保人和保险人所作出的行为推定其双方有订立保险合同的意思表示，认定保险合同成立，它属于推定合同成立的范畴。在英美法中，保险合同的成立在保险人作出承保的通知送达相对人时，在保险单的送达作为承保通知送达相对人的手段，因而保险合同的推定成立即体现推定保单送达。在我国保险法规定的的保险合同订立规则下，保险人做出承保的意思表示，保险合同即告成立，法律没有规定承保应当自相对人收到承保通知时成立保险合同。因此，我国的保险合同推定成立就是推定承保，是指以保险人做出的行为，推定其对投保人的投保请求予以接受。

保险合同的推定成立制度，最早见于英国法的保险单推定送达。在英美保险法中，保险单的送达就是把保险合同实际交付给投保人。① 由于大部分的寿险保险单中均记载"当且仅当保险单送达给投保人时，保险合同才生效"，但保险人在完成核保后，将保险单寄送给保险代理人，要求其转交给投保人，然而在保险单最终被送到之前，被保险人死亡了。保险人即会以保险单未实际送达投保人，保险合同没有生效为由拒赔。对于这种情况，大多数法院都会以"推定送达"为由认定保险合同成立。一般而言，当保险人把保险单寄给代理人时，只要保险人和代理人除了实际递送之外不需要再做任何工作时，邮寄本身便可以推定送达。② 保险合同推定成立具有督促保险人及时进行核保、承保，起到防止保险人恶意利用核保、承保事务拖延保险合同的成立的作用。其功能是通过以建立相应保险合同推定成立的法定标准或司法标准，在保险人进行核保或承保的过程中，以司法干预的方式将符合相应法律标准或司法标准的推定为保险合同成立。

2. 最高法院关于保险合同推定成立的解释。为了使各级人民法院在审

① 小罗伯特·H·杰瑞、道格拉斯·R·里士满：《美国保险法精解》，李之彦译，北京大学出版社，第 61 页。

② 小罗伯特·H·杰瑞、道格拉斯·R·里士满：《美国保险法精解》，李之彦译，北京大学出版社，第 62～63 页。

判工作中正确适用《保险法》，统一保险案件的裁判尺度，最高法院以司法解释提出了保险合同推定成立的规则，它包括保险人同意承保的推定、保险人承担赔偿责任和承保条件的认定三部分的内容。①

第一，推定保险人同意承保。所谓推定保险人同意承保，是指以保险人在接受投保人的投保请求后，未在保险行业同类保险承保的合理期间内完成核保并通知投保人的，应推定为保险人同意承保。推定保险人同意承保的法律后果就是保险合同成立。

推定保险人同意承保的规则是，保险人同意承保是指保险人以书面或其他形式作出接受投保人投保要求的意思表示。保险人未在合理期间完成核保并通知投保人，视为同意承保。合理期间参照保险行业同种类保险的一般期间确定。因此，在以下条件成就时，推定保险人同意承保：一是投保人已经向保险人作出了要求订立保险合同的意思表示。即投保人已经以口头或书面形式向保险人提出订立保险合同的意思表示。二是保险人在受理了投保人的投保请求后，未在合理的期间内进行核保并通知投保人的。如果保险人在合理期间内完成核保并通知投保人的不适用本规定。三是保险人进行核保并通知的合理期间，参照保险行业同种类保险的一般期间确定。即推定保险人同意承保条件中隐含着一项排除性规则，即保险人在受理投保人的投保请求后，于合理期间内进行核保过程中，则不能推定保险人同意承保。

第二，保险人承保前发生保险事故的保险责任承担。最高法院关于保险人承保前发生保险事故的处理规则的内涵是，在保险人没有作出承保的情况下，以保险人收取投保单和保险费、保险标的是否符合承保条件为前提事实，从而由法院认定保险人是否承担保险金赔偿或给付责任。关于保险人承保前发生保险事故的保险责任承担规则，最高法院的立场是处于一个极度摇摆的状态。

最高法院在征求意见稿中主张："保险人接受了投保人递交的投保单并收取了保险费，在合理期间内尚未作出是否承保的意思表示，发生保险事故

---

① 最高人民法院《关于适用〈保险法〉若干问题的解释（二）》第四条，"保险人接受了投保人提交的投保单并收取了保险费，尚未作出是否承保的意思表示，发生保险事故，被保险人或者受益人请求保险人按照保险合同承担赔偿或者给付保险金责任，符合承保条件的，人民法院应予支持；不符合承保条件的，保险人不承担保险责任，但应当退还已经收取的保险费。保险人主张不符合承保条件的，应承担举证责任。"

的，按下列情形处理：（1）符合承保条件，被保险人或者受益人要求保险人按照投保单载明的险种、保险金额等约定承担赔偿或者给付保险金责任的，人民法院应予支持。（2）不符合承保条件，保险人没有过错的，投保人要求保险人退还保险费；或者保险人有过错，投保人要求其承担相应赔偿责任的，人民法院应予支持。是否符合承保条件，由保险人承担举证责任。人民法院可以根据保险行业核保规范的通常标准予以判定。"① 但是在最高法院的出台的司法解释中，其立场却变为："保险人接受了投保人提交的投保单并收取了保险费，尚未作出是否承保的意思表示，发生保险事故，被保险人或者受益人请求保险人按照保险合同承担赔偿或者给付保险金责任，符合承保条件的，人民法院应予支持；不符合承保条件的，保险人不承担保险责任，但应当退还已经收取的保险费。保险人主张不符合承保条件的，应承担举证责任。"新司法解释除去了"保险人接受了投保人提交的投保单并收取了保险费，尚未作出是否承保的意思表示，发生保险事故，保险人有过错，投保人要求其承担相应赔偿责任的，人民法院应予支持。"此使投保人、被保险人和受益人的保护范围大大的被缩减。

最高法院的司法解释建立的保险人承保前发生保险事故的保险责任承担规则，是在承认和尊重保险人的核保权基础上，以被保险人和保险标的是否符合承保条件为保险人承保时至关重要的考量因素，确认了保险人作出同意承保应以核保为前提。因此，保险人接受了投保人提交的投保单并收取了保险费，尚未作出是否承保的意思表示，发生保险事故的，若保险标的或被保险人具有可保性、符合承保条件的，应推定保险人应对在投保人提出投保请求时起到保险人作出同意承保时止的期间内发生的保险事故而承担责任；若保险标的或被保险人不具有可保性，不符合承保条件的，投保人有权要求保险人退还保险费，保险人不承担保险责任。

第三，是否符合承保条件的认定。在最高法院的新司法解释的规定中，要求以保险标的或被保险人是否"符合承保条件"为经验法则，先推定保险合同成立，再确认保险人承保前发生保险事故的保险责任规则，其核心在于，对"符合承保条件"的通过推定保险合同成立，从而认定保险人承担保险责任；对不符合承保条件的，则认定保险合同不成立，保险人不承担保险责任。

① 最高人民法院：《关于适用〈中华人民共和国保险法〉若干问题的解释（二）》（征求意见稿）第4条。

在此应当注意的是，所谓是否"符合承保条件"在保险营业中，是保险人根据保险标的和被保险人客观情况，在核保中自我认定的主观标准，它不是统一的、客观的承保条件。因此，在最高法院的新司法解释中，将保险人的主观标准——"符合承保条件"，作为人民法院审理案件中的认定保险人是否承担保险责任的法律标准，会使人民法院在具体案件审理时只能作为保险人的附庸。所以这一规定是不妥当的。

所谓承保条件，是指保险人在对保险标的和被保险人进行核保时，用以衡量保险标的和被保险人的风险、决定适用保险费率和作出承保或拒保的决定的参考因素。在保险营业中，因保险险种不同、保险标的不同、风险状况不同和投保人或被保险人的不同等，承保条件在核保过程中的判断标准是各不相同的。承保条件的不同表现为，可能是同一险种下不同保险人的标准不同，也可能是同一标的在不同险种中的标准不同，还可能是同一险种、同一标的在不同时间中的不同等。因此，何谓"符合承保条件"是一个没有统一标准的概念。为准确理解最高人民法院在司法解释中规定的"不符合承保条件"的内涵，现就保险营业中的承保条件的内涵阐述如下。

关于承保条件的划分标准。在保险人的核保中，根据保险人作出的不同核保结论，承保条件可以分为以下三种：一是保险人在核保过程中，认定保险标的和被保险人的风险状况符合保险人预估的风险指标。根据这一结论，保险人按照预订费率进行承保。此为标准承保条件。二是保险人在核保过程中，认定保险标的和被保险人的风险状况在一定程度上超出了保险人预估的风险指标，但是这种风险是可控的。根据这一结论，保险人是在预订费率的基础上增加额外费率或作出责任免除，以附条件的形式进行承保。此为附加承保条件。三是保险标的和被保险人的风险状况远远超出了保险人预估的风险指标，并且这种风险是难以控制的，保险人对此种情况可以作出不予承保的拒保决定，并通知投保人。此为保险人拒保的条件。

对承保条件的影响因素的分析。保险人在进行核保过程中，通常是从如下因素对不符合承保条件进行衡量：一是保险标的和被保险人的风险状况。具体是指作为保险合同保障对象所面临的种种危险因素。保险人对此危险因素进行衡量，主要是考虑保险人将要承担风险的大小和所收取保险费的多寡是否构成对应关系，以使保险营业处于良性运转中。二是投保人的投保主观危险状况。主要包括投保人的品德和信誉，如投保人在投保时是否明知已经发生危险事故而进行投保，即被称为投保人投保时的逆选择。防止逆选择，是保险核保中控制业务质量的重要因素，它能够使承保实际损失率低于预期损失率。三是保险单条件。主要包括有投保人与保险标的是否具有保险利益，为控制合同成立后的风险增加而设定保险金额控制、免赔额、订立保证条款或共保条款等，以防范未来的超额风险。

人身保险中的核保的特别要件。在人身保险中，保险人进行的核保主要是通过对以下要素的审核，来确定被保险人是否符合承保条件：年龄、性别、健康状况、职业、经济状况、可保利益等。即审核男女性别产生的危险差异，确定女子妊娠、分娩等特有危险；审核被保险人现存在于身体、器官上的残疾或病症，既往疾病或外伤，家族病史等；审核被保险人个人嗜好、职业风险以及个性、婚姻状况、宗教信仰等；审核被保险人的驾驶记录、特定职业可能引发事故危险、健康危险、环境危险等。人身保险的承保结论是将被保险人按风险状况分为，标准身体组（Standard Group）和次标准身体组（Substandard Group）。通常，保险人对标准身体当然承保，但对次标准身体制订特别的保险费率予以承保。不符合标准身体或次标准身体的被保险人，保险人不予承保。

论被保险人变更标的存放地
危险增加的通知义务

潘红亮　赵运翠

摘要：诚实信用是民事活动的基本原则，保险合同作为民事合同的一种特殊类型，是投保人和保险人双方达成合意订立的射幸合同，更应当最大程度地遵循诚实信用原则。在财产保险中，被保险人负有对保险标的状态的直接监管责任，在保险期间内，若被保险人发现保险标的危险程度显著增加，应及时就变更情况通知保险人，履行标的物危险增加的通知义务，以便保险人确认是否应继续承保、增加保费或解除合同。如果被保险人未能履行变更保险标的存放地址的通知义务，导致保险标的因危险程度增加而产生损失，保险人不应承担相应的保险责任。在保险实践中，被保险人履行危险增加的通知义务具有其必要性，该义务既产生于法律规定，也可产生于合同双方当事人的约定。

关键词：保险标的　危险程度增加　通知义务　最大诚信原则

保险活动应遵循最大诚信原则。在保险合同中，保险人的诚信主要体现在就免责条款对投保人进行提示和明确说明义务。在财产保险合同中投保人（被保险人）的诚信主要体现在投保人对保险标的的有关情况就保险人的询问进行如实告知，被保险人对保险标的的变化情况及时通知保险人。如果财产险合同的投保人在投保时向保险人说明的保险标的相关情况，与出险后保

作者简介：潘红亮，中国平安财产保险股份有限公司青岛分公司副总经理，山东省法学会保险法学研究会理事。赵运翠，女，中国平安财产保险股份有限公司青岛分公司法务，法学硕士。

险人查勘的情况不符，保险人认为保险标的情势变更时被保险人未及时通知保险人，变更情势导致危险程度增加而发生保险事故，那么被保险人是否违背了如实告知的义务，会产生怎样的法律后果？通过下面一则真实案例，可以深入探究该问题。

一、案件基本情况及一、二审法院观点

（一）案件基本情况

青岛某农产有限公司（以下简称某公司）在中国平安财产保险股份有限公司青岛分公司（以下简称平安公司）投保企业财产综合险，保险标的为该公司所有的存货（保险金额 11 360 000 元，每次事故绝对免赔额 20%），保额确定的依据均为某公司出具的固定资产明细表、资产负债表、库存商品辅助账等。平安公司派员对某公司的财产明细进行了现场确认，无误后签发保单，其中《财产综合险投保单》载明的保险财产地址和《财产综合险保单明细表》第四项保险项目中保险标的地址，均明确载明保险财产所在地址为平度市仁兆镇冷戈庄村。保险责任期限为 2013 年 3 月 26 日至 2014 年 3 月 26 日。投保人某公司按期缴纳保费，保险人平安公司签发保单。

2013 年 10 月 11 日，某公司储存的存货部分辣椒发生火灾，产生损失 185 万余元。某公司报案后，平安公司派员查勘发现火灾发生地点为平度市郭庄镇同仁食品有限公司冷库，与投保单上载明的保险标的地址不符，认为放在该地址的存货不属于保险标的，故作拒赔处理。某公司不服，诉至平度市人民法院。一审平安公司败诉后提起上诉，现案件已终结。

（二）一、二审法院主要观点及案件处理结果

1. 一审法院的观点。一审法院认为案件争议焦点有二：一是在火灾事故中，某公司被烧毁的辣椒是否属于保险标的；二是某公司擅自变更存货地址未通知平安公司，是否导致保险标的的危险程度增加。

对于争议一，法院认为，某公司在投保时提交的财产明细列表中记录为存货，而火灾产生损失的辣椒为该公司主要存货。投保单中记载的保险标的存放地址为平度市仁兆镇冷戈庄村，同时，括号注明如有多个地址，应在《财产保险地址清单》中分别填写，可见除了投保单上记载的存放地址仁兆镇冷戈庄外，是允许保险标的存放在其他的地址的。清单由谁填写，合同中并无

明确规定，也无禁止性规定，未禁止存货存放在平度市郭庄镇同仁食品有限公司冷库，且保险标的性质并未因更换存放地址而改变。由此认定，辣椒为本次保险事故的标的。

对于争议二，法院认为，某公司将辣椒存放于平度市郭庄镇同仁食品有限公司冷库属于保障其自身经济利益的商业行为，对于发生火灾的结果，无论从常识推断，还是从专业知识方面判断，都并非某公司能够预见。因此某公司对于保险标的危险程度增加事实并不知晓，更无向平安公司通知的义务。

综上所述，一审法院认为平安公司拒赔的理由不成立，应当按照合同支付某公司事故损失金额。

2. 二审法院的观点及终审结果。平安公司上诉，二审法院对于争议一的观点是，根据保险合同约定，保险标的的要素包括保险合同中约定承保的财产及财产应当存放在投保单上注明的地址内。在本案中，投保单的"保险财产地址"一栏中投保人该农产公司明确填写承保财产地址为平度市仁兆镇冷戈庄村，此地址为财产存放的唯一地址，可见特定将财产存放地址也作为保险标的的要素之一。而发生事故时，存货辣椒并非存放在该地，而是存放在平度市郭庄镇同仁食品有限公司冷库，不符合保险标的的全部构成要素。

对于争议二，二审法院认为，在合同有效期内，保险标的的存放地址如果发生变更，存在增加保险标的的危险程度的可能性，足以影响到保险人决定是否继续承保及增加保险费时，被保险人应当有通知保险人的义务，以便于保险人决定是否增加保险费或解除合同，否则，保险人有权对于因保险标的的改变存放地址造成危险程度显著增加而发生的保险事故，不承担赔偿责任。

本案中，某公司将辣椒存放于平度市郭庄镇同仁食品有限公司冷库时，应当负有谨慎对待的义务。对于干辣椒这类易燃物的储存，应该考察存藏地的位置、构造、周边环境及是否有相关消防验收合格资质等因素。同时，应当及时将情况通知保险人。但某公司并未尽到上述义务。结果该地因冷气线路故障引燃周边物品导致辣椒烧毁，损失的造成与某公司未尽到谨慎义务、选择了不符合安全条件的储存地有直接因果关系。因此，根据法律规定及保险合同的约定，平安公司不应当承担赔偿责任。

最终，二审法院撤销一审判决，驳回某公司诉讼请求。平安公司不承担赔偿责任。

二、 由案例引发的思考——被保险人未尽危险增加通知义务应当承担的法律后果

（一） 保险标的构成要素的双重性决定了被保险人履行通知义务的必要性

案例中，原告某公司诉讼涉及的火灾事故发生地点是"平度市郭庄镇同仁食品有限公司冷库"，与保险合同中约定投保单记载的财产存放地址"平度市仁兆镇冷戈庄村"并非同一地址。投保时，投保人某公司填写《财产综合险投保单》中载明的保险财产地址和《财产综合险保单明细表》第四项保险项目中保险标的的地址，均明确载明保险财产的所在地址为平度市仁兆镇冷戈庄村。

根据《财产综合险条款》第二条约定"本保险合同载明地址内的下列财产可作为保险标的……"，可见，该险种中保险标的的构成要素为两个部分，包括被保的财产及保险合同约定的该财产所在地，缺少其中一个构成要素，则不符合保险合同中约定的保险标的的范围。超出保险标的的范围的财产如造成损失，保险公司不承担保险责任。被保险人在未通知保险人的情况下即改变标的物的存放地址，改变了保险标的的构成要求，属于私自变更了标的物，对于变更地址后的财产损失，保险公司亦不应当承担保险责任。

综上，该案中发生火灾事故的辣椒虽然属于被保财产——存货，但因并未存于保险合同约定地址，因此并不属于保险标的，某公司无权依据保险合同的约定向平安公司主张赔偿权利。

（二） 未尽及时通知义务导致标的风险程度显著增加产生损失，保险公司不承担保险责任

根据案例所涉及《财产综合险》保险条款的相关规定，在保险期间内，如保险标的的使用性质、存放地址及其他可能导致保险标的的危险程度等足以影响保险人决定是否继续承保或增加保险费的保险合同重要事项变更，被保险人应及时书面通知保险人，未通知的，因保险标的的危险程度显著增加而发生的保险事故，保险人不承担保险责任。

案例中，从安全技术专业知识层面看，虽然某公司并不具备识别标的物存放地址风险程度的专业能力，但为了商业利益考虑，在存放货物前，应尽基本谨慎义务，考察存放地址的消防设施配备及周边环境、存放地址是否具

有经营储存存货的资质；并不能因为就存储物已经购买了保险产品，而放任对存储物的安全保障义务。

该案中存放辣椒的平度市郭庄镇同仁食品有限公司恒温冷库是该公司私自改建而成，属于违章建筑，无消防设计备案，也没有通过消防验收的记录，且使用可燃材料作为保温材料。该厂区也未设置消防栓和相关消防设施，存在严重的安全隐患，某公司未经调查即将辣椒存放于此，未尽到维护保险标的安全义务，导致存货辣椒的危险程度显著增加，却未及时通知平安公司，存在重大过错，且该过错是导致保险标的损失的直接原因，因此本次火灾事故导致的损失，平安公司不应当承担赔偿义务。

综上所述，案例中某公司未通知保险人平安公司即擅自变更标的物存放地址，导致标的风险程度显著增加并因此导致标的损毁，相关损失不属于平安公司赔偿范围，某公司无权向平安公司主张权利。

三、从主观过错角度看被保险人的危险增加及时通知义务

在认定被保险人履行通知义务时，需要首先考虑危险增加的程度，应达到显著程度，足以对承保条件产生决定性影响。同时，应确定履行义务的主体，应是被保险人而非投保人，并需将被保险人的主观过错纳入到义务履行因素中统一考量，以确定未履行该义务是否能决定保险人赔偿责任的免除。

（一）危险增加的构成要件

危险程度的增加是指在合同订立时无法预见，在合同履行过程中（也表述为在保险期间内），发生的导致保险标的损失的危险因素或程度有所增加的情况。对于危险程度增加的界定和立法条文的表述，不同国家、地区的法律有不同的规定。日本相关法律规定"在保险期间内，危险因可归责于投保人或被保险人的事由显著变化时"[1]，我国台湾地区则认为"危险增加，由于要保人或被保险人之行为所致，其危险达于应增加保费或终止之城读者"。根据我国《保险法》第52条规定，"在合同有效期内，保险标的的危险程度显著增加的，被保险人应当按照合同约定及时通知保险人……被保险人未履行前款规定的通知义务的，因保险标的危险程度显著增加而发生的保险事故，保险人不承担赔偿保险金的责任。"可见，危险程度需达到"显著"增

---

[1] 《日本商法典》第 656 条。

加的地步，才能免除保险人的赔偿责任，仅是轻微增加，并不必然免除保险人责任。

（二）被保险人是通知义务的主体

在保险合同生效后，当被保险人发现保险标的危险程度显著增加时，应当尽通知义务。投保人与保险人签订的保险合同生效以后，保险标的的毁损风险由保险公司根据保险合同的约定予以保障。注意，这里的保障只是保障被保险人的利益不因为保险标的的毁损而受到损失，并不能够保障社会财富的不损失，即有保险合同保障的保险标的的损失后依然属于社会财富损失，不可改变。因此，维护保险标的的安全，或者说尽谨慎安全之义务使其处在一个相对安全的状态，避免危险事故的发生，对于被保险人来说有重要的意义，并不能因为有了保险合同的保障，被保险人就可以对于保险标的的存在状态漠不关心。

那么此时通知义务的主体为被保险人，是否及于投保人？各个地区和国家众说纷纭。日本相关法律的观点是认为投保人或被保险人均有此义务，而我国台湾地区则根据不同情况区分通知义务的履行，即既有将被保险人单独列为义务人的情形，又有对被保险人和投保人并行列为义务主体的情形。从合同订立时的状态看，危险增加的事由并不存在，保险合同双方当事人——投保人和保险人均不知悉，也无法预见保险标的危险的增加。而从保险利益方面说，财产保险合同要求出险时被保险人需要对保险标的有保险利益。即最终取得利益的还是被保险人。因此要求被保险人在合同有效期内，发现有危险程度显著增加时，应当作为通知义务的主体。投保人并不负有危险增加通知义务，其诚信体现在保险合同订立过程中，对于保险标的的相关情况的如实告知义务，在保险合同生效以后，危险增加义务又被保险人承接，投保人无此义务。

（三）被保险人违反危险增加通知义务的法律后果应适当考虑其主观过错

对于被保险人未在发现危险程度显著增加时，及时通知保险人，其应当承担的法律后果是否必然是不能得到保险公司的赔偿，是否应当考虑被保险人的主观状态，是否存在主观故意或重大过失？应当从危险程度增加的"显著性"及危险程度增加与事故发生的因果关系方面，分不同情形分析，不能一概而论。

1. 被保险人负有通知义务的危险程度增加，要达到显著的标准。对于达到危险显著的程度，如果仅依据被保险人的经验来判断，则可能存在局限性，缘于被保险人对于风险的判断并不够专业。且依据常人所能理解的危险程度显著增加与轻微增加，判断的界限也不明确，尤其是其中还存在客观风险因素。这样导致仅依据被保险人的主观因素，将在实务中很难断定被保险人是否未履行应当履行的通知义务。建议适当考虑被保险人的主观因素，虽然危险程度显著增加被保险人未通知，但是只要可以排除被保险人主观故意或重大过失（如主观上知道风险程度已经增加，但是为了避免保险公司知晓后增加保费收入，或者抱侥幸心理认为保险事故不会发生，无需告知保险公司）的情形，轻微过失和不可抗力因素并不能认为构成被保险人通知义务的违反。

2. 被保险人因过错或重大过失未履行危险增加的通知义务，与事故发生应当具有直接因果关系。根据我国《保险法》规定，被保险人未履行危险增加的及时通知义务将导致保险人对该保险事故不承担赔偿责任。这里要求保险事故的发生要与危险程度的显著增加存在直接的因果关系。如果保险标的存在显著的危险程度增加，被保险人知而不报，但是保险事故发生的原因与该危险因素无关，此时保险人处理时，无需考虑到被保险人的主观过错因素，只要明确事故原因，如非因危险程度增加因素产生，保险人还是应当承担赔偿责任，体现了合同的公平原则。

四、被保险人通知义务产生的法理依据

保险人的危险程度增加通知义务属于被保险人如实告知义务的衍生，对于该通知义务的法理依据，除了应当遵循诚实信用原则外，主要基于约定及法定两方面。

（一）通知义务产生于合同双方当事人的约定

保险合同为民事合同，根据意思自治的原则，作为合同当事人的保险人与被保险人，双方的权利义务关系均由合意产生，故被保险人的通知义务应属于约定中被保险人义务的范畴。

以平安公司 2009 年版的《财产综合险条款》第 25 条中的规定为例，"在

合同有效期内，如保险标的占用与使用性质、保险标的地址及其他可能导致保险标的危险程度显著增加的、或其他足以影响保险人决定是否继续承保或是否增加保险费的保险合同重要事项变更，被保险人应及时书面通知保险人，保险人有权要求增加保险费或者解除合同。被保险人未履行前款约定的通知义务的，因保险标的的危险程度显著增加而发生的保险事故，保险人不承担赔偿责任"。

可见，被保险人对于危险程度增加的通知义务基于双方在合同中的约定。一旦被保险人未履行该义务，保险人有权不承担赔偿责任，符合当事人意思自治原则。

（二）通知义务基于法律规定

根据《保险法》中第 52 条规定："在合同有效期内，保险标的的危险程度显著增加的，被保险人应当按照合同约定及时通知保险人，保险人可以按照合同约定增加保险费或者解除合同。保险人解除合同的，应当将已收取的保险费，按照合同约定扣除自保险责任开始之日起至合同解除之日止应收的部分后，退还投保人。被保险人未履行前款规定的通知义务的，因保险标的的危险程度显著增加而发生的保险事故，保险人不承担赔偿保险金的责任"。可见，法律就被保险人的通知义务作出了强制性规定，为该义务履行的必要性提供了法律依据。

（三）通知义务源于诚实信用原则及公平原则

保险合同订立的法理基础为对价平衡原理及情势变更原则，保险合同订立遵循市场交易平衡对价的基本规则，体现最大诚实信用的基本准则。每一款保险产品的诞生均是来源于精算科学中对于"大数法则"的应用，通过该法则来确定各类可保项目发生事故的概率，进而厘定合理的费率来确定公平的保险费及应当赔付的保险金。因此，投保人所缴纳的保险费与保险人所承担的保险责任为平等的对价关系。但是，保险合同效力的存在有一个约定的期间，保险责任的承担从时间上讲是一个持续性的过程。期间如果随着时间的推移，保险合同订立时的形势逐渐发生了变化，比如保险标的的状态、性质、所处位置等发生变化时，即存在面临保险标的危险程度增加的情势。尤其是该程度增加到超出保险人所承保的风险程度时，保险人面临给付保险金的风险也会增加。如果此时依旧按照原合同的规定来使保险人承担责任，则有失公平原则，因此，对于危险程度的增加，保险人应当被及时通知，以便于保险人重新核定是否继续承保或变更承保条件。

五、结语

保险行业的健康发展依赖于保险合同双方当事人的诚信以及合同中约定的权利义务公平、平等的履行。被保险人对于保险标的危险增加的及时通知属于法定的义务，该义务以法律的强制性规定予以明确，有利于保险标的的安全维护以及社会财富的保护，使保险利益所有人关注保险标的的安全状况，而不会产生通过保险将风险全部转移于保险人，无形中加大保险人的承保风险，体现了公平原则，有利于保险业更好的发挥在社会财富的保障和社会生产恢复中的重要作用。

论保险公司对交强险理赔追偿
对象范围的扩大

高振平　李　悦

摘要： 在驾驶人无证、醉酒、机动车被盗抢或驾驶人故意等情况下发生的交通事故，保险公司在交强险范围内再向受害人赔偿损失后，转而向侵权人行使追偿权的案件，日渐增多。在司法实践中，根据《最高人民法院〈关于道路交通事故损害赔偿案件适用法律若干问题的解释〉》第十八条规定，向未取得驾驶资格或者未取得相应驾驶资格的驾驶人追偿的，人民法院一般予以支持，但向驾驶人的挂靠单位、车辆所有人和管理人追偿的诉求应否支持，实践中尚存争议。对"侵权人"如何界定，只是"驾驶人"还是包括"车辆所有人""车辆管理人"等，司法实践中不统一，但从立法目的和社会效果来看，将"车辆所有人"和"车辆管理人"等列入"侵权人"中，既符合法律规定，又有助于维护受害人合法权益，提高机动车管理人的管理责任和保险公司理赔的积极性。

关键词： 保险公司　交强险　追偿对象

道路交通事故发生之后，保险公司向受害人支付交强险赔偿金后，根据《最高人民法院〈关于道路交通事故损害赔偿案件适用法律若干问题的解释〉》（本文简称《交通损害司法解释》）第18条向未取得驾驶资格或者未取得相应驾驶资格的驾驶人追偿的，法院应予支持，但当保险公司向驾驶人的挂靠单位、车辆的所有人和管理人追偿的应否支持，实践中存在争议。

作者简介：高振平，女，德州市中级人民法院副县级审判员。李悦，女，德州市中级人民法院民四庭助理审判员。

《机动车交通事故责任强制保险条例》确定的追偿对象是"致害人"①，《最高人民法院〈关于审理道路交通事故损害赔偿案件适用法律若干问题的解释〉》确定的追偿对象为"侵权人"和"未投保交强险的投保义务人"。无论是"致害人""侵权人"还是"未投保交强险的投保义务人"，法律给出的均是一个判断标准，指向性不够明确，与通常交通事故中出现的"驾驶人""车辆所有人""车辆挂靠人"等无法直接对应。为了明确追偿对象，降低追偿权行驶难度，笔者认为有必要对追偿对象给予直观的列举并分析，以确定交强险保险公司追偿权行使对象的标准，为司法实践提供参考依据。

一、理论维度——交强险保险公司追偿权的概念及法律依据

其一，交强险保险公司追偿权之概念。

追偿权是法律赋予付出一定义务的人一种经济上的请求补偿的权利，追偿权人和被追偿人之间存在基础的合同关系。交强险保险公司的追偿权，是在 2012 年 12 月 21 日起施行的《交通损害司法解释》中才出现的。追偿，英文常用 recovery 来表示，即（对失去的财产或权益）收回之意②。追偿目的在于挽回代偿损失，其性质是一种不确定的债权，一种请求权，这种权利基于一定的基础法律关系而产生，专属于一定的民事主体。

其二，我国当前有关保险追偿权的法律规定及法律进阶。

第一，《侵权责任法》第 52 条规定："盗窃、抢劫或者抢夺的机动车发生交通事故造成损害的，由盗窃人、抢劫人或者抢夺人承担赔偿责任。保险公司在机动车强制保险责任限额范围内垫付抢救费用的，有权向交通事故责任人追偿。"该条款专门针对机动车被盗窃、抢劫或抢夺情况下发生交通事故，赔偿责任如何分配进行的规定，仅规定了保险公司在交强险范围内对垫付的抢救费用享有追偿权，追偿的对象也仅为"交通事故责任人"。

第二，《道路交通安全法》第 76 条规定："机动车发生交通事故造成人身伤亡、财产损失的，由保险公司在机动车第三者责任强制保险责任限

---

① 《机动车交通事故责任强制保险条例》第二十二条规定："有下列情形之一的，保险公司在机动车交通事故责任强制保险责任限额范围内垫付抢救费用，并有权向致害人追偿：（一）驾驶人未取得驾驶资格或者醉酒的；（二）被保险机动车被盗抢期间肇事的；（三）被保险人故意制造道路交通事故的。"

② 何绍尉：《保险人的代位权与追偿权之比较》，载《科学·经济·社会》2009 年第 4 期。

额范围内予以赔偿。超过责任限额的部分，按照下列方式承担赔偿责任：
（一）机动车之间发生交通事故的，由有过错的一方承担责任；双方都有过错的，按照各自过错的比例分担责任。（二）机动车与非机动车驾驶人、行人之间发生交通事故的，由机动车一方承担责任；但是，有证据证明非机动车驾驶人、行人违反道路交通安全法律、法规，机动车驾驶人已经采取必要处置措施的，减轻机动车一方的责任。交通事故的损失是由非机动车驾驶人、行人故意造成的，机动车一方不承担责任。"该条款只规定了保险公司在交强险范围承担赔偿责任，但未对追偿权进行规定，更未列明追偿对象的范围。

第三，《机动车交通事故责任强制保险条例》第 22 条规定："有下列情形之一的，保险公司在机动车交通事故责任强制保险责任限额范围内垫付抢救费用，并有权向致害人追偿：（一）驾驶人未取得驾驶资格或者醉酒的；（二）被保险机动车被盗抢期间肇事的；（三）被保险人故意制造道路交通事故的。该项规定明确的是垫付抢救费用可以追偿。"该条款则只规定了对于无证驾驶机动车等发生道路交通事故的，保险公司只对垫付的抢救费用享有追偿权，对受害人的财产损失、则不承担赔偿责任，而对于受害人的人身损害、丧葬费、死亡赔偿金、残疾赔偿金等其他人身伤亡造成的经济损失是否承担赔偿责任也未进行明确规定，对追偿的对象，也仅仅表述为"致害人"，对于"致害人"所指的对象及范围则没有明确的列明。因此，审判实践中多数法官根据该条款并没有明确规定保险公司对人身损害造成的损失不承担责任的情况下，进行扩大解释，认定保险公司应对交通事故造成的人身损害也承担赔偿责任，保险公司在交强险责任限额内承担垫付责任后，取得对"事故责任人"的追偿权，但对于追偿对象则采用严格解释，部分认为"致害人"仅仅是"事故责任人"，也有部分法官认为"致害人"应包括所有侵权人，造成司法实践中的不统一。

第四，《交通损害司法解释》第 18 条规定："有下列情形之一导致第三人人身损害，当事人请求保险公司在交强险责任限额范围内予以赔偿，人民法院应予支持：（一）驾驶人未取得驾驶资格或者未取得相应驾驶资格的；（二）醉酒、服用国家管制的精神药品或者麻醉药品后驾驶机动车发生交通事故的；（三）驾驶人故意制造交通事故的。保险公司在赔偿范围内向侵权人主张追偿权的，人民法院应予支持。追偿权的诉讼时效期间自保险公司实际赔偿之日起计算。"第二十一条第三款规定:"多辆机动车发生交通事故造成第三人损害,其中部分机动车未投保交强险,当事人请求先由已承保交强险的保险公司在责任限额范围内予以赔偿的,人民法院应予支持。保险公司就超出其应承担的部分向未投保交强险的投保义务人或者侵权人行使追偿权的,人民法院应予支持。"该司法解释确定了保险公司对受害人的人身损害在交强险限额内赔偿的义务,同时赋予保险公司向侵权人或未投保交强险的投保义务人追偿的权利。该司法解释明确了保险公司在赔偿范围内享有对侵权人的追偿权。该规定的出台,已经突破了一直以来形成的一般保险赔偿责任理论,对违法情形下造成的损害仍然进行赔偿,但对于交强险保险公司的追偿对象的范围仅规定为"侵权人",而对具体范围则未作明确规定。笔者认为,对交强险保险公司的追偿对象范围应根据收拾人能够主张侵权的范围进行扩大化处理,对"侵权人"的理解应进行扩大化解释,而非仅限定在"致害人"中。

二、 实践维度——交强险保险公司追偿对象的类型及实践应用分析

其一,交强险保险公司追偿对象的案例类型分析。

案例一:杨某某驾驶机动车与他人发生交通事故,造成一死四伤的重大交通事故,经公安交通警察部分认定,杨某某负事故全部责任,杨某某无有效机动车驾驶证驾驶该肇事车辆,该车辆在保险公司投保交强险两份;上述车辆由某市运输公司定期年检,负责办理各种保险事宜,投保人、被保险人均为某市运输公司;该肇事车辆登记在该运输公司名下,属挂靠性质。保险公司在依据生效判决向受害人支付交强险赔偿金后,向杨某某及其挂靠单位某市运输公司追偿,双方为此产生纠纷。该案例中涉及的追偿对象为车辆驾驶人及挂靠单位。

案例二:亓某某无证驾驶骆某某机动车与行人王某相撞,致使王某受伤,该事故后经交警部门认定亓某某承担事故的全部责任。王某诉亓某某、亓文某、王某某、骆某某、某保险公司交通事故损害赔偿纠纷一案,生效裁判文书判决骆某某投保的交强险保险公司在交强险限额内赔偿了王某医疗费、误工费等,亓某某赔偿王某剩余损失的60%,该款项由其监护人亓文某、王某某承担,车辆实际所有人骆某某赔偿王某剩余损失的40%。该保险公司在依据生效判决向受害人支付交强险赔偿金后,向亓某某、亓某某的监护人

亓文某、王某某及实际车主骆某某追偿，双方为此产生纠纷。该案例中涉及的追偿对象为车辆驾驶人、驾驶人监护人及实际车主。

案例三：张某某无证驾驶公司车辆履行职务过程中发生交通事故，致使受害人于某受伤，该事故后经交警部门认定张某某承担事故的全部责任，其驾驶的车辆在某保险公司投保有交强险，该保险公司依据生效裁判文书在交强险范围内赔偿了受害人于某的损失后，向张某某及其所在的公司追偿，双方为此发生纠纷。该案例中涉及的追偿对象为驾驶人及其所在公司。

以上三个案例涉及的追偿对象已经包括了驾驶人、驾驶人监护人、车辆所有人、车辆管理人、车辆被挂靠人、驾驶人履行职务的公司（雇主）等，且是在针对交通事故损害赔偿纠纷，法院对与侵权人有生效裁判文书的情况下，保险公司提起的追偿权之诉。审判实务中，对以上案例的处理均有不同，但大部分法官均能按照生效裁判文书，对保险公司的追偿对象认定在受害人在生效裁判文书认定的主体中，以维护生效裁判文书的既判力。以下将具体分析各追偿对象并探讨能否对其进行扩大化应用。

其二，交强险保险公司追偿对象的类型归集。

1. 以驾驶人为追偿对象。对以"车辆驾驶人"作为保险公司的追偿对象，司法实践中几乎没有异议。车辆驾驶人因无证、醉酒或服用国家管制的精神药品或者麻醉药品后驾驶机动车发生交通事故，因盗窃机动车后发生交通事故，因与他人有矛盾，故意驾驶机动车撞击致他人受伤，伤者均可向肇事车辆投保的保险公司主张垫付或赔偿，而保险公司在履行垫付或赔偿义务后即取得对车辆驾驶人的追偿权。

2. 以车辆所有人为追偿对象。车辆所有人成为追偿对象的情形主要有以下两种。

（1）车辆所有人未为其车辆投保交强险，车辆上路行驶与他人驾驶的车辆发生交通事故后致使第三人受伤。第三人依法向他人车辆的投保公司主张赔偿，该种情形，保险公司在交强险限额内依法赔付第三人损失后，就超出其应承担的部分即可依法向未投保交强险的车辆所有人行使追偿权，该依据主要是《交通损害司法解释》第二十一第三款的规定。

（2）车主明知驾驶人存在无证、醉酒或服用国家管制的精神药品或者麻醉药品等情形，仍将车辆出租或出借给其使用的，发生交通事故致人损害的，保险公司依法承担垫付或赔偿责任后，既可向驾驶人主张追偿权，也可向车辆所有人行使追偿权。此种情形下能够向车辆所有人追偿的主要原因是车辆所有人对车辆由管理义务，其应对其疏于管理造成的损害承担赔偿责任。

3. 以被挂靠人为追偿对象。

被挂靠人依法成为追偿对象的情形主要有两种，一是未为挂靠车辆投保交强险发生交通事故的情形，一是疏于管理让依法不能驾驶机动车的人驾驶车辆的情形。该两种情形同车辆所有人成为追偿对象的情形相同，挂靠单位与车辆所有人对车辆均有管理义务时，对因其疏于管理发生交通事故造成的损失应承担赔偿责任，车辆所有人、车辆管理人在这里承担的均应是过错责任，保险公司在向受害人在交强险范围内赔偿后，依法有权向该两类人追偿，该两类人应按照过错程度承担相应责任。

4. 以雇主、法人或其他组织为追偿对象。

雇员或公司职员在受雇或履行职务驾驶中存在无证、醉酒或服用国家管制的精神药品或者麻醉药品的行为发生交通事故的，保险公司履行垫付或赔偿责任后，有权向其雇主或公司主张追偿权。在这里，驾驶人的雇主或公司承担的责任比车辆驾驶人或挂靠单位承担的责任要更重，雇主或公司应承担主要责任，在其承担责任后再根据雇员或职员在履行职务过程中是否存在故意过重大过失的情形，选择是否由雇员或职员承担全部或按过错比例承担赔偿责任。

三、 可行性分析——从立法本意及适用后果分析交强险保险公司追偿对象的扩大化应用

第一，从立法本意来看。从侵权责任法、道路交通安全法的规定中可以看出，强制性责任保险制度的设计目的在于迅速填补损害。《交强险条例》的第一立法目的就是为了保障机动车道路交通事故受害人依法得到赔偿，促进道路交通安全。保险公司本身并非社会福利机构，受害者的利益需要保护，并不意味着保险公司的利益就可以漠视。

第二，从适用效果来看。有利于平衡各方利益，促进社会公平，增加没保人、管理人等责任感。《交强险条例》第 22 条所列举的醉酒驾驶、无证驾驶等违法行为，严重威胁人民群众的生命财产安全，其行为不能纵容。该

条实质上是关于交强险除外责任的规定，意在防范被保险人的道德风险。这四种严重违法情形，严重违反了社会公共道德，损害了社会公共秩序。惩戒侵权人的过错和不法行为，就会对社会公众产生教育和威慑作用，从而预防侵权行为的发生，抑制侵权行为的蔓延。因此，将有过错的管理人、投保人纳入追偿主体，是对各方利益权衡的结果，既能使得保险公司的损失得以弥补，也惩戒了醉酒驾驶、无证驾驶等违法行为，同时增加了投保人、管理人的责任意识，有利于促进社会公平，从而有利于维护社会公共秩序，保障交通安全。

四、 问题延展——交强险保险公司行使追偿权司法实践中存在的问题及解决思路

第一，关于各主体之间的责任比例。如车辆所有人疏于管理车辆，让无证的驾驶人驾驶其车辆发生事故的，保险公司在交强险责任限额内赔偿受害人因事故造成的损失后，向驾驶人和车辆所有人追偿，可根据其过错及违法程度选择适用连带责任还是分清比例。尤其是存在生效裁判文书在处理交通事故损害赔偿纠纷案件中，对各侵权人的责任分清比例的情况下，一般应按照生效裁判文书认定的比例进行认定，维护生效裁判文书的既判力。

第二，各主体之间还存在相互追偿的问题，以及能否在交强险保险公司追偿权纠纷案件中一并解决问题。例如上述案例中的驾驶人和车辆所有人之间、挂靠人和被挂靠人之间以及雇主雇员之间，均存在责任比例问题，内部是否存在相互追偿问题，不属于保险公司追偿权纠纷案件的范围，因此，应另案处理个案分析，而不应在交强险保险公司追偿权纠纷案件中一并处理。

第三，肇事方与受害人达成和解，在和解协议中放弃对侵权人的后续权利，受害人还能否要求交强险保险公司进行赔偿，保险公司赔偿后，能否向侵权人追偿。保险追偿权虽已在多部法律、法规及司法解释中被明确，但司法实践中，追偿权的行使并不顺畅。除保险追偿人员法律素养不高、追偿不够积极等主观因素外，案件审理中当事人的和解也是追偿权无法得到顺利行使的法律障碍。通常情况下，因无证、醉酒、服用国家管制的精神药品或者麻醉药品、盗窃车辆行驶造成交通事故的，侵权人过错较大，构成刑事犯罪的几率较高。肇事方为了求得受害人的谅解，往往会与受害方进行调解，当

肇事方经济条件无法达到受害人的赔付要求时，保险公司垫付或赔付责任也就产生了，保险追偿也随之而来。但司法实践中，肇事方与受害人的和解通常是双方的，一般没有保险公司参与，那么受害方放弃对侵权人的后续权利，是否影响保险公司承担赔付责任呢？保险公司向侵权人追偿是否能够得到支持呢？侵权人是否可依其与受害人的调解协议对抗保险公司的追偿权呢？一种观点认为，受害人与被保险人有和解、抛弃或其他约定，是否有碍于保险人追偿权的行使，应区分保险人为赔付之前与赔付之后两个不同时间点加以判定，并分别确定相应的法律效果①。该观点以保险公司的赔付时间点来判断符合客观实际，在司法时间中也具有可操作性，可以借鉴学习。

综上所述，相较于保险公司将交强险追偿权的对象仅限定于致害人，将挂靠单位、车辆所有人、管理人均作为交强险保险公司追偿的主体，对于保险公司的追偿权应根据交通事故中受害人能够请求承担责任的主体来确定，符合追偿权的法意，且更有利于实现查明案件事实，促进程序公正和实体正义的民事诉讼价值的实现。

---

① 文杰：《交强险中保险人的追偿权质疑——我国《交强险条例》第 22 条之妥当性评析》，载《保险研究》2012 年第 11 期。

公路货运险中承运人的保险利益探析

胡凯峰

摘要： 货运险是一个具有悠久历史且涉及范围非常广的险种，其中公路货运险更是与大众生活密切相关。公路货运险是为保障货主利益产生的险种，而今公路货运险的保障对象已经扩展至货物的承运人。理论界和司法实务界就承运人对公路货运险保险标的是否具有保险利益存在争议，认为承运人对公路货运险保险标的不具有保险利益和具有与所有权人一样的保险利益两种观点这两种观点都不乏支持者。笔者认为承运人对公路货运险保险标的是具有保险利益的，但与所有权人不同，承运人对保险标的具有的"法律上承认的利益"是因保险标的而产生的期待利益，即承运人因货物运输合同依约履行完毕能够取得运费收入。因此，发生保险事故后保险人承担赔偿责任的前提是承运人期待利益的受损，而非因货物本身价值受损。

关键词：公路货运险　承运人保险利益

一、案情简介

2015年6月10日，甲物流公司与乙保险公司签订了国内公路货运险合同，合同约定：被保险人为甲物流公司，投保险种为公路货运险，保险期限为一年，保险标的为甲物流公司在保险期限内运输的货物，保险金额为200万元。

甲物流公司的主要业务是将A公司的空调由青岛仓库运到杭州仓库。2016年1月10日，甲物流公司运送A公司出售给杭州B公司的价值140万元的空调。次日凌晨，运输车辆在开往杭州的途中起火，整车空调被烧毁，

作者简介：胡凯峰，中国海洋大学法政学院保险法学专业方向硕士研究生。

乙保险公司现场勘查人员确认空调被烧毁这一事实。事后，甲物流公司曾派人到乙保险公司就赔偿事宜进行过咨询，后不了了之。

2017 年 3 月 20 日，甲物流公司向人民法院提起诉讼，请求判令乙保险公司向其支付保险赔偿金 140 万。乙保险公司以甲物流公司对毁损空调不具有保险利益为由主张保险合同无效向法院提起反诉。最终，法院认为甲物流公司对毁损空调具有保险利益，乙保险公司应当按货物损失的价值进行赔偿，进而判决甲物流公司败诉。

二、 承运人对公路货运险保险标的是否具有保险利益

货运险是一个具有悠久历史且涉及范围非常广的险种，它包含了水路、公路、铁路、航空、管道及联合运输过程中的货物，种类繁多，上述案例中涉及到的公路货运险就是以公路运输为运输方式的货运险险种。公路货运险，全称为公路货物运输保险，是一种在公路运输过程中，因遭受保险范围内的自然灾害或者意外事故导致运输途中的货物毁损或者灭失时，保险人对被保险人或者受益人所遭受的经济损失负有赔偿责任的保险类型，也是一种针对流通中的商品（货物）而提供的保险保障。

公路货运险有两大特征。其一，货运标的的流动性。在财产保险中，绝大多数的险种例如工程险、机损险、企财险等，其所承保的标的都是静止的、存放于固定地点、能在保单列明的的财产，而公路货运险所承保的保险标的较为特殊，其标的的状态总是处于运输途中，因而标的面临的风险会更大。其二，承保风险的多样性和复杂性。就普通财产险而言，其承保的风险种类较少，一般为火灾、雷击、爆炸、飞行物及其他空中运行物体坠落的风险，而公路货运险承保的风险要更广泛且较为复杂，主要表现为因标的物、运输工具、风险来源或者装载方式的不同风险的类型、范围也不尽相同，导致货运险与其他财产险的差异很大，保障的风险种类也更多。

公路货运险的保险标的是被保险人在保险期限内运输的货物。根据《保险法》第十二条的规定，被保险人应当对保险标的具有法律上承认的利益，即保险利益。依照这一标准，保险标的的所有权人毋庸置疑对保险标的具有保险利益，他们也是公路货运险首要保障的对象。但近些年来公路货运险的保障对象扩展到了承运人，承运人投保公路货运险的情况越来越多。由于理论界和司法实务界对承运人能否投保公路货运险尚未形成一致意见，当双方

发生理赔纠纷后保险人经常以承运人对公路货运险保险标的不具有保险利益为由主张保险合同无效，司法审判中这两种观点都不乏支持者。笔者通过收集相关文献和相关判决书，对这一问题总结出两种观点：第一，承运人对公路货运险保险标的不具有保险利益，保险合同无效，保险人应当退还保险费；第二，承运人对公路货运险保险标的具有与所有权人一样的保险利益，发生保险事故后保险人承担赔偿责任的前提是保险标的受损。而笔者认为承运人对公路货运险保险标的是具有保险利益的，但所有权人不同，保险人承担赔偿责任的前提是承运人因保险标的受损导致期待利益受损，而非因货物本身价值受损。

承运人之所以使用公路货运险，是因为公路货运险较之于其他保障承运人利益的险种而言保障的风险范围更大，保险公司的理赔的程序简单。公路运输与铁路、航空、水路等运输方式相比，行业门槛低，承运人规模参差不齐，没有统一的行业标准，承运人抵御风险的能力较弱。运输的过程中，参与的人多且杂，且面临的风险多种多样，因而公路运输的承运人对风险管理和利益保障的需求更为迫切，这是笔者主要研究公路货运险的初衷。铁路、航空、水路等运输方式相较于公路运输而言承运人规模较大，谈判能力较强，他们投保货运险所面临的情形与公路货运险有诸多差异，我们在此暂不做理论探讨。

下面笔者结合保险利益的相关理论对观点进行论证。

三、通过保险利益基础理论解释公路货运险中承运人的保险利益

要明确承运人对公路货运险保险标的是否具有保险利益，首先要明晰保险利益的内涵、保险利益学说等相关基础理论，再结合承运人投保公路货运险这一现实情形进行分析。

（一）保险利益的内涵

保险利益一词来源于英语"Insurance Interest"，意为"可保利益"，为英国海商法学者首创。我国《保险法》第十二条对保险利益的规定是："投保人或者被保险人对保险标的具有的法律上承认的利益，即投保人或被保险人对保险标的所享有的一种人身或财产上的利害关系。"[①]

[①] 夏庆峰：《保险合同效力因素之保险利益原则》，载安徽大学学报（哲学社会科学版），2014年第4期，第136页。

无论大陆法系抑或英美法系，保险利益都被认为是保险法的核心内容，缺乏保险利益的保险合同自始无效，这被视为事关公共利益的维护，因而不允许当事人以自己意思加以变更。[①] 保险利益是保险合同生效的前提条件，有以下三个原因：首先，保险利益的存在能够有效地防范道德风险，防止保险沦落为博彩或者赌博的工具；其次，保险人能够依据保险利益确定给付范围，从而使得被保险人不会因保险事故的发生获得额外的利益；最后，保险利益能够平衡保险相对人与保险人之间的利益，保险人只能依据保险利益的大小来制定合理的保险价格，而被保险人或者受益人在保险事故发生后获得按照实际损失计算的赔偿金，而不能额外得利。保险利益在保险合同中具有特殊的地位，对合同的效力具有很深远的影响。因此，判断保险合同是否有效，首先应当核查投保人被保险人对保险标的是否具有保险利益，而这个保险利益必须同时具备合法性和确定性。

保险利益有合法性和确定性两大特征。保险利益的合法性是指投保人或者被保险人对保险标的之间的利害关系必须是得到法律认可的利害关系，这种法律认可的利害关系不应限于民商法规定的实体权利，而是只要对保险标的具有事实上的经济利益，在不违反公序良俗和法律强制性规定的情况下，可以通过投保得到保险保障。保险利益的确定性是指投保人在与保险人签订保险合同时，投保人对保险标的的保险利益应当是现实可确定的。保险利益一般包括现实利益和期待利益，旦期待利益必须具有可期待性，即有证据证明在不久的将来这种期待利益能够能够转化为现实利益，比如购房人为其已签订购房合同但尚未登记并交付的房屋购买财产保险，虽然此时房屋所有权并不归该购房人所有，但基于对房屋的期待利益，购房者对该房屋享有保险利益，此时他与保险公司签订的保险合同应当认定为有效。

（二）保险利益学说的发展

现代社会已经进入风险社会，风险种类纷繁复杂，涉及到大众生活的方方面面，已非个体依靠自身力量能够抵御，因而更好地发挥保险转移个体风险、管理社会风险的职能已经是这个时代所要面对的重大课题。随着现代社会的不断进步，保险理论界与实务界对保险利益认识的不断深化，保险利益

---

① 马宁：《保险利益原则：从绝对走向缓和，抑或最终消解？》，载《华东政法大学学报》，2015 年第 5 期，第 115 页。

学说也随之得到了发展，保险利益学说经历了从一般性保险利益学说到技术性保险利益学说，再到现如今经济性保险利益学说得到更多人的认可，保险利益的范围越来越大。

1. 一般性保险利益学说。一般性保险利益学说基于所有权理论，认为只有所有权人与保险人签订的保险合同才能受到法律的保护，以此来防止投保行为变质为赌博行为。该学说产生于18世纪，限于当时险种数量少且保险法理论研究浅薄的制约，这一时期对保险利益的认识主要在于区分赌博与保险，防范投保人的道德风险，因而理论界普遍认为一物之上唯可有一个保险利益，且仅所有权人对标的物享有保险利益，否则视为无保险利益。

2. 技术性保险利益学说。随着保险业的发展，险种越来越多，保险关系也越来越复杂，一般性保险利益学说已经难以对新的保险类型作出合理的解释，此时摆脱一物之上只能有一个保险利益的狭隘见识，将保险利益扩展到其他权利，承认其他权利人与所有权人一样对其合法权利享有保险利益就成为保险利益学说发展的趋势。

技术性保险利益学说是指除物之所有权人之外，动产质押权人、不动产抵押权人等其他权利人对于物之完好同样享有保险利益，他们也可以为防止其利益受损进行投保，且无须得到所有权人的许可。技术性保险利益学说扩展了保险利益的范围，明确了保险标的不是保险标的物本身，而是投保人对该物存在的利益，一物因与要保人关系不同，可具有多种不同的保险利益。[①]

3. 经济性保险利益学说。技术性保险利益学说所肯定的各种保险利益仅限于实体法上的权利，由于法律具有滞后性，许多法律未明文规定而在现实生活中广泛存在且亟需法律予以承认的利益便得不到法律的保障，这种对正当利益滞后甚至于脱节的保障制约了保险行业的发展。经济性保险利益学说突破了法律规定的限制，认为"损害"是一个牵涉于法律规定的经济概念，主张保险法作为一个独立的法律部门，不应完全依附民法的规定，而应从保险的本质出发，以保险事故发生后真正的经济上的受害者作为保险利益享有者，即只要对保险标的具有事实上的经济利益，在不违反公序良俗和法律强制性规定的情况下，就对保险标的享有保险利益。[②] 经济性保险利益学说认

---

① 孙积禄：《保险利益原则及其应用》，载《法律科学（西北政法学院学报）》，2005年第1期，第76页。

② 任以顺：《保险利益研究》，中国法制出版社，第9页。

为保险是分担风险、对损失进行补偿的一种制度，只要投保人对某一物存在经济上的利益，即可以该物为保险标的订立保险合同，并于保险事故发生时，籍保险制度分担损失于危险共同体内之人。[①] 依经济性保险利益学说，有法律上的权利而无经济上利益者，因损失而不能得到补偿，然虽无法律上的权利但有经济上利益者，因有损失也可以投保以得到保险保障。[②]

保险利益理论学说的发展趋势是保险保障的范围不断扩张，保障的主体从一元发展到多元，从法律上的利益延伸到经济上的利益，保险利益也从一般概念演进为基本原则。但保险利益原则的本质始终是力求消除危险，使各种损失得到实质补偿，这也是衡量保险利益自始至终应持有的价值标准。

（三）公路货运险中承运人对保险标的具有保险利益，承运人因保险标的产生的期待利益即为"法律上承认的利益"

保险的本质是转移微观个体的风险并降低风险发生的不确定性，承运人投保公路货运险正是将其自身的风险转移给风险共同体，降低风险发生的不确定性，增强自身的风险抵抗能力，完全符合保险的运作原理。

认定承运人对公路货运险保险标的具有保险利益，就要关注承运人与托运人之间的货物运输合同关系这一基础法律关系。承运人与保险标的发生利害关系的"桥梁"便是运输合同，承运人基于运输合同对保险标的即货物形成有权占有，承运人也因运输合同产生利益的期待，即将合同履行完毕以去的运费。但如果货物发生毁损、灭失，除《合同法》第三百一十一条规定不可抗力、货物本身的自然性质或者合理损耗以及托运人、收货人的过错这三种情形之外，其他无论承运人过错与否都要承担赔偿责任。因此承运人的利益与损失均系于其运输的货物，运输的货物与承运人利益之间不但有法律上之因果关系，而且前者对后者经济利益取得得到了决定性的作用，但法律对此并无明文规定，而是基于双方意思自治，且不违反公序良俗和法律强制性规定，符合经济性保险利益学说。

承运人对公路货运险保险标的具有保险利益符合保险利益的两大特征，也不会激发承运人的道德风险。

承运人有将货物安全交付给收货人以取得运费的期待，同时也有避免货

① 汤俊湘：《保险学》，台北三民书局1984年版，第65页。
② 孙积禄：《保险利益原则及其应用》，载《法律科学（西北政法学院学报）》，2005年第1期，第77页。

物在运输过程中受损造成自身经济利益受损的动机，这就是承运人对运输货物的期待利益，这种期待利益是基于合同双方的意思自治，且没有违反公序良俗和法律强制性规定，符合保险利益的合法性特征；同时，承运人履行合同是有一定期限的，劳务之对价和可能之损失同样可依照合同约定予以确定，保险利益的确定性特征也可得到满足。承运人投保公路货运险并不会激发道德危险。承运人对运输的货物不具有所有权，而真正享有权利的人在货物受损时有维护其合法权益的动机。当货物受损时，承运人不仅会面临保险人的调查，还会面对权利人的侵权主张，承运人想通过货物受损获取额外的利益的难度非常大，因而承运人发生道德风险的可能性非常低。

（四）发生保险事故后保险人承担赔偿责任的前提是承运人期待利益受损，而非因货物本身的价值受损

承运人与货主均投保公路货运险，保险标的均为运输的货物，但二者与保险标的之间的利害关系不尽相同。所有权人为货物投保公路货运险，在发生保险事故后会因货物本身价值受损导致其经济利益受损，保险标的本身价值受损，被保险人即可向保险人主张理赔。而承运人与所有权人有所不同，虽然承运人基于货物运输合同对货物形成有权占有，但货物本身价值大小与其利益并无关联，非承运人利益之所系。承运人在整个运输过程中的关注点在于合同依约履行完毕，其能以付出的劳务为对价取得运费，以及在整个运输过程中并未发生因对货物造成损害而导致其经济利益受损。

保险补偿的目的是使被保险人得到保险赔偿后基本能够弥补其因保险事故而遭受的保险金额范围内的实际损失，借此及时恢复其正常的生产或生活，保障被保险人原有状态不变。[①] 因而，保险理赔必须要贯彻损失补偿原则。损失补偿原则是保险法的基本原则之一，是指保险人对于保险标的因保险事故造成的损害在保险金额范围内进行保险赔偿用以补偿被保险人遭受的实际损失。[②] 承运人投保的目的在于将因运输合同产生的部分风险以保费为对价转移给保险人，因而要保险人承担赔偿责任，承运人须发生经济利益的实际受损，常见情形是承运人因货物受损向货主承担损害赔偿责任，而承运人赔偿责任的承担须有货主的索赔及承运人没有免责事由，如果货主放弃索赔的

---

① 贾林青：《保险法》，中国人民大学出版社 2014 年 7 月第 5 版，第 78 页。
② 贾林青：《保险法》，中国人民大学出版社 2014 年 7 月第 5 版，第 78 页。

权利或者承运人存在免责事由时承运人则无须赔偿，此时保险人也无须承担赔偿责任。这便是承运人保险利益的特殊之处，承运人保险利益在于其因保险标的而产生的期待利益，而非货物本身的价值，所以保险人的理赔也应明确承运人的期待利益是否实际受损，如果仅仅是货物本身受损而对承运人期待利益不产生影响时，则保险人无须承担赔偿责任。

参考文献

[1] 夏庆峰．保险合同效力因素之保险利益原则［J］．安徽大学学报（哲学社会科学版），2014，（4）．

[2] 马宁．保险利益原则：从绝对走向缓和，抑或最终消解？［J］．华东政法大学学报，2015，（5）．

[3] 孙积禄．保险利益原则及其应用［J］．法律科学（西北政法学院报），2005，（1）．

[4] 任以顺．保险利益研究［M］．北京：中国法制出版社，2013．

[5] 汤俊湘．保险学［M］．台北：三民书局，1984．

[6] 贾林青．保险法［M］．北京：中国人民大学出版社，2014．

后 记

　　山东省法学会保险法学研究会自 2013 年 1 月成立后，曾筛选、编辑前两年学术年会的论文，于 2015 年在山东人民出版社出版了《保险案件裁判的理论与实务》一书。现在呈现于大家面前的这本《保险案件裁判评析》（第一辑），是研究会成立以来的第二本论文选集。保险法学研究会成立近五年，尽管受到承办学术年会及出版经费短缺的严重困扰，经大家努力，每年的学术年会还是如期举行。与会人员每年共济一堂，不仅得到了相互交流探讨保险案件裁判理论与实务问题的机会，而且也为《保险案件裁判评析》提供了有研讨价值的案例、观点及良好素材。书中录入的每篇论文，在我阅读修改之前大都先由我的妻子及同事王冶英教授进行过一次通读和修改，我的研究生胡凯锋同学阅读书稿后也提出了部分修改意见。去年即已确定的出版计划，因部分稿件迟到及我的社会工作繁忙而被屡屡推迟。为了赶在今年的学术年会之前出版本书，各位相关老师与编辑敬业认真、紧锣密鼓地修改稿件，甚至牺牲节假日休息时间为本书的出版忙碌，终于使本书得以与大家在今年的学术年会上见面。

任以顺

2017 年 8 月于青岛